Mosaik bei
GOLDMANN

Buch

Zu Hause platzt der Kleiderschrank aus allen Nähten, im Büro stapeln sich Berge von Papier auf dem Schreibtisch, und während man von Termin zu Termin hetzt, bleibt mal wieder keine Zeit für die Dinge, die uns wirklich wichtig sind. Rita Pohle zeigt, wie man die Wohnung von Unordnung befreit, die Beziehung zu Familie und Freunden positiv gestaltet und im Job zum Wesentlichen kommt, kurzum: wie man sein ganzes Leben von unnötigem Ballast befreit. Von A wie Ablage bis Z wie Zu-schade-zum-Wegwerfen sind alle wichtigen Stichworte sowohl zum materiellen als auch zum psychischen Entrümpeln versammelt. Mithilfe der praktischen Tipps und Ideen bringt man Ordnung in sein Leben, selbst in Bereiche, an die man noch gar nicht gedacht hat. So schafft man Freiräume für schöne Erlebnisse, spannende Erfahrungen und für die Verwirklichung langersehnter Träume.

Autorin

Dr. Rita Pohle studierte Germanistik, Politologie und Industrial Design. Sie lebt in Stuttgart und arbeitet als selbstständige Interior- und Industrialdesignerin sowie als Feng-Shui-Expertin für Firmen und private Auftraggeber. Sie hält Vorträge und Seminare über Feng-Shui und Space-Clearing.
www.spaceclearing.de
www.fengshuidesign.de

Von Rita Pohle außerdem bei Mosaik bei Goldmann:

Weg damit! Büro ohne Ballast (16620)
Weg damit! Entrümpeln befreit (16527)
Weg damit! Die Liebe befreien (16785)
Weg damit! Die Seele befreien (16690)

Rita Pohle

Weg damit!
Von A bis Z

Das Leben entrümpeln,
Freiräume gewinnen

Mosaik bei
GOLDMANN

Die Ratschläge in diesem Buch wurden von der Autorin und vom Verlag sorgfältig erwogen und geprüft, dennoch kann eine Garantie nicht übernommen werden. Eine Haftung der Autorin bzw. des Verlags und seiner Beauftragten für Personen-, Sach- und Vermögensschäden ist ausgeschlossen.

FSC
Mix
Produktgruppe aus vorbildlich
bewirtschafteten Wäldern und
anderen kontrollierten Herkünften
Zert.-Nr. SGS-COC-1940
www.fsc.org
© 1996 Forest Stewardship Council

Verlagsgruppe Random House FSC-DEU-0100
Das für dieses Buch verwendete FSC-zertifizierte *Papier Munken Print*
liefert Arctic Paper Munkedals AB, Schweden.

1. Auflage
Vollständige Taschenbuchausgabe August 2009
Wilhelm Goldmann Verlag, München,
in der Verlagsgruppe Random House GmbH
© Heinrich Hugendubel Verlag, Kreuzlingen/München 2007
Alle Rechte vorbehalten
Umschlaggestaltung: Uno Werbeagentur, München
Umschlagmotiv: getty images/Tom Schierlitz
Textredaktion: Dunja Götz-Ehlert
Satz: Uhl+Massopust, Aalen
Druck und Bindung: GGP Media GmbH, Pößneck
MV · Herstellung: IH
Printed in Germany
ISBN 978-3-442-17058-6

www.mosaik-goldmann.de

Inhaltsverzeichnis

Einleitung 11

A wie Aufschieben 15

Abend entrümpeln | Abgetragene Kleidung | Ablage | Ablage-
körbchen | Ablage P | Abnehmen | Abschied nehmen | Absichts-
erklärungen | Abstellkammer | Adressverzeichnisse | Ärger |
Ärgerliche Dinge | Aktivitäten | Akustischer Müll | Alles an
seinem Platz | Alles nacheinander | Alltäglicher Müll | Altar |
Alte Unterlagen | Altern | Altkleidersack | Altlasten | Altpapier |
Angst | Anrufbeantworter | Ansprüche | Ansteckung | Antiqui-
täten | Anziehung | Auf dem Schrank | Aufladen eines Raumes |
Aufräumen | Aufschieben | Aufwand | Ausgestopfte Tiere |
Ausmisten | Aussichtslose Affären | Ausverkauf | Auto

B wie Biotop 47

Bachblüten | Badewanne | Badezimmerschrank | Backofen |
Balkon | Ballast | Belastende Energien | Beleidigt sein | Beloh-
nung | Bettwäsche | Beutestücke | Beziehungen bilanzieren |
Beziehungen entrümpeln | Beziehungen entschleunigen | Be-
ziehungen pflegen | Beziehungsballast | Bilanzieren | Biotope
| Blechdosen | Blockaden | Blockierende Denkmuster | Brand |
Bremser | Briefe | Briefmarkensammlung | Bücher | Bücher-
regale | Büro | Burn-out-Syndrom

Inhaltsverzeichnis

C wie Chaos.............................. 69

CDs | Champagner | Chaos | Chi | Container

D wie Deponie 73

Danken | Defektes | Delegieren | Deponien | Diagonal-Ecke |
Drei-Kisten-Methode | Drei magische Fragen | Downgrading

E wie Eichhörnchen 80

Ebay | Eichhörnchen | Eierkartons | Eierlegende Wollmilchsau |
Eifersucht | Eigentlich | Eingang | Ein Jahr lang nicht benutzt |
Einkaufen | E-Mails | Endlich ist Freitag | Engel | Entrümpeln |
Entscheidungen | Erbstücke | Erfolgserlebnis | Erinnerungsstücke |
Erledigen | Ersatzfunktion der Dinge | Erster Eindruck | Erwar-
tungen | Expartner

F wie Flohmarkt 97

Fachzeitschriften | Falsche Fragen | Falscher Job | Fasse dich
kurz | Fastentag | Feierabendstress | Feng Shui | Fernsehfasten |
Festhalten | Feuer | Fitnessgeräte | Flohmarkt | Fotografieren |
Fotos | Freiräume | Freizeitstress | Freunde | Freundschafts-
dienste | Fußboden

G wie Geschenke.......................... 113

Gadget | Garage | Garagen-Flohmarkt | Garderobe | Geben
und Nehmen | Gebrauchsgegenstände | Gedanken | Gefallen |
Gefühle | Gefundenes | Gehört mir nicht | Geistiger Müll |
Geklautes | Genießen | Gerümpel | Geschäfte | Geschenke |
Gesellschaftliche Verpflichtungen | Gespräche | Gewissensbisse |
Gewohnheiten | Gewürze | Grenzen ziehen

Inhaltsverzeichnis

H wie Halbfertiges 132

Hängeregister | Halb Erledigtes | Halbfertiges | Halbherziges |
Halblebige Beziehungen | Handschuhfach | Handtaschen |
Handtücher | Handyspeicher | Herrenlose Dinge | Hier und
Jetzt | Hilfe | Hobby | Hochzeitskleid | Horter | Horterin |
Hotelhandtücher | Hotels | Hüte

I wie Illusionen 146

Ich | Ich-Botschaften | Illusionen | Impuls | Indianersalbei |
Infomüll | Informationsstress | Innerer Schweinehund

J wie Jäger 153

Jäger | Jammern | Jugendzimmer

K wie Kleiderschrank 156

Kaschmir | Keller | Kinderzeichnungen | Kinderzimmer | Kitsch |
Klarheit | Klatsch und Tratsch | Kleiderschrank | Könnte |
Kofferraum | Konferenzen | Kraterarbeiter | Kreatives Chaos |
Kritik | Küchengeräte | Küchenschrank | Kühlschrank | Kunst-
stoff | Kuscheltiere

L wie Leere 171

Langlebigkeit | Lebensmittel | Leere | Leertischler | Leichtigkeit |
Lieblingsstücke | Löcher | Lose Bekannte | Loslassen | Los-
werden | Luftschlösser

Inhaltsverzeichnis

M wie Multitasking 180

Man könnte es eventuell noch mal gebrauchen | Matratze |
Medikamente | Messer | Messie | Mickrige Pflanzen | Mieten |
Min Tang | Modellflugzeuge | Möbel | Multitasking

N wie Nein 188

Nein | Nervensägen | Nur einmal in die Hand nehmen

O wie Ordnung 191

Obsolet | Ordentlicher Sammler | Ordner | Ordnung | Ordnungs-
tricks

P wie Probleme 196

Pampern | Papier | Papierkorb | Papierloses Büro | Partnerschaft |
PC | Perfektion | Pflege | Pinnwände | Plastiktüten | Platzman-
gel | Porzellan | Prinzipien | Prioritäten | Probleme | Probleme
anderer | Probleme lösen | Produktfasten | Programme |
Prospekte | Provisorium | Putzen

Q wie Quasselstrippe 216

Quasselstrippe

R wie Rumpelkammer 217

Räuchern | Räucherstäbchen | Raumklärung | Rechte Winkel |
Recycling | Renovieren | Reparaturen | Reserve | Reue |
Reviere | Rumpelkammer

Inhaltsverzeichnis

S wie Schlamperei 226

Salz | Schäbiges | Scham | Schatzkiste | Scheinbare Prinzen |
Scheune | Schlafzimmer | Schlamperei | Schmutz | Schnäpp-
chen | Schnäppchenjagd | Schnickschnack | Schöne Dinge |
Schonen | Schränke | Schrankwand | Schreibtisch | Schreibtisch
entrümpeln | Schubladen | Schuhe | Schuldgefühle | Schwarz-
seher | Schwiegermutter | Schwingung | Selbstblockaden |
Selbstdarstellung | Selbstunterschätzung | Selbstzweifel | Sich
jeden Schuh anziehen | Sicherheit | Sichtweise | Sinnloses |
Ski | Socken | Sollte | Sonderangebote | Sonntag | Sorgen |
Space-Clearing | Spaß | Spenden | Sperrmüll | Spiegel | Sport-
ausrüstungen | Statussymbole | Staubfänger | Steine | Stoffreste |
Strategien | Stress | Suchen

T wie Teebeutel 272

Tabuzone | Tageszeitung | Teebeutel | Termine | Typen

U wie Umziehen 276

Überzeugungen überprüfen | Uhren | Umziehen | Umzugs-
kartons | Unfreiwillige Sammlung | Unordnung | Unter dem
Bett | Unterwäsche | Unzufriedenheit | Urlaubsstress

V wie Visionen 283

Vampire | Verabschieden | Vergangenheit | Verhaltensmus-
ter | Verpflichtungen | Verschenken | Verstecktes Gerümpel |
Verwandtschaft | Verwelkte Blumen | Vier-Stapel-Methode |
Virtuelles Kistenpacken | Visionen | Vollmond | Vorgehen |
Vorgeschichte | Vorräte | Vorsätze | Vorwürfe

Inhaltsverzeichnis

W wie weniger ist mehr 297

Waffeleisen | Waffen | Wartezeiten | Warum | Wegwerfer |
Wegwerfmentalität | Weihrauch | Weniger ist mehr | Wenn |
Wie innen, so außen | Wirtschaftshilfe | Wollmäuse | Wünsche |
Wu wei

Z wie zu viel 309

Zauberwort | Zeiträuber | Zeitschriftenabonnement | Zeitungs-
ausschnitte | Zettelwirtschaft | Ziele | Zumüllen | Zu schade zum
Wegwerfen | Zu viel

Literaturempfehlungen 315

Register 317

Einleitung

Mal angenommen, Sie sitzen in Ihrer Küche, lesen Zeitung, trinken Kaffee und merken, dass es leicht brenzlig riecht. Sie schauen auf und sehen, wie aus einem der vielen Papierstapel um Sie herum leichter Rauch aufsteigt. Sie überlegen kurz, ob Sie die Feuerwehr anrufen sollen. Sie kramen zwischen den alten Zeitschriften auf dem Tisch nach dem Telefon. Der Rauch steigt inzwischen bis unter die Decke, es riecht nach

> Das Loslassen ist oft schmerzhaft.
> Aber freuen Sie sich auf das Neue,
> das nachkommt!

kokelndem Papier und verbranntem Plastik. Sie haben den Hörer in der Hand, aber Sie zögern, Sie schauen sich um. Wenn die Feuerwehr kommt und dieses Chaos sieht? Schöne Blamage! Außerdem können die Feuerwehrleute hier kaum treten und kommen mit ihren dicken Schläuchen schon gar nicht bis zur Küche durch. Es ist kaum Platz in der Wohnung, bis auf einen kleinen Trampelpfad, der durch das Gerümpel führt, das sich bis fast unter die Decke stapelt...

Dies ist eine wahre Geschichte. Erzählt von einem Menschen, der sich selbst als Messie bezeichnet. Er traute sich

Einleitung

nicht, die Feuerwehr zu rufen, weil er sich schämte, sein Chaos nicht preisgeben wollte. Glücklicherweise konnte er den Schwelbrand in seiner Küche aber selbst löschen. Sein Gerümpel wäre ihm aber beinahe zum Verhängnis geworden!

Und wie sieht es bei Ihnen aus? Wie viele Dinge besitzen Sie? Haben Sie schon einmal alles zusammengezählt, Ihre Löffel, Tassen, Bücher, Kleidungsstücke? Nein? Dann schätzen Sie mal. Untersuchungen haben ergeben, dass ein Haushalt so zwischen zwanzig- und dreißigtausend Dinge fasst. Es können aber auch mehr sein, je nach Platz und finanziellen Möglichkeiten.

Tatsache ist, wir haben alle zu viel! Wie viele dieser tausend Dinge brauchen wir tatsächlich? Wie viel nehmen wir täglich in die Hand? Nur einen Bruchteil! Wir brauchen doch eigentlich nicht mehr als etwas anzuziehen, Geschirr, um zu essen, Werkzeug, um zu kochen, und Stifte, um zu schreiben. Ein großer Teil unserer Dinge wohnt die meiste Zeit in unseren Schränken und ein noch größerer ist Gerümpel: Dinge, die lange nicht gebraucht wurden, die wir aller Wahrscheinlichkeit nach nie mehr brauchen werden. Dinge, die kaputt sind oder schlecht funktionieren. Dinge, die uns ärgern, nicht mehr passen oder uns gar nicht gehören!

All diese Dinge haben einmal viel Geld gekostet, noch mehr Geld haben wir ausgegeben, um ihnen Schränke zu kaufen, um sie unterzubringen. Die Schränke wiederum brauchen Raum und der kostet Miete. Also kostet alles, wovon wir zu viel haben, jede Menge Zeit, Energie und Geld!

Ähnlich sieht es in unserem Leben aus. Es ist genauso angefüllt mit Nützlichem und Unnützem. Wir haben mehr als

Einleitung

nur genug und oftmals sogar zu viel: zu viel zu tun, zu viele Termine, jede Menge Probleme und zu wenig Zeit. Wir haben zu viel Ärger mit Leuten, die uns nerven und uns zeitweise als »Mülldeponie« für ihre Probleme benutzen. Wir haben von allem zu viel, und es wird mit jedem Tag mehr. Alles wächst uns so langsam über den Kopf und nimmt uns die Luft zum atmen! Wir treten auf der Stelle, fühlen uns wie im Hamsterrad, kommen nicht weiter.

Ob im Haus oder im Leben: Gerümpel bedeutet Stillstand! Wenn Sie vorhaben, sich beruflich neu zu orientieren oder Ihr Leben zu verändern, dann kann das Entrümpeln hierzu den ersten Impuls liefern. Sie wollen abnehmen? Dann entrümpeln Sie! So kommt Klarheit und Bewegung in Ihr Leben!

Entrümpeln bedeutet zunächst, die Dinge zu sichten, die Aspekte des Lebens zu sortieren und Belastendes loszulassen. Es ist an der Zeit zu bilanzieren! Der Prozess des Entrümpelns ist immer auch ein Entscheidungsprozess. Nur Sie alleine können entscheiden, was Sie blockiert und was für Sie wichtig ist. An den Fragen: »Was brauche ich wirklich im Leben, was macht mich glücklich, was nervt mich und worauf kann ich gut und gern verzichten?«, kommt langfristig keiner von uns vorbei! Wer im Leben neue Impulse erwartet, der muss sich von Altem trennen und Prioritäten setzen!

Entrümpeln Sie Ihr Haus und Leben, werfen Sie den alten Ballast endlich über Bord! Mit ein paar Tricks geht es kinderleicht, es tut jedem gut, kostet nichts und führt sofort zu einem Erfolgserlebnis. Danach tritt ein ungeheures Gefühl der Erleichterung und des Glücks ein. Das Gefühl, sein Leben im Griff zu haben, mehr Freiräume und Zeit zu haben und weniger zu suchen, ist unbeschreiblich. Faszinierend auch die

Einleitung

Wirkung: Kaum hat man etwas hergegeben, sich von etwas, vielleicht auch nur einem Gedanken, verabschiedet, schon folgt etwas Neues nach. Als hätte es nur auf diesen frei gewordenen Platz gewartet. Denn erst das Loslassen schafft

**Entrümpeln wirkt magisch!
Lassen Sie sich überrraschen!**

Platz für Neues, es setzt etwas in Gang. Was sich bei Ihnen verändern wird, weiß ich nicht. Aber ich kann Ihnen versprechen, dass das Entrümpeln nicht ohne Folgen bleibt.

Sicher ist: Es ist ein magischer Prozess. Lassen Sie etwas Altes los, und freuen Sie sich auf das, was dann kommt!

A wie Aufschieben

Abend entrümpeln

Haben Sie nach einem anstrengenden Tag am Abend Zeit, um sich zu entspannen oder sich Ihrer Familie zu widmen? Oder ist Ihr Abend nur eine durchgeplante Fortsetzung des Tages im privaten Bereich? Vollgestopft mit Terminen und Verpflichtungen wie Geschäftsessen, Elternabenden, Ausstellungseröffnungen, Kultur? Aus Angst, privat nicht auf unsere Kosten zu kommen, machen wir in unserer Freizeit oft das Gleiche wie in unserem Berufsleben: Wir stressen uns und haben Angst, etwas zu verpassen! Gerade wer viel arbeitet,

> **Zu viel ist das,**
> **was Ihr ganz persönliches Limit übersteigt!**

hat oft ein schlechtes Gewissen, wenn er abends nichts tut, und das Gefühl, das gesellschaftliche oder kulturelle Leben gehe an ihm vorbei.

Spätestens wenn wir mal im Kino oder bei Freunden eingeschlafen sind, sollten wir bemerkt haben, wie wertvoll und unverzichtbar freie, unverplante, faule Abende sind! Wenigstens drei Abende in der Woche sollten Sie sich freihalten und

A wie Aufschieben

Ihrer Regeneration gönnen bzw. Ihrer Spontaneität überlassen. Diese wertvolle Zeit sollte man entrümpeln: Nehmen Sie Ihre Probleme nicht mit ins Bett. Sie sollten – ebenso wie Streit – vor der Schlafzimmertür bleiben.

Abgetragene Kleidung

Verfärbte T-Shirts, verfilzte Pullover, Strickzeug mit Mottenlöchern, Hemden mit zerschlissenen Manschetten sind kein Fall für den Altkleidersack! Wollen Sie diese alten Fetzen wirklich noch jemandem zumuten? Aber wohin damit? Vielleicht kann man sie bei der Gartenarbeit noch tragen oder beim Malern? Aber wollen Sie Ihren Pflanzen diesen Anblick wirklich zumuten? Falls Sie, wie ich, davon überzeugt sind, dass auch Pflanzen sensible Wesen sind, sollten wir uns einmal fragen, welche Kleidung bei der Gartenarbeit angemessen wäre. Bestimmt nicht die vergammelten Klamotten. Unterstützen Sie das Wachstum Ihrer Pflanzen, und bereichern Sie Ihren Garten durch Ihr gutes Aussehen! Also in den Müll mit den kaputten Kleidungsstücken! Schauen Sie sich doch mal in Ihrem Kleiderschrank um. Welche Stücke tragen Sie (mangels Gelegenheit) viel zu selten? Den langen Abendrock? Das Glitzeroberteil? Wie wäre das als »Gartentracht«? Nicht zu vergessen die Hüte, die Sie in Ihrem Schrank haben und niemals tragen! Lassen Sie Ihrer Fantasie freien Lauf, seien Sie mutig! Sie werden viel mehr Spaß bei der Gartenarbeit haben und Ihre Pflanzen (vielleicht auch Ihre Nachbarn) wird es erfreuen.

Ablage

Auf Ihrem Schreibtisch stapeln sich die Haufen? Oder der Schreibtisch ist ein einziger Stapel? Dann entrümpeln Sie als Erstes Ihren → Schreibtisch. Übrig bleiben wird unter anderem ein Stapel »Ablage«. Hierbei handelt es sich um Dokumente, die man nicht für die alltägliche Arbeit auf dem Schreibtisch braucht, die längst in einem Ordner oder Hängeregister ihre letzte Ruhe finden könnten. Versicherungspolicen, bezahlte Rechnungen, erledigte Anfragen, Kopien verschickter Schrei-

> **Falls Sie abnehmen wollen,**
> **entrümpeln Sie – auch Ihr Adressverzeichnis**
> **und Ihren Handyspeicher!**

ben. Gönnen Sie diesen Papieren ihr Zuhause, und räumen Sie auf! Wichtige Papiere, die man längere Zeit aufbewahren sollte, kommen in → Ordner. Falls es sich um Papiere handelt, die man nach einiger Zeit wieder entsorgen kann, wie beispielsweise Prospekte oder Notizen, so bieten sich hierfür → Hängeregister an. Für größere Mengen Papier oder dickere Prospekte in unterschiedlichen Formaten eignen sich Stehsammler, die dann neben Ihren Ordnern im Regal stehen. Ziel ist es, so wenig Papier wie nötig frei herumliegen zu haben. Diese optischen Freiräume ziehen gedankliche nach sich! Darum sollten Sie Ihren Stapel »Ablage« mindestens einmal in der Woche aufräumen.

A wie Aufschieben

Ablagekörbchen

Wie Mauern bauen sie sich halbmeterhoch auf den Schreibtischen auf, meist aus buntem Plastik: die Ablagekörbchen. Beliebt sind sie vor allem dadurch, dass man sich hinter ihnen verschanzen kann und somit vor neugierigen Blicken vorbeiziehender Kollegen geschützt ist. Schreibtische lassen sich mithilfe dieser netten Accessoires in Ritterburgen hochrüsten. Und so ein Schreibtisch sieht immer nach richtig viel Arbeit aus! Also schauen wir uns den Inhalt an: Plastikhüllen in einem Körbchen, eine Faxliste im anderen, Briefmarken, Scheren, Nagelfeilen. Also alles Mögliche, nur nicht das, was da eigentlich rein sollte.

Ein Ablagekorb ist ein vorübergehender Aufbewahrungsort für Unterlagen, die auf Ihrem Weg in Hängeregister oder Ordner sind. In den meisten Fällen jedoch haben wir es hierbei mit einem horizontalen Deponiesystem zu tun, das noch nicht mal dekorativ ist. Also weg damit! Drehen Sie den Inhalt der Körbchen um genau 90 Grad, und verfrachten Sie den Inhalt sofort in einen Ordner oder in Hängeregister. Dort nehmen sie weniger Platz weg und sind genauso leicht zugänglich.

Mitarbeiter sperren sich anfangs dagegen, ihre Arbeitsweise zu hinterfragen und zu verändern. Auf das zeitlich begrenzte Experiment »korbfreie Zone« lassen sich die meisten ein. Nach einiger Zeit haben sie sich an die Hängeregister gewöhnt und können dann auch die freien Flächen auf dem Schreibtisch genießen.

Ablage P

Das P steht für Papierkorb. Überprüfen Sie bei jedem Papier, das Sie in die Hand nehmen, ob es nicht gleich in die Ablage P gehört. Denn warum sollte man ein Blatt erst lochen und abheften, wenn es sich um »Müll« handelt? Werden Sie es jemals wieder in die Hand nehmen? Brauchen Sie den Werbeprospekt wirklich noch? Werden Sie dieses Rezept jemals nachkochen? Sie glauben nicht? Also gleich weg damit! Und nicht vergessen: So viel Papier, wie jeden Tag ins Haus flattert, so viel muss jeden Tag auch wieder Ihr Haus verlassen. Dann wäre zumindest ein Gleichgewicht vorhanden! Um den Zweiflern keine Chance zu lassen, empfehle ich, den Papierkorb täglich zu entleeren! Nicht vergessen: Private Notizen und Unterlagen nicht einfach nur so ins Altpapier! Schreddern Sie diese mit einem Aktenvernichter, reißen Sie sie in kleine Fetzen oder zünden Sie ein Freudenfeuer – natürlich außerhalb Ihres Hauses – an!

Abnehmen

Ihnen fehlt der richtige »Kick«, um abzunehmen? Dann setzen Sie doch erst einmal Ihre Wohnung auf Diät! Verordnen Sie ihr: In den nächsten vier Wochen kommt nichts mehr herein: kein neuer Schnickschnack, keine neuen Kissen, einfach nichts! Reduzieren Sie die »Schnickschnack-Kalorien«, und entrümpeln Sie nebenher. Entschlacken Sie Ihre Räume, Ihren Kleiderschrank oder auch nur eine Schublade. Das kann der erste Impuls für ein »Loslassen« in Ihrem Leben sein und die Pfunde können sich danach auch auf den Weg machen. Wenn Sie spüren, wie viel besser, wie viel leichter sich Ihre vier Wände jetzt anfühlen, bekommen Sie selbst vielleicht auch Lust, etwas abzuspecken? Falls nicht, akzeptieren Sie jedes Ihrer Kilos. Üben Sie das Glücklichsein jetzt schon! Denn falls Sie mit Ihrem jetzigen körperlichen Zustand unglücklich sind, werden Sie mit weniger Kilos kaum glücklicher werden. Gehen Sie es ruhig an. Und wenn Sie nach einigen Wochen Ihre Wohnung mal wieder verschönern und umdekorieren wollen, dann denken Sie daran: Es kommt nur dann etwas Neues ins Haus, wenn vorher etwas Altes geht!

Abschied nehmen

Die Dinge, die unser Leben erleichtern, bereichern oder auch nur schmücken, sind oft wie liebe Freunde: Sie sind uns ans Herz gewachsen, und es tut oft weh, sich von ihnen zu trennen. Wer schon mal sein Auto zum Schrottplatz gefahren hat, nachdem es ihm jahrelang gut gedient hat, der weiß, wie schwer so ein Abschied fällt. Jeder Gegenstand hat eine Seele und verdient somit einen würdevollen Abschied. Also bedanken Sie sich bei ihm für die Zeit und die gut geleisteten Dienste!

Ein Abschied fällt dann leichter, wenn man weiß, wo der entsprechende Gegenstand landet und dass er einem anderen noch gute Dienste erweist. So trennt man sich leichter von einem geliebten Möbel- oder Kleidungsstück.

Absichtserklärungen

»Jetzt reicht es mir! Ich werde ausziehen«, erzählt mir eine Bekannte seit Jahren. »Ich kündige und mache ganz was anderes«, meint eine andere. Aber es tut sich nichts! Wenn auf die Ankündigungen, etwas zu tun, keine Handlungen folgen, dann sind es leere Absichtserklärungen und ➜ Illusionen. Manche muss man sich tagtäglich anhören, von manchen ist man selbst nicht ganz frei. Bleibt es nur bei der guten Absicht

> Entsorgen Sie die Dinge,
> die zerschlissen und schäbig sind,
> ebenso wie die Dinge, die Sie ärgern!

und bei leeren Worten, so wird der Absichtserklärer von Mal zu Mal unglaubwürdiger.

Hier hilft nur: lieber vorerst schweigen! Solange ich noch keine neue Wohnung habe, werde ich meine Absicht »ich will ja eigentlich ausziehen« für mich behalten. Denn solange ich nichts unternehme, keine Wohnungen anschaue, keinen Makler aufsuche, bringt mich die Absichtserklärung alleine nicht weiter. Wenn ich mich wirklich entschieden habe, mit allen Konsequenzen mein Leben zu verändern, kann ich um Hilfe bitten. »Ich will umziehen und suche eine Wohnung. Die soll so und so aussehen, so viel kosten.... Falls dir eine über den Weg läuft, lass es mich wissen.« Dann habe ich die Stufe der puren Absichtserklärung hinter mir gelassen und bin bereits auf der Handlungsebene angelangt. Also entscheiden Sie sich: entweder tun oder lassen!

Abstellkammer

Sie öffnen die Tür zu Ihrer Abstellkammer und – können Sie diese überhaupt betreten? Abstellkammern sind meist innerhalb der Wohnung dazu da, unschöne oder sperrige Geräte des täglichen Bedarfs unterzubringen. Hier stehen der Staubsauger, der Putzeimer, der Bierkasten, der Wäschetrockner. Aber Abstellkammern sind keine Deponien für Defektes oder nicht mehr Gebrauchtes! Alles, was Sie ein Jahr lang nicht in der Hand hatten, kann auch aus der Abstellkammer verschwinden! Achten Sie vor allem darauf, dass in Abstellkammern, falls sie auch Vorratskammern sind, keine verderblichen Lebensmittel lagern.

Adressverzeichnisse

Ob in Papierform oder im PC: Adressverzeichnisse sollten regelmäßig durchforstet werden! Wenn Sie mit einem Namen schon gar kein Gesicht mehr verbinden können, dann können Sie sich auch von diesem Namen trennen. Menschen treten in unser Leben und verlassen es auch wieder. Bekannte ziehen in eine andere Stadt, man schreibt sich anfangs vielleicht noch, aber der Kontakt wird weniger. Wir können, auch wenn wir es wollten, nicht jeden Kontakt über Jahre hinweg pflegen. Untersuchungen zeigen, dass die menschliche Kontaktfähigkeit bei 150 Personen aufhört. Zählen Sie doch einmal alle Menschen durch, mit denen Sie geschäftlich, familiär oder freundschaftlich verbunden sind. Da kommen 150 schnell zusammen. Wenn man sich drei Jahre lang nicht gesehen hat, dann kann man sich schon fragen, ob man die Adresse wirklich noch aufheben sollte. Denn wenn jemand geht, macht er Platz für einen neuen Menschen im Leben.

Gehen Sie daher regelmäßig Ihr Adressverzeichnis durch, und fragen Sie sich bei jeder Adresse nach der Art des Kontakts. Vielleicht läuft Ihnen ein alter »Schatz« über den Weg, den Sie unbedingt mal wieder anrufen wollen? Dann tun Sie es, am besten innerhalb der nächsten drei Tage. Falls Sie es in diesem Zeitrahmen nicht schaffen, ist Ihnen der Kontakt auch nicht so wichtig. Lassen Sie ihn los, er macht Platz für eine neue Begegnung. → Beziehungen entrümpeln

Ärger

Wäre es nicht schön, wenn wir einfach unseren Ärger entsorgen könnten? Doch dazu sollten wir Ärger erst einmal definieren: Es sind die anderen, die nicht so wollen wie wir, über die wir uns ärgern. Es ist der Ehemann, der nicht so funktioniert,

> **Falls Sie sich ärgern,
> begrenzen Sie den Zeitraum auf fünf Minuten!**

wie wir es gerne hätten. Es sind die dämlichen Bemerkungen der Kollegen, der Blick des Chefs, die Unfreundlichkeit der Kassiererin, die wir ärgerlich finden.

Machen Sie eine Liste: Worüber ärgern Sie sich am meisten? Und wie können Sie diesen Ärger verhindern? Wie kriegt man andere Menschen dazu, dass Sie sich anders verhalten?

A wie Aufschieben

Gar nicht! Wie schaffen Sie sich also Ihren Ärger vom Hals? Indem Sie Ihre Einstellung verändern. Sie können den Blick Ihres Chefs ignorieren, sich darüber ärgern, wütend werden. Es bleibt der Blick Ihres Chefs und Ihre Reaktion darauf. Den Blick werden Sie nicht verändern können, aber Ihre Reaktion! Vielleicht schaut er so, weil er generell unglücklich ist? Vielleicht will er Sie damit gar nicht ärgern? Denn Ärger ist ein Gefühl, das in Ihnen produziert wird, das Sie sozusagen selbst »herstellen«. Also können auch nur Sie die Produktion stoppen. Ziehen Sie beim nächsten Anlass die Bremse: Sagen Sie: »Stopp!«, und fragen Sie sich: »Habe ich wirklich einen Grund, mich zu ärgern? Oder will ich das einfach nur so, weil mir der Tag sonst zu langweilig wird?« Falls Sie Ihren Ärger nicht verhindern können, so begrenzen Sie ihn wenigstens zeitlich: Entscheiden Sie sich, sich nicht länger als fünf Minuten zu ärgern. Und schauen Sie dabei bitte auf die Uhr!

Ärgerliche Dinge

Ich bin mir sicher: auch in Ihrem Haushalt gibt es Geräte oder Werkzeuge, über die Sie sich tagtäglich ärgern. Das kann ein defekter Duschkopf sein, der ständig spritzt, die stumpfe Reibe oder die schwer zu reinigende Saftpresse. Warum haben Sie sich nicht schon längst von diesen nervenden Gerätschaften getrennt? Lieber ärgert man sich tagtäglich damit! Hier gibt es nur eine Lösung: weg damit!

Ärgerlich sind auch Geräte, die uns »dumm« aussehen lassen. Kennen Sie diesen Korkenzieher, der nach irgendeinem undurchschaubaren Prinzip funktioniert, das Sie nicht kapieren? Dafür amüsiert sich der Besuch auf unsere Kosten, und wir fühlen uns blamiert! Das ist kein Zustand, der uns guttut. Also weg damit! Stellen Sie sicher, dass in Ihrem Haushalt keine Dinge vorhanden sind, die Sie ärgern. Diese Dinge schwächen uns und sie erfüllen ihre Funktion nicht: nämlich uns das Leben zu erleichtern! Also meiden Sie solche Geräte, es gibt sicher andere Lösungen. Meist findet sich auch jemand, der das Teil superpraktisch findet und wunderbar damit klarkommt. Und schon haben Sie etwas zu verschenken!

Aktivitäten

Fakt ist: Wir machen zu viel, und wir haben einfach zu viel! Nicht nur zu viel Gerümpel im Haus. Nein, auch zu viel zu tun im Leben! Wie sieht Ihr Tagesablauf aus? Aufstehen, Frühstücken, Arbeiten, Versammlungen, Elternabende, Kinder zum Tennis fahren, zum Zahnarzt gehen, ins Fitnessstudio? Kommen Sie locker durch Ihren Tag, oder fühlen Sie sich ständig unter Druck, kommen Sie zu spät, verzetteln Sie sich? Oder haben sie einfach nur das Gefühl, dass Ihnen alles zu viel ist, dass Ihnen alles über den Kopf wächst? Dann heißt es Stopp! Es ist Zeit zu bilanzieren. Machen Sie sich eine Liste Ihrer Aktivitäten, und streichen Sie die, die Ihnen nicht unbedingt am Herzen liegen. Bestimmen Sie Ihr Leben selbst! Planen Sie einen Zeitrahmen für nicht organisierte Dinge ein. Einfach mal nichts tun oder die Zeit frei nutzen, auf kurzfristige Möglichkeiten spontan zu reagieren, das sollte in Ihrem Leben doch auch noch möglich sein. Und falls Sie etwas Neues vorhaben, dann denken Sie daran, dass das nur dann funktioniert, wenn

A wie Aufschieben

> Fragen Sie sich bei jeder Aktivität:
> - Stärkt oder schwächt sie mich?
> - Ist mir das, was ich mache auch wirklich wichtig?
> - Lohnt sich der Aufwand oder vergeude
>   ich meine kostbare Zeit?

eine alte Aktivität Ihr Leben verlässt! Alles hat seinen Preis, ansonsten leiden Ihre Gesundheit und Ihre Beziehungen unter Ihrem immerwährenden Aktionismus!

Akustischer Müll

Es kommt mir oft vor, als stünde ich knietief im Müll und könnte nichts dagegen tun. Und ständig schaufelt jemand noch mehr dazu! Der akustischen »Vermüllung« kann man scheinbar kaum entkommen. Im Kaufhaus muss ich mir das Musikgedudel anhören, am Telefon in der Warteschleife wird mir irgendein Schmalz in die Ohren gespült. Ungewollt muss ich mir die Telefonate meiner Mitreisenden im Zug anhören. Momente der Stille in der Öffentlichkeit kommen mir vor wie seltene Genüsse. Aber genau diese akustische Leere ist nötig, um zur Besinnung zu kommen. »In der Ruhe liegt die Kraft« ist keine neue Erkenntnis. Daher brauchen wir tägliche Inseln der Stille. Diese können von natürlichen Tönen wie Vogelgezwitscher, dem Rauschen des Meeres, dem Wind in den Ästen erfüllt sein. Dabei kann sich auch langsam innere Ruhe einstellen.

Aber wo sind diese Orte, an denen man nichts, absolut nichts hört? Man findet sie weit weg, beispielsweise nachts in den Bergen. Am besten im Winter, wenn der Schnee die letzten Geräusche verschluckt. Suchen Sie sich diese Orte, und gönnen Sie sich im täglichen Leben Momente der Stille. Nur wenn Sie diese Stille zulassen, dann haben Sie die Chance, Ihre eigene innere Stimme zu hören.

Alles an seinem Platz

Wäre es nicht traumhaft, nie mehr wieder nach den Auto-schlüsseln zu suchen? Blind nach der Akte zu greifen und genau zu wissen, wo sich was befindet? Für ganz wenige unter uns mag das jetzt schon Realität sein. Für die Mehr-zahl eher nicht. Geben Sie deshalb Ihren Dingen einen eige-nen Platz. Wie ein Platzanweiser im Kino! Zeigen Sie ihnen, wo sie zu Hause sind. Der Schmuck in einer Schatulle, die eingesammelten Visitenkarten in ein entsprechendes Album. Das Prinzip des ➜ »Nur-einmal-in-die-Hand-nehmens« funk-tioniert auch dort. Bevor ich wieder einmal etwas »verlege«,

**Weg mit dem,
was Ihnen schon längst keinen Spaß mehr macht!**

könnte ich es auch gleich aufräumen. Aber dazu müssen Sie erst den richtigen Platz definieren. Für meinen Autoschlüssel habe ich jetzt eine Schublade frei gemacht. Was immer noch nichts darüber aussagt, ob ich ihn dort wirklich finde, denn von alleine läuft er nicht dorthin. Ich muss mich selbst dazu erziehen, den Schlüssel immer erst dort »fallen zu lassen«.

A wie Aufschieben

Dass die Dinge Ihren Platz nicht finden, sagt etwas über unser Verhältnis zu genau diesem Gegenstand aus, denn was ständig herumwandert, mal hier, mal da liegt, liegt uns vielleicht auch nicht so sehr am Herzen. Diese eher »vernachlässigten« Gegenstände könnten vielleicht ganz aus unserem Leben weichen?

Alles nacheinander

Das Leben wird einfacher und vor allem übersichtlicher, wenn wir es uns selbst übersichtlicher gestalten. Dazu gehören mehr Achtsamkeit (→ Hier und Jetzt) und eine klare Reihenfolge. Der Teekessel pfeift, während das Telefon klingelt, der Hund bellt und es einen am Rücken juckt. Also was zuerst tun? Alles auf einmal geht nicht. Ich würde folgende Reihenfolge vorschlagen: Kratzen, Tee aufgießen, den Hund abstellen und dann ans Telefon gehen. Sollte der Teilnehmer am anderen Ende schon wieder aufgelegt haben, wird er sich wieder melden, oder es war nicht so wichtig.

Der Druck, alles gleichzeitig machen zu müssen, scheint von außen zu kommen, aber er entsteht in unserem Innern durch uns selbst. Entscheiden Sie sich doch einfach, sich nicht ständig unter Druck setzen zu lassen. Und machen Sie eins nach dem anderen und nicht mehrere Dinge gleichzeitig. Gerade Frauen sind stolz darauf, alles Mögliche gleichzeitig erledigen zu können (→ Multitasking), vergessen aber oft die Hälfte davon oder machen nichts wirklich richtig. Während man die Post holen will, bringt man noch mal rasch den Müll runter und kehrt ohne Post zurück. Darum: Eins nach dem anderen! Machen Sie sich – wenn es gar nicht anderes geht – eine Liste, und lassen Sie sich (außer im Notfall natürlich) nicht von Ihrer durchdachten Reihenfolge abbringen. Und wer sich dann dazwischendrängt und es besonders eilig hat (»Der Brief muss unbedingt noch raus.«), den können Sie ja nach erfolgter Abwägung dazwischenschieben. Dafür fällt für heute ein anderer Posten auf Ihrer Liste aus. Lassen Sie sich nicht unnötig hetzen!

Alltäglicher Müll

Über unserer großen Entrümpelungsaktion sollten wir nicht vergessen, den täglich anfallenden Haushaltsmüll zu entsorgen: Verpackungsmaterialien, Milchtüten, Bananenschalen oder das Altpapier. Dieses »Entsorgungsritual« entwickelt sich zu einem immerwährenden Prozess. Weniger Müll hat der, der schon beim Einkauf darauf achtet, so wenig Verpackungsmüll wie möglich mitzukaufen. Einen Teil davon kann man bereits im Laden lassen. Packen Sie die Lebensmittel aus, die Sie unverpackt transportieren können: Die Tiefkühlpizza braucht keinen Pappkarton, die Hautcremetiegel kommen ebenfalls ohne aus. Alltäglichen Müll zu vermeiden bedeutet, bewusster einzukaufen und sich generell bei jedem Stück zu fragen:

1. Brauche ich dich wirklich?
2. Erleichterst du mein Leben?
3. Oder machst du mich wenigstens glücklich?

Altar

Wir alle haben Dinge, die uns am Herzen liegen und die wir gerne im Alltag in unserer Nähe hätten: Bilder unserer Liebsten, ein uns wertvolles Geschenk, wohlriechende Düfte, Blumen. Diese Dinge stärken uns, geben uns Kraft. Und somit haben Sie das Recht auf einen ganz besonderen Platz in unserer Wohnung: auf einen sogenannten »Altar«. Hierbei geht es weniger um die Ausübung religiöser Rituale als vielmehr um einen klar definierten Ort im Haus, ein Regalbrett, eine Kommode, worauf sich Ihre Schätze konzentrieren. Wo könnte der ideale Platz in Ihrer Wohnung sein? Nach der Lehre des Feng Shui ist dies der Osten eines Raumes. Inszenieren Sie diesen Ort liebevoll, denken Sie auch an frische Blumen. Was immer Sie hier aufstellen, geht nur Sie etwas an. Jeder sollte seinen ganz persönlichen Altar haben, mit eigenen, ganz persönlichen Kraftspendern. Das kann für den einen die Feder eines Vogels sein, für den anderen ist es ein gefundener Golfball. Natürlich können hier auch religiöse Symbole stehen, die den jeweiligen Glauben symbolisieren. Unverzichtbar ist Frisches, in Form von Blumen oder einer Blüte sowie Rauch in Form von Räucherstäbchen oder einer Kerze als Verbindung nach »oben«, zum Höheren.

Alte Unterlagen

Jeder von uns besitzt sie: Unterlagen aus früheren Zeiten, wie die alten Studienarbeiten, Meisterprüfungen, Seminararbeiten. Außer sentimentalen Gründen gibt es eigentlich keine Notwendigkeit, diese Unterlagen noch Jahre nach der bestandenen Prüfung aufzubewahren. Sie wollen irgendwann nochmals nachschlagen können? Falls Ihr Wissen Sie verlässt? Für manch einen sind diese Unterlagen psychische Krücken, die vor innerer Unsicherheit schützen sollen. Man schaut sie zwar nie wieder an, braucht aber die Vorstellung, dass man es tun könnte. Diese Haltung zeigt fehlendes Vertrauen in sich selbst und sein Wissen. Dabei haben Sie alles, was Sie einmal gelernt haben, noch gespeichert. Alles Wissen steckt in Ihnen, Sie brauchen sich nur selbst danach zu fragen! Stellen Sie die Fragen, und dann werden Sie sehen: Aus Ihrem Inneren kommen Antworten.

Es kostet Überwindung, sich von alten Studienunterlagen, von Skripten und selbst erarbeitetem »Wissen« zu trennen, das man jahrelang gesammelt und angehäuft hat. Verabschieden Sie sich von Ihren Unterlagen durch ein Ritual der Transformation: Verbrennen Sie sie! Ihr Wissen steigt als Rauch in den Himmel und kann sich transformieren. Es ist dann nicht weg, es ist nur woanders! ➜ Feuer

Altern

Die Dinge altern, ebenso wie der Mensch. Der Zahn der Zeit nagt an allem. Der Faktor Zeit jedoch sagt nichts darüber aus, ob es sich bei alten Gegenständen auch um Gerümpel handelt, denn verschiedene Materialien altern auf ganz unterschiedliche Arten. Ein Ledersofa beispielsweise wird im Laufe der Jahre immer schöner. Es wird weicher, hat einen gewissen Charme, auch wenn es an einigen Stellen Kratzer hat und speckig ist. Leder hat die Eigenschaft, schön zu altern, im

A wie Aufschieben

Gegensatz zu Kunststoffen. Ein weißer Mixer aus Kunststoff vergilbt im Laufe der Zeit und die Kratzer machen ihn nicht gerade schöner. Ebenso verhält es sich mit weißen Kunststoffschneidebrettern. Wohingegen die Schneidebretter aus Holz trotz ihrer Macken und Schnittspuren auch nach Jah-

Werfen Sie ohne Erlaubnis niemals etwas weg, das anderen gehört!

ren immer noch schön aussehen. Achten Sie beim Kauf also möglichst darauf, dass die Dinge »gebrauchsspurentauglich« sind , und versuchen Sie sich vorzustellen, wie die Dinge in fünf Jahren aussehen: Wie altert der helle Bezug Ihres Sofas? Wird er speckig und schäbig? Dann wählen Sie doch eine Farbe, die ein wenig Schmutz verträgt, denn einzig der Zustand Ihrer Schätze zählt. Und dieser lässt sich durch entsprechende → Pflege verbessern, dann kann es sogar sein, dass der Wert mit dem Alter steigt. Eine Lederjacke ist erst so richtig schön, wenn sie etwas eingetragen und abgewetzt ist. Bei Jeans wird schon im Produktionsprozess das Alter durch entsprechende Behandlungen mit Chemikalien und mechanischem Abrieb vorgetäuscht. Das Altern kann man schließlich nicht aufhalten. Wenn Ihnen ein Gegenstand jedoch am Herzen liegt, dann stellen Sie sicher, dass er mit Ihrer Hilfe schön altert.

Altkleidersack

Fast wöchentlich findet man sie in den Briefkästen: Plastik-beutel mit den Aufdrucken gemeinnütziger Institutionen, die Altkleider sammeln. Diese werden sortiert und an Bedürftige weitergeleitet. Unbrauchbare Kleidung wird zu Rohstoffen ver-arbeitet, die beispielsweise als Verpackungsmaterial eingesetzt werden.

Was beim Entrümpeln die Kiste Nummer 2 (➜ Drei-Kisten-Methode) ist, entspricht im Kleiderschrank dem Altkleider-sack. Alles, was Sie schon über ein Jahr lang nicht mehr ge-tragen haben, was Ihnen zu klein geworden ist, was aus der Mode gekommen ist, ist ein Fall für den Altkleidersack. Aber vergessen Sie nicht, sich von Ihren Stücken zu verabschieden! Zum einen fällt Ihnen der Abschied leichter und zum anderen haben diese Kleidungsstücke Ihnen ja gute Dienste geleistet. Falls Ihnen der Abschied via Altkleiderspende wehtut, gibt es noch die Möglichkeit direkter Spenden. Sicherlich findet sich auch in Ihrer Nähe eine gemeinnützige Organisation, die ga-rantiert, wo die Dinge landen. Es gibt auch persönliche Enga-gements für Kleidersammlungen zugunsten von Krisengebie-ten. Das können Sie auch im Internet recherchieren.

Eine Alternative stellt für mich ein Treffen mit einigen mei-ner Freundinnen dar. Ich lege die Kleidung aufs Bett, die ich ausrangieren werde und fordere jede auf, sich zu bedienen. Meine ausrangierten ➜ Schuhe biete ich bei dieser Gelegen-heit gleich mit an!

A wie Aufschieben

Altlasten

Das Wort ruft in mir Assoziationen hervor wie: Böden, die von Altöl durchtränkt und vergiftet sind. Altlasten in Form von Gerümpel können unterschiedlicher Herkunft sein. Zum einen können es Dinge aus einem »alten Leben« sein, wie Ge-

> **Alles, was Sie ganz persönlich belastet,**
> **ist für Sie Ballast.**

genstände, die zur Ausübung eines inzwischen abgelegten Hobbys unerlässlich waren. Altlasten können aber ebenso die Dinge sein, die dem → Expartner gehören. Dieser ist vor Jahren ausgezogen und hat seine Besitztümer bisher noch nicht abgeholt. Fast jeder von uns hat im Keller irgendein Teil, das sich längst überholt hat: Die Inline-Skates, die seit zwei Jahren nicht bewegt wurden. Die Unterlagen aus der Studienzeit, die keiner mehr anschauen wird. Wie auch immer Ihre Altlasten aussehen, wo auch immer Sie sich befinden: Erst wenn Sie sich davon getrennt haben, kann etwas Neues nachkommen. Bis dahin wirken Sie wie Bremsklötze in Ihrem Leben!

Altpapier

Altpapier fällt jeden Tag an: Die gelesene Tageszeitung wie auch die ungelesene vom Vortag. Über den Briefkasten flattern Prospekte ins Haus, von der Post bleiben die Briefumschläge als Altpapier zurück. Wenn dieses nicht täglich entsorgt wird, wächst es einem ganz schnell über den Kopf! Suchen Sie Ihre Wohnung nach alten Zeitungsstapeln ab: Unter den Schreibtischen, auf den Schränken stapelt sich oft das Wissen der letzten Jahre. Getarnt als »Sammlungen« bevölkern Jahrgänge von Zeitschriften ganze Schränke, Keller oder Speicher. Diese werden in den seltensten Fällen jemals wieder zurate gezogen. Darum: weg damit! Wie sieht es in Ihren Bücherregalen aus? Finden sich dort alte, vergilbte, inzwischen schon etwas muffelige Taschenbücher? Auch sie sind ein Fall für das Altpapier. Denn Taschenbücher sind qualitativ nicht für die Ewigkeit gedacht! Es gibt im Umgang mit → Papier eine Faustregel: So viel Papier, wie jeden Tag ins Haus kommt, so viel muss auch jeden Tag das Haus verlassen!

Angst

»Wenn ich ihn um Hilfe bitte, wird er sie sicherlich ablehnen«, oder: »Wenn ich ihr den Gefallen nicht tue, wird sie bestimmt kein Wort mehr mit mir sprechen« – unser Leben ist voller Ängste und Befürchtungen. Sie sind unsere ständigen Begleiter. Meist entspringen sie nur unserer Fantasie. Wir malen uns aus, was passieren könnte: »Wenn ich die Prüfung nicht bestehe, werde ich nie eine Arbeit finden, werde mein Auto verkaufen müssen, werde...« Wir fürchten uns vor Situationen, die im besten Fall niemals eintreten werden! Aus der Nähe betrachtet, war die Angst meistens umsonst. Daher: weg mit den Befürchtungen! Fragen Sie sich selbst, was Ihnen schlimmstenfalls passieren könnte. Falls dieser Zustand eintritt, können Sie sich immer noch überlegen, was Sie dann machen. Laufen Sie nicht schon jetzt vor einem Tiger weg, der noch gar nicht in Sichtweite ist!

Anrufbeantworter

Anrufbeantworter sind nur auf geschäftlicher Ebene praktisch, privat sind sie mir eher lästig. Manch einer quatscht mir das Band voll, und ich brauche Stunden, eh ich alles abgehört habe. Meine Höflichkeit gebietet es mir, denjenigen zurückzurufen, obwohl ich vielleicht überhaupt nicht mit ihm reden will. Und die Rechnung bezahle ich zu allem Überfluss auch noch! Was treibt uns also dazu, den Anrufbeantworter einzuschalten? Neugier! Und die Angst, etwas Wichtiges im Leben zu verpassen. Was hat man nur vor der Erfindung des Anrufbeantworters gemacht? Wenn man etwas wirklich Wichtiges zu bereden hatte oder gerne persönlich miteinander sprechen wollte, dann hat man eben mehrmals versucht anzurufen.

Ansprüche

Wer an sich selbst und seine Umwelt zu hohe Ansprüche stellt, lebt nicht gerade ein leichtes Leben. Überall trifft man auf die Fehler seiner Mitmenschen: Der Paketbote bedient einen mit der Zigarette im Mund, der Kellner kennt die Preise nicht. Überall gäbe es etwas zu verändern und zu optimieren. Der eigene Perfektionismus wird hier zum Maßstab, an dem alle anderen gemessen werden. Und an diesem Maßstab kann man nur scheitern, sich selbst eingeschlossen. Kaum befindet man sich im Urlaub in südlichen Gefilden, schon reagiert man nachsichtiger, lobt das »dolce far niente« der Bedienung, das gleiche Verhalten, das man hier nur als bodenlose Faulheit interpretieren würde. Seien wir doch uns selbst und unseren Mitmenschen gegenüber etwas gnädiger! Also weg mit den überzogenen Ansprüchen, und schon wird das Leben etwas leichter! Betrachten wir die Macken des anderen als seinen ganz persönlichen Charme. Ändern können wir niemanden, also bleibt uns nichts anderes übrig, als unsere Haltung zu verändern! (→ Perfektion)

Ansteckung

Eine der häufigsten Fragen bei meinen Vorträgen bezieht sich auf Partner und Familienangehörige: »Wie bringe ich die anderen dazu, auch zu entrümpeln?« Nun ja, man kann den Kindern das Taschengeld kürzen, wenn sie es nicht tun. Den Partner wird man auf diese Art und Weise kaum motivieren können. Ich vertraue dabei der Kraft der »Ansteckung«.

Weg mit allem, was nichts bringt!

Diese setzt voraus, dass der Tag des Entrümpelns so gewählt ist, dass die ganze Familie im Haus ist. Am besten an einem regnerischen Samstag oder → Sonntag. Sorgen Sie einfach dafür, dass genügend Mülltüten, Kisten und Kartons im Haus sind, und gehen Sie mit gutem Beispiel voran. Entrümpeln

A wie Aufschieben

Sie für sich nach der → Drei-Kisten-Methode, und warten Sie auf die Reaktion Ihrer Mitbewohner. Kommt die Frage: »Was machst du denn da?«, so haben Sie schon halb gewonnen. »Ich entrümpele heute mal, und du kannst dich gerne anschließen.« Stellen Sie eine Belohnung nach getaner Arbeit in Aussicht (vielleicht pro gefülltem Karton eine Portion Eis oder worauf immer der- oder diejenige anspricht).

Antiquitäten

Was für den einen altes Gerümpel ist, ist für den anderen eine kostbare Antiquität. Gerümpel ist hier, einmal mehr, Ansichtssache. Die persönliche Interpretation, die persönliche Vorliebe ist entscheidend. Falls jemand ein Faible für Altes hat und noch ein gutes Gefühl dabei, wenn er sich das Stück in die Wohnung stellt, ist für ihn alles in Ordnung. Falls ein anderer alten Dingen gegenüber Ablehnung empfindet, sollte er die Finger davon lassen. Entscheidend ist das gute Gefühl.

Klar ist jedoch, dass man sich mit Antiquitäten alte Energien ins Haus holt. Jedes Teil hat ein »Gedächtnis« und somit das gespeichert, was es erlebt hat. Also umgeben Sie sich nur mit den Stücken, bei denen Ihr Gefühl stimmt. Am besten Sie reinigen sie, indem Sie Meersalz in die Schubladen streuen (→ Salz) und dieses dann mit dem Staubsauger aufsaugen. Auch → Räuchern hilft dabei, die Stücke energetisch zu klären.

Anziehung

Gegensätze ziehen sich bekanntlich an. Das trifft im Privatleben genauso zu wie im Berufsleben. Warum geraten wir nur immer wieder an eine ganz bestimmte Sorte Menschen? Warum leben Horter mit Wegwerferinnen zusammen und umgekehrt? Es wäre doch scheinbar so viel einfacher, wenn der Partner mehr Ähnlichkeit mit einem selbst hätte! Aber genau darum geht es nicht! Der andere ist dazu da, die fehlenden Aspekte der eigenen Persönlichkeit zu ergänzen. Und wenn

Nur eine gewisse Leere kann auch die Fülle anziehen.

Sie selbst zu faul zum Suchen sind, so sucht Ihr Partner (für Sie mit). Wenn Sie sich selbst nicht trauen, ein Chaos zu produzieren, dann erledigt Ihr Partner das für Sie!

In den meisten Ehen treffen die Polaritäten → Horter und → Wegwerfer aufeinander. Diskussionen über die unterschiedlichen Lebensstile sind an der Tagesordnung, gegenseitige Schuldzuweisungen bringen Lebendigkeit in die Beziehung. So wird's schon nicht langweilig, und der Gesprächsstoff geht auch nicht aus. Aber Ausnahmen bestätigen auch hier die Regel. Ziehen zwei Horter zusammen, haben Sie in jedem Fall ein Platzproblem. Ich habe auf einem meiner Vorträge ein Messie-Ehepaar kennengelernt, das miteinander sehr glücklich war. Immerhin teilten Sie ein Problem und haben somit jeden Tag von Neuem ein Gesprächsthema und eine Aufgabe zu bewältigen. Gemeinsame Projekte sollen ja angeblich verbinden ...

Auf dem Schrank

Egal, ob die fast raumhohen Schränke im Büro, im Wohn- oder Schlafzimmer stehen: Oben steht immer noch etwas drauf! Waren es im Schlafzimmer meiner Großmutter die Einmachgläser mit den Erdbeeren und Birnen, sind es heute Koffer und Taschen. Die hängen dazu noch über, sodass man wie im Flugzeug Angst haben muss, vom herabfallenden Handgepäck erschlagen zu werden! Auf dem Aktenschrank im Büro lässt sich wunderbar das Verpackungsmaterial verstauen, auf dem Oberschrank der Küche stehen die Eierkartons und Tupperschüsseln. In jedem Fall trägt das dazu bei, dass ein Raum unordentlich und unruhig wirkt.

Bringen Sie mehr Ruhe in den Raum: Runter mit dem Zeug! Erklären Sie das »auf dem Schrank« zur Tabuzone (➜ Min Tang). Dort steht nichts, absolut nichts. Sie werden sehen, Ihr Büro sieht plötzlich viel aufgeräumter aus, und wenn Sie Ihr Schlafzimmer betreten, ziehen Sie nicht mehr automatisch den Kopf ein.

Aufladen eines Raumes

Nach dem Entrümpeln eines Raumes sollte dieser geputzt und danach energetisch gereinigt werden. Diese Prozedur mit Rauch (➜ Räuchern) dient dazu, alte Energien zu binden und zu beseitigen. Der Raum ist somit bereit für neue Zeiten und neue Aufgaben. Man geht davon aus, dass Räume lebendige Organismen sind, die die Ziele des Menschen positiv unterstützen können. Welche Ziele das sind, liegt an den Bewohnern und Ihren Erwartungen. Diese müssen zunächst definiert werden. Was erwarten Sie sich von diesem Raum, wobei soll er Sie unterstützen? Wünschen Sie sich Ruhe und Gelassenheit (vielleicht im Schlafzimmer) oder gute Geschäfte (in Ihrem Verkaufsraum)? Diese Absichten werden zusammen mit einem Räucherritual ausgesprochen und somit »in den Raum« gebracht.

Zum Aufladen eines Raumes eignen sich am besten ein feinstoffliches Harz wie → Weihrauch. Davon werden winzige Mengen, etwa stecknadelkopfgroße Krümelchen, auf einer glühenden Holzkohle verglimmt. Sie entfalten ein feines Aroma. Während der Rauch sich im Raum ausbreitet, wird die Absicht, beispielsweise »dieser Raum soll ein harmonischer Ort für unsere Familie sein«, dem Rauch auf dem Weg nach oben mitgegeben. (→ Räuchern)

Aufräumen

Das Aufräumen zählt nicht gerade zu meinen Lieblingsbeschäftigungen. Leider ist es aber Teil des täglichen Lebens, ein ständig wiederkehrender Prozess. Kaum hat man gekocht, muss die Küche aufgeräumt, der Tisch abgeräumt, das Geschirr weggeräumt werden. Versäumt man diesen Prozess, verschiebt man ihn, tritt früher oder später unweigerlich das Chaos ein! Denn die Dinge laufen leider nicht von alleine an ihren Platz. Im Zusammenleben mit anderen ist das Aufräumen ein Thema von besonderer Brisanz. Wie viele Dinge befinden sich tagtäglich im »Umlauf«? Was würde passieren, wenn jeder Pullover, der ausgezogen wird, jedes Papier, das man nicht mehr braucht, augenblicklich zu Boden fallen würde? Viele Haushalte sehen genau so aus. Darum muss gerade im menschlichen Miteinander gelten: Jeder räumt für sich selbst auf! Wer etwas fallen lässt, hebt es sofort auf!

Aufschieben

»Während man es aufschiebt, geht das Leben vorüber« – das wusste bereits der römische Dichter und Philosoph Seneca (4 v. Chr. – 65 n. Chr.). Ich bin Spezialistin im Aufschieben, vor mir herschieben oder wie man es auch immer nennen mag. Zum Glück nur, wenn es um eins geht: um die Buchhaltung. Irgendwann, wenn der Druck schon fast nicht mehr auszuhalten ist, geht es wie von Zauberhand. Es sind meist die Dinge, die wir nicht gern tun, vor denen wir uns drücken und die wir vor uns her schieben. Sei es das Bügeln einer Bluse, das Übersetzen eines Briefes. Je länger man die Dinge aufschiebt, desto unüberwindlicher bauen sie sich vor einem auf! Sie wachsen und wachsen, weil man sie mit Energie versorgt. Man kann sie nur dadurch »aushungern«, indem man sie endlich anpackt und zu einem Ende bringt. Ebenso schiebt man gern das auf, was man schlecht kann. Als ob sich mit dem Aufschieben die Qualität der Arbeit verbessern würde! Das Aufschieben kostet mich mehr Nerven als das sofortige Erledigen! Dennoch kehrt es immer wieder und scheint Teil meines Lebens zu sein. Ich habe mir abgewöhnt, mich über mich selbst zu ärgern, ich sage mir: Ich brauche eben meine Zeit!

Aufwand

Wie viel leichter könnte das Leben sein, wenn wir ab und zu den Aufwand reduzieren würden. Stattdessen wird er immer noch größer! Waschmaschinen nehmen uns die Arbeit ab, dafür waschen wir jetzt täglich. Moderne Küchenmaschi-

> Leben Sie heute, und schieben Sie es nicht auf!

nen erleichtern uns die Arbeit, dafür kochen wir komplizierte Menüs. Wir scheinen nicht für ein einfaches Leben gemacht. Selbst beim Abnehmen wird ein erheblicher Aufwand betrieben. Wir lesen Bücher über Ernährungswissenschaften und nehmen Nahrungsmittelergänzungen zu uns, die für einen flotten Stoffwechsel sorgen, statt das Einfachste zu tun: nur die Hälfte zu essen! Das scheint zu simpel, wir misstrauen dem! Bevor wir loslaufen, brauchen wir die richtigen gepolsterten Laufschuhe, atmungsaktive Wäsche, einen Pulsmesser und seit Neuestem auch noch zwei Stöcke. Mit dem Ergebnis, dass wir noch seltener in den Wald kommen als früher und uns im normalen Zustand kaum mehr dorthin trauen.

Also warum nicht den Aufwand reduzieren? Laden Sie sich Gäste nur auf ein Glas Wein ein. Sie werden sehen, sie kommen auch so. Halten Sie unterwegs mal an einer schönen Stelle an, gehen Sie ein paar Schritte, und genießen Sie die frische Luft. Das einfache Leben, das wir im Urlaub anscheinend so schätzen, findet täglich auch vor unserer eigenen Haustür statt!

A wie Aufschieben

Ausgestopfte Tiere

Wenn Ihre persönliche Definition von Gerümpel alle Dinge umfasst, die mit Tod zu tun haben, dann ist für Sie ein ausgestopftes Tier in jedem Fall schädlich. Ob sie als Dekoration an der Wand hängen oder auf einem Regal stehen, in keinem Fall sind sie förderlich für eine harmonische oder friedliche Atmosphäre im Haus. Es sei denn, Sie sind Jäger und stellen Ihre Jagdtrophäen zur Schau. In diesem Fall unterstreicht das Ihre Kompetenz und ist für Sie ein persönlicher Gegenstand der Kraft. Da es sich hierbei um sehr individuelle Bedeutungen handelt, sollten Sie Ihre Jagdtrophäen, ob ausgestopft oder als Geweih an der Wand, in Ihrem eigenen »Revier« ausstellen. Am besten wäre hier ein separater Raum, keinesfalls das Schlafzimmer, Wohnzimmer oder der Eingangsbereich!

Ausmisten

Man stelle sich eine Mistgabel vor, mit der man durch das Haus, durch jeden Raum geht. Das Unterste nach oben holt und mit einem Schwung das Gerümpel hinter sich auf einen großen Haufen wirft.

Welche Bereiche Ihres Lebens würden Sie gerne mit einer Mistgabel bearbeiten?

Aussichtslose Affären

Finger weg von aussichtslosen Affären mit verheirateten oder anderweitig gebundenen Partnern! Die Chance, dass sich ein auch noch so unglücklich verheirateter Ehemann von seiner auch noch so zickigen Ehefrau trennt, ist statistisch gesehen geringer als sechs Richtige im Lotto. Und falls er es doch tut, so werden wahrscheinlich Sie nach ein paar Jahren die Betrogene sein, denn eine Geliebte braucht diese Sorte Mann langfristig immer. Wie ein Mann mit seiner Frau umgeht, ist immer auch ein Maßstab dafür, wie er irgendwann mit Ihnen umgehen wird. Frau wird nicht jünger und schöner, also warum sollten Sie Zeit, Gefühle und Energie vergeuden! Die uralte Weisheit: »Andere Mütter haben auch schöne Söhne (oder schöne Töchter)«, will man zwar im Moment der Trauer nicht hören, sie trifft aber ins Schwarze und ist ein gewisser Trost.

Ausverkauf

Sind Sie sicher, dass es irgendetwas gibt, was Sie wirklich brauchen, wenn Sie zum Ausverkauf gehen, oder wollen Sie nur mal so auf die »Pirsch« gehen, um zu sehen, ob sich ein → Schnäppchen vor Ihre Flinte verirrt? Ausverkaufsaktionen sind psychologische Kriegsführung. Wir kommen mit Trophäen nach Hause und definieren unsere Verluste in Gewinne um: »Was ich alles gespart habe!« So übersteigt das Gesparte am Ende die Ausgaben – seltsam nur, dass wir dennoch Geld ausgegeben haben. Wenn Ihr Konto da mitmacht, dann gibt

A wie Aufschieben

> Fragen Sie sich bei jedem Kauf:
> Brauche ich das wirklich?
> Muss ich das selbst besitzen?
> Gibt es eine Alternative zum Kauf,
> kann ich es vielleicht mieten?

es keinen Grund, der Versuchung nicht nachzugeben. Aber falls Sie zu viel Platz auf Ihrem Konto und zu wenig Platz in Ihren Schränken haben, dann bleiben Sie doch einfach zu Hause! Nur mal so zum Gucken unterwegs zu sein, klappt – zumindest bei mir – nicht. Das einzig Hilfreiche ist selbst verordnete Ausgangssperre.

Auto

Die meisten Autos der Deutschen übersteigen bei Weitem den Wohnstandard Ihrer Besitzer. Äußerlich sind die meisten Autos relativ gepflegt, doch wie sieht es im Inneren Ihres Wagens aus? Sieht Ihr Auto aus wie ein selten benutzter Mietwagen oder wie eine Deponie? Sowohl die Räume hinter den Sitzen als auch Kofferraum und Handschuhfach sollten dringend mal wieder »entrümpelt« werden. Dann wird auch Ihre Sonnenbrille, die Sie schon seit Monaten suchen, wie von alleine wieder auftauchen!

B wie Biotop

Bachblüten

Sie hatten unangenehmen Besuch und wollen schnell die Atmosphäre Ihres Raumes verbessern? Zur unkomplizierten energetischen Klärung von Räumen eignet sich Wasser zusammen mit Bachblüten. Füllen Sie einen Zerstäuber mit einem halben Liter Wasser, und setzen Sie diesem etwa drei Tropfen »Crab Apple« bei. Der Krappapfel ist reinigend und wirkt befreiend bei physischen oder psychischen Belastungen. Sie bekommen diese Bachblüte in einer kleinen Pipettenflasche

> Fragen Sie sich bei all Ihren persönlichen Kontakten:
> Stärkt er oder schwächt er mich?
> Bereichert er mein Leben?

in Ihrer Apotheke. Besprühen Sie Ihre Räumlichkeiten, wann immer Sie Ihre Umgebung reinigen wollen. In einer Arztpraxis kann man diese Methode zwischen den einzelnen Patienten anwenden. Auch können Sie sich zwischendurch selbst die Handflächen damit besprühen oder Ihre Aura reinigen. Sprühen Sie diese Feuchtigkeit vor sich hin, und treten Sie dann in den »Nebel«. Manchen Menschen ist es unangenehm,

B wie Biotop

sich auf einen Stuhl zu setzen, auf dem vorher jemand saß, den sie nicht mochten. Diesen Stuhl kann man ganz einfach in einen leichten Sprühnebel hüllen.

Badewanne

Abgestellte Blumentöpfe, halbgefüllte Farbeimer, Hummer, die auf den Kochtopf warten – es ist erstaunlich, wie viele Menschen ihre Badewanne zweckentfremden. Nur eines findet anscheinend nicht statt: Baden! Dabei ist Baden ein Erlebnis, das über das reine Waschen hinausgeht. Baden ist mehr als eine Körperpflege. Es ist Physiotherapie und kann so manche Psychotherapie ersetzen. Es reinigt Körper, Geist und Seele. Also: Wanne leer räumen, Wasser reinlassen, wohlriechenden Badezusatz nicht vergessen und das Bad genießen! Stellen Sie sich vor, wie sich Ihre Probleme oder Ihre schlechte Laune mit dem Wasser verbinden, und schauen Sie ihnen noch einmal nach, wenn sie sich durch das Abflussrohr aus Ihrem Leben entfernen.

Badezimmerschrank

Duschgel, Shampoo und Seife verbrauchen wir tagtäglich. Andere Artikel wie Arzneimittel oder dekorative Kosmetika verbrauchen sich sehr viel langsamer, falls überhaupt. Denn Parfums und Lippenstifte kauft frau meistens nicht, weil die alten Artikel aufgebraucht sind, sondern weil neue Düfte, Farben und Marken auf den Markt kommen. In manchen Badezimmerschränken stehen ganze Sammlungen von Parfumflakons, die über die Jahre kaum aufgebraucht sein werden. Aber auch Parfum »kippt«, der Duft verändert sich, oder es wird schlecht und muss dann weggeworfen werden.

Wie alt ist Ihre Zahnbürste? Aus hygienischen Gründen empfiehlt es sich, mindestens alle sechs Wochen die Zahnbürsten zu erneuern. Entrümpeln Sie alte Arzneimittel, Fläschchen, Tiegel und Farbpaletten! Vor allem bei den dekorativen Kosmetika gilt unbedingt die Regel: Es wird nichts Neues gekauft, ohne dass ein altes Stück weggeworfen wird!

Backofen

Wann haben Sie zuletzt in Ihren Backofen geschaut? Ist er höhlenartig verkrustet oder liegen dort noch die Reste vom letzten Braten? Backöfen sind sträflich vernachlässigte Orte unserer Küchen! Erst wenn man sie wieder braucht, stellt man fest, man hätte sie zuletzt doch gleich reinigen sollen. Zum Glück sind die neuesten Öfen selbstreinigend. Bei Backöfen geht es uns wie mit Matratzen: Ein absolut stiefmütterlich behandeltes Teil unserer Wohnung. Fast täglich benutzt, dennoch so gut wie ignoriert. Ist Ihr Herd auf dem Stand der Technik, oder ärgern Sie sich täglich beim Kochen? Früher war das Feuer der Mittelpunkt des Hauses. Der Herd sollte immer noch eine zentrale Rolle im Haus spielen und mindestens so wichtig sein wie die Waschmaschine. Denn hier geht es um etwas Existenzielles: um unsere Ernährung. Schauen Sie sich Ihren Backofen und Herd einmal genauer an: Ist er in Ordnung, reicht eine Reinigung oder ist doch mal ein neuer fällig?

B wie Biotop

Balkon

Wie sieht es auf Ihrem Balkon aus? Ist er wirklich ein erweiterter Wohnraum im Freien, den Sie jederzeit bei schönem Wetter benutzen können oder gleicht er eher einer Rumpelkammer? Was lagern Sie auf Ihrem Balkon? Vergessen Sie nicht, ein Balkon ist nicht unbegrenzt belastbar! Spätestens beim ersten Sonnenstrahl ist Zeit zum Entrümpeln! Nehmen Sie alles runter, was nicht dorthin gehört! Dann reinigen Sie die Möbel und stellen eine Primel auf den Tisch – schon ist er perfekt, Ihr hängender Garten!

Ballast

Alles, was zu viel ist, das → Gerümpel im Haus, die Dinge, über die wir täglich stolpern, die uns ärgern, die kaputt sind, alles, was uns belastet, ist Ballast.

Belasten können uns auch Räumlichkeiten, in denen wir uns nicht wohlfühlen. Ballast lauert in Beziehungen, die wir mit übertriebenen Erwartungen belasten. Ballast ist auch das Übergewicht, das wir mit unserem Körper herumtragen. Entlasten können Sie sich nur selbst, indem Sie den Ballast zunächst definieren und dann abwerfen. Stellen Sie sich Ihren Ballast wie Sandsäcke vor, die außen an der Gondel eines

> Love it,
> change it
> or leave it

Heißluftballons hängen. Wenn Sie abheben wollen, müssen Sie zunächst die Säcke über Bord werfen. Aber dann fühlt sich alles sehr leicht an, und Sie können fliegen!

Belastende Energien

Vielleicht kennen Sie das Gefühl von »dicker Luft«, das noch lange nach Streitereien oder harten geschäftlichen Auseinandersetzungen im Raum hängt. In Besprechungsräumen kann sich das auch auf die nachfolgenden Besprechungen auswirken. Im Privatbereich lüftet man auch erst einmal, wenn die Verwandtschaft endlich gegangen ist. In beiden Fällen müssen die Räume von diesen belastenden Energien gereinigt werden, damit diese nicht die nachfolgenden Besprechungen oder Begegnungen »vergiften«. Hierbei hat sich das Reinigen mit Crab Apple oder das ➜ Räuchern bewährt. Ist die liebe Schwiegermutter nach dreiwöchigem Besuch endlich abgereist, so zündet man vielleicht instinktiv eine Kerze an. Zum einen zum Dank und zum anderen, um diese Energien zu »verbrennen«. Das wäre die kleine Variante des Räucherns, des energetischen Klärens mithilfe von Feuer und Rauch.

Auch Gespräche hinterlassen ihre Spuren im Raum, denn Worte sind Energie. Wenn sich in einem Geschäft die Kunden immer nur ihrer Sorgen entledigen, dann hängen diese wie dunkle Wolken im Raum. Alle negativen Gedanken, Gespräche und Vorkommnisse lasten als »energetischer Müll« in den Räumlichkeiten und ziehen weiteren »Müll« an. Durchbrechen Sie diesen Kreislauf, indem Sie negativen Klatsch und Tratsch sowie Gespräche über Krankheiten, finanzielle

B wie Biotop

Probleme oder grauenvolle Themen aus Ihren Geschäfts- und Privaträumen verbannen! Besonders sensibel ist das Schlafzimmer. Wenn Sie sich in Ihrem Schlafzimmer streiten, dann ist das kaum die richtige Atmosphäre, um einen gesunden Schlaf zu finden.

Beleidigt sein

Was Männer kolossal stört, ist der beleidigte Rückzug der Frauen in Momenten, in denen eher Widerstand oder Aggression angebracht wäre. Und wenn er sie dann fragt: »Was hast du?«, und sie mit: »Nichts«, antwortet, nimmt er das als Aussage zur Kenntnis und betrachtet die Diskussion als abgeschlossen. Und sie? Sie fühlt sich schon wieder missverstanden! Im Übrigen rühmen sich Frauen oft damit, dass sie nicht lügen, aber spätestens bei diesem »Nichts« sind die meisten von uns einer Lüge überführt! Dieses »Nichts« kann für vieles stehen, wofür in dem Moment die Worte fehlen. Sie haben nicht Nichts, sie haben endlich die Nase voll, eine Wut im Bauch, ein Gefühl von Hilflosigkeit, Angst ohne Ende! Was auch immer es ist, sie können es nur oft in genau diesem Moment nicht ausdrücken. Von wegen Männer hätten ein Problem damit, über ihre Gefühle zu reden – Frauen haben dieses Problem auch! Vor allem, wenn es sich um »negative« Gefühle wie Wut, Trauer, Angst oder Verzweiflung handelt. Dann werden viele Frauen sprachlos, ziehen sich zurück und reagieren in ihrer Wort- und Hilflosigkeit mit Beleidigtsein. Unterbrechen Sie diesen Kreislauf! Also Schluss mit dem Schmollen! Es funktioniert einfach nicht. Da hilft nur sich mitzuteilen und zu sagen, wie es Ihnen geht: Ich bin wütend. Ich bin traurig. Ich fühle mich hilflos!

Belohnung

Falls Sie die Motivation Ihrer Mitmenschen und auch Ihre eigene verstärken wollen, dann arbeiten Sie mit sogenannter »positiver Verstärkung«, sprich: Belohnung. Welche Belohnung setzen Sie aus, wenn Ihr Partner endlich sein altes Gerümpel aussortiert hat? Wenn Ihre Kinder die Spielsachen entrümpelt haben? Wenn Sie selbst Ihre Wohnung entrümpelt haben, was könnten Sie sich dann gönnen? Ein verlängertes Wochenende in einem Hotel mit Badelandschaft zu verbringen, in der Sie den Staub richtig loswerden? Oder endlich das neue Sofa zu kaufen, das in einer zugemüllten Wohnung nicht zur Geltung gekommen wäre? Aber nur, wenn dafür das alte rausfliegt!

Bettwäsche

Es ist kaum zu glauben, in welch verlöcherten Wäschegarnituren manche Menschen nächtigen. Die Bettwäsche stammt noch aus Omas Erbmasse, die Laken sind so alt und durchgelegen, dass man hindurch eine Zeitung lesen könnte. Manche Wäsche ist vom häufigen Waschen verfärbt oder vergilbt. Manche Bettbezüge haben Muster, die einem Albträume bereiten. Chaotisch bunte Kinderbettwäsche bietet nicht gerade die ideale Grundlage für einen erholsamen kindlichen Schlaf.

Nehmen Sie Ihre Bettwäsche ernst! Immerhin verbringen Sie in ihr gut ein Drittel Ihrer Lebenszeit. Also weg mit den Fetzen! Tun Sie sich und Ihrer Beziehung doch mal etwas Gutes. Wie soll denn frischer Wind in Ihr Schlafzimmer kommen, wenn Sie in uralter Wäsche liegen? Sowohl Unterwäsche als auch Bettwäsche sagen viel darüber aus, was der Mensch sich selbst wert ist. Und wie sieht es mit Ihrem Selbstwert aus?

Beutestücke

Beutestücke oder Trophäen wie Skalps, Waffen und Schmuck sind ursprünglich Dinge, die man dem besiegten Feind abgenommen hat. Zum einen waren Sie ein »Andenken« an eine erfolgreiche Schlacht, zum anderen wollte man sich dadurch die Kraft seines Feindes zu eigen machen. Heutzutage haben Autogramme oder das T-Shirt des Idols eine ähnliche Funktion: Der Erfolg soll auf den neuen Besitzer übergehen. Moderne »Beutestücke« können auch »Schnäppchen« sein – scheinbar günstig erworbene Stücke. Die einen mit Stolz erfüllen, weil man dafür stundenlang gehandelt hat, oder weil man es geschafft hat, den anderen das Ding vor der Nase wegzuschnappen. Also stehen sie für eine bestimmte Art des Sieges. Andere Trophäen sind oft legal erworbene Dinge aus religiösen oder kultischen Zusammenhängen. Die Maske eines afrikanischen Medizinmannes trägt die Kraft noch in sich – ebenso wie das Messer eines erfolgreichen Kriegers. Alles ist jedoch Energie. Und mit diesen Dingen aus anderen Kulturen können Sie sich natürlich auch Energien und Kräfte ins Haus

> Auch bei Personen gilt:
> Es kann nichts Neues kommen,
> wenn nichts Altes geht!

holen, die nicht unbedingt positiv sein müssen. Seien Sie daher vorsichtig, und lassen Sie die Dinge am besten dort, wo sie herkommen und hingehören.

Beziehungen bilanzieren

Verliert man nun in einer Beziehung über Jahre hinweg mehr Kraft, als man bekommt – wartet man beispielsweise länger auf seinen Partner, als man mit ihm Zeit verbringt –, dann stimmt die energetische Bilanz nicht mehr. Über einen längeren Zeitraum hinweg gerät eine derartige Beziehung total aus dem Gleichgewicht und kippt. Die Bilanz stimmt auch dann nicht, wenn wir langfristig das Gefühl haben, menschlich zu kurz zu kommen. Oft geben wir uns mit Krümeln zufrieden, statt auf einer richtigen Mahlzeit zu bestehen. Wir trauen uns nicht, Ansprüche zu stellen, weil der andere zu wenig Zeit und einen anstrengenden Job hat. Wir geben unser Bestes, aber gestehen es uns selbst nicht zu, vom anderen auch nur das Beste zu verlangen. Hier hilft nur eins: Reden! Artikulieren Sie Ihre Wünsche und Vorstellungen, und lassen Sie dem anderen Platz für seine. Bilanzieren bedeutet ebenfalls: Was ist mir am anderen wichtig und wertvoll? Lassen Sie Ihren Partner wissen, was Sie an ihm schätzen.

B wie Biotop

Beziehungen entrümpeln

Wer sein Haus entrümpelt hat und nun sein Leben bilanzieren und optimieren will, der kommt am Thema Beziehungen nicht vorbei. Es ist an der Zeit, auch hier zu bilanzieren. Beziehungen zu entrümpeln bedeutet nicht, den Partner loszuwerden, sondern das eigene Verhalten kritisch zu betrachten, Blockaden aufzuspüren und den Ballast zu reduzieren, der das Miteinander stört. Wir überlasten unsere Beziehungen mit falschen Vorstellungen, unrealistischen Hoffnungen und zu hohen Erwartungen an unseren Partner. Das kostet Kraft und Energie und führt in den wenigsten Fällen zum Erfolg. Beziehungen zu bilanzieren heißt auch, diese zu ordnen, sich der wahren Schätze bewusst zu werden, diese zu hegen und zu pflegen und sie nicht leichtfertig aufs Spiel zu setzen. Oft schätzt man erst das, was man hat, wenn es schon zu spät und der Partner weg ist. Dann beginnt das Spiel von Neuem: Haben wir keinen, dann geben wir keine Ruhe, bis wir einen haben. Haben wir einen, dann versuchen wir, an ihm herumzuschrauben und zu löten, bis er so wird, wie wir ihn gerne hätten. Haben wir dann das erreicht, gefällt er uns so nicht mehr, weil er sich ja so sehr verändert hat.

Beziehungen entschleunigen

Der hektischen Betriebsamkeit, auch von Beziehungen, entgegenzutreten heißt, sich Zeit für den anderen zu nehmen, wertvolle Momente zu genießen und sie nicht noch durch Vorwürfe zu vergiften! Es ist nicht unbedingt eine Frage der

Zeit, sondern auch der Qualität der verbrachten Zeit, die sich auf die Qualität einer Beziehung auswirkt. Warum nicht eine halbe Stunde eher aufstehen und gemeinsam frühstücken? Aber dann bitte nicht den Morgen mit Problemen beginnen! Zusammen Kaffee zu trinken, sich die Zeitung zu teilen, die Stille zu genießen, ohne vom anderen zugequatscht zu werden, wäre eine harmonische Art, den Tag zu beginnen. Genießen Sie einfach den gemeinsamen Moment, und vergessen Sie Ihre (überhöhten) Ansprüche an den anderen!

Beziehungen pflegen

Die Bindungen zu unseren Partnern, Eltern und Familien sind die stärksten. Sie prägen uns und geben uns Kraft. Daher sollten wir diese pflegen und wertschätzen. Andere Personen stoßen nach und nach zu uns: Freunde, Bekannte, später Kollegen. Statt unsere Zeit mit mehr oder weniger unwichtigen Bekannten zu verbringen, sollten wir uns lieber mehr um unsere wahren Freunde kümmern und uns über diese Beziehungen Gedanken machen. Was macht eine wahre Freundschaft für Sie aus?

Beziehungen zu Freunden oder zum Partner zu pflegen heißt auch, in Phasen, in denen man wenig Zeit hat, ab und zu mal zu telefonieren oder sich zu schreiben. Wie sieht Ihre Beziehungspflege aus? Pflegen Sie Ihr Auto mehr als Ihre Familie? Wann haben Sie zuletzt für Ihre Freunde gekocht? Wann haben Sie zuletzt Kontakt mit Ihrer Familie gehabt? Haben Sie heute schon mit einem lieben Menschen telefoniert?

B wie Biotop

Beziehungsballast

Definieren Sie Ihren ganz persönlichen Beziehungsballast! Was blockiert Sie? Was belastet Ihre Beziehung? Verschwenden Sie Ihre Zeit an jemanden, der Sie nicht schätzt? Investieren Sie in eine Beziehung, die sich nicht lohnt? Und wie sieht Ihr ganz persönlicher Beziehungsballast aus? Sie dürfen die folgende Liste gerne noch ergänzen:

- alltäglicher Stress wie Haushalt, Kindererziehung, Aufgabenverteilung
- unterschiedliche Auffassungen zum Thema Hausarbeit
- tägliche Streitereien und Dramen
- Verhaltensweisen des Partners
- Altlasten wie vorheriger Partner, Eltern
- Eifersucht
- Differenzen
- falsche Vorstellungen
- überzogene Erwartungen
- Unsicherheit
- den anderen verändern wollen
- schräge Selbstwahrnehmung
- fehlende Eigenverantwortung
- Kommunikationsprobleme
- ....

> **Streichen Sie das,**
> **was Sie blockiert und nervt – soweit es geht –**
> **aus Ihrem Leben.**

Wenn Sie Ihren ganz persönlichen Beziehungsballast definiert und erkannt haben, ist der zweite Schritt, ihn loszulassen. Falls Sie es alleine nicht schaffen, suchen Sie sich professionelle Hilfe bei einem Coach oder bei Freunden.

Bilanzieren

Ob Wohnung oder Leben: Es ist Zeit zu bilanzieren! Auf welche Dinge in Ihrer unmittelbaren Umgebung können Sie gut und gerne verzichten? Und was brauchen Sie wirklich zum Glücklichsein? Welche Dinge, welche Menschen?

Das Leben zu bilanzieren heißt eine Bestandsaufnahme zu machen: Sind Sie da, wo Sie sein wollen? Läuft Ihr Leben so, wie Sie sich das erträumt haben? Erinnern Sie sich an Ihre früheren Pläne! Was läuft schief? Was läuft gut?

Was immer wir einmal tun wollten oder noch tun wollen: wir haben nicht ewig lange Zeit! Gehen wir mal davon aus, dass es nur ein Leben gibt. Dann wäre es meiner Meinung nach zu schade für langweilige Gespräche, billigen Wein und schlechten Sex!

Biotope

Jeder von uns kennt diese Ecken und jeder hat sie irgendwo: Sogenannte Dreckecken oder Maukennester. Kleine »Biotope«, die sich mit Vorliebe in den Nischen zwischen Möbelstücken und Wänden, anscheinend wie von selbst, festsetzen. Sind sie erst mal da, halten sie sich lange, wachsen und gedeihen. In der Küche häufen sich zwischen Kühlschrank und Wand die Plastiktüten. Unter dem Schreibtisch stapeln sich Prospekte und Kataloge, die man noch mal durchsehen will, bevor man sie wegwirft. Zwischen Schuhschrank und Garderobe stehen die Flaschen, die längst zum Altglascontainer gebracht werden sollten. Dort stehen sie natürlich nur vorübergehend, schon auf dem halben Weg nach draußen. Aber aus diesem provisorischen Standort wird oft ein ständiger.

In der Ecke zwischen Kleiderschrank und Wand sind alte Handtaschen wahllos gestapelt. Über dem Kleiderschrank türmen sich Reisetaschen und Koffer. Diese Art von »Biotopen« finden sich in den meisten Haushalten. Wenn Sie selbst schon nicht mehr wissen, was sich in diesen Tüten und Kartons verbirgt, dann zeigt das, wie lange Sie die Dinge nicht gebraucht haben! Wahrscheinlich würden Sie sie gar nicht vermissen, wenn Sie sie nicht hätten. Also weg damit! Räumen Sie die Ecken frei, stellen Sie sicher, dass die Freiräume zwischen den Möbeln auch frei bleiben. Das ist der erste Schritt für mehr Platz im Leben!

Blechdosen

Joghurtbecher und Blechdosen sind beispielhaft für Abfallprodukte, die tagtäglich anfallen – letzteres vor allem bei Katzenbesitzern. Diese Behältnisse inspirieren diejenigen von uns, die sich schlecht von den Dingen trennen dazu, sie erst einmal aufzuheben. Immerhin kann man in alten Dosen noch mal Farbe anrühren, in den Joghurtbechern lassen sich kleine Schrauben unterbringen. Leere Marmeladengläser vermehren sich ebenso wundersam und man hebt sie auf, um irgendwann mal wieder selbst Marmelade zu kochen. Die Sammlungen wachsen schneller als gedacht und man verpasst den Zeitpunkt, damit aufzuhören. So wandern die Dosen, Gläser und Becher in den Keller, um dort auf die Zeiten zu warten, an denen sie wieder gebraucht werden.

Stoppen Sie diesen Prozess »Eichhörnchen« noch im Anfangsstadium: Erlauben Sie sich nicht mehr als fünf: Fünf Becher, nur fünf Dosen und fünf Gläser. Mehr Marmelade werden Sie sowieso nicht einkochen. Und denken Sie daran: Diese Dinge »wachsen« täglich nach. Sollten Sie wirklich mehr davon brauchen, ist jederzeit mehr davon da. Vertrauen Sie der Schöpfung!

Blockaden

Hinweisschilder wie »Betreten verboten«, Schlaglöcher in den Straßen, Schranken und andere Hindernisse behindern unseren Weg. Bremsende Partner, zeitraubende Verpflichtungen und alles »zu viel« kann uns hinderlich werden. Schauen Sie zunächst Ihren Blockaden ins Auge: Wo wollen Sie hin und wer oder was behindert Sie dabei? Beginnen Sie mit der Beseitigung Ihrer Blockaden in Ihrem häuslichen Umfeld: Was liegt auf dem Boden herum? Worüber stolpern Sie tagtäglich? Was stört Sie schon lange? Räumen Sie auf und entsorgen

> Die größte Blockade sind nicht die anderen,
> sondern man selbst!

Sie diese Blockaden. Im Übrigen ist all das, was Ihnen in Ihren eigenen vier Wänden persönlich nicht gefällt, wie Bilder, Geschenke usw. für Ihr Wohlbefinden nicht förderlich und stellt somit eine Blockade in Ihrem Leben dar. Daher: weg damit!

Es sind meist nicht die anderen, nicht die Partner, nicht der Chef, die uns ausbremsen oder blockieren. Wir lassen uns die Steine in den Weg legen und legen selbst noch größere Brocken dazu! Die größten Blockaden sind wir selbst. In dem Moment, in dem wir das begriffen haben, können wir jedoch aktiv die Verantwortung für unser Fortkommen übernehmen. Wenn ich es zulasse, dass ein anderer mich blockiert, dann blockiere ich mich selbst. Sobald ich die Verantwortung für mein Leben übernehme und nicht mehr die Schuld woanders suche, bin ich nicht länger das arme Opfer der äußeren Umstände, meiner schlimmen Kindheit, des schlechten Schulsystems, des ungerechten Chefs. Ich bin dann Gestalter meines eigenen Lebens. → Selbstblockaden

Blockierende Denkmuster

Wir sabotieren uns selbst mit unseren alten Denkmustern: »Das kann ich nicht, das schaffe ich nicht, das traue ich mir nicht zu.« Diese Gedanken schließen eine Veränderung aus, machen uns klein und zerstören uns. Da sich diese Muster wie die Rillen einer Platte in unser Gedächtnis gebrannt haben, ist es schwer, sie loszuwerden. Aber wir können sie enttarnen: »Da bist du ja wieder und plapperst nach Herzenslust.« Begrüßen Sie ihn, und lassen Sie ihn ziehen. Registrieren Sie das Geplapper der boykottierenden Gedanken, und ersetzen Sie diese durch konstruktive neue! Schließlich sind Sie der Herrscher Ihrer Vorstellungen!

Brand

Wenn Sie glauben, dass ein Brand die einzige Lösung ist, Ihr Gerümpel zu entsorgen, dann brauchen Sie dringend die → Hilfe eines Profis! Von dieser heißen Art der Entsorgung kann ich nur abraten! Ein Haus voller Gerümpel ist extrem brandgefährdet. Wo viel lagert, ist die Brandlast relativ groß.

Fragen Sie sich doch selbst einmal, was Sie im Falle eines plötzlichen Brandes retten würden. Wonach greifen Sie zuerst? Natürlich kümmern Sie sich als Erstes um Ihre Lebewesen. Und was käme dann? Bestimmt nicht der Inhalt Ihres Wohnzimmerschranks, bestimmt nicht Ihr Kleiderschrank. Dieses Gedankenspiel zeigt Ihnen, was Ihnen ganz persönlich am meisten am Herzen liegt. Die allermeisten Dinge sind ersetzlich und nicht unbedingt lebensnotwendig.

Bremser

Trennen Sie sich von Menschen, die Sie behindern, ausbremsen und Ihr Leben blockieren! In bestimmten Phasen des Lebens, wenn wir neue Wege eingeschlagen, uns für eine neue Ausbildung oder eine berufliche Veränderung entschieden haben, brauchen wir einen »starken Rücken« und keine »Bremser« und »Schwarzseher«. Stärkung erwarten wir zu Recht

B wie Biotop

von den uns nahestehenden Menschen im Freundes- und Familienkreis. Falls diese Freunde uns »ausbremsen« und somit die Unterstützung versagen, brauchen wir enorm viel Kraft,

Entrümpeln Sie Ihre Beziehungen von unnötigen Erwartungen und Befürchtungen!

um eigene Wege zu gehen. Suchen Sie sich deshalb Unterstützung und mentale Stärkung. Statt Ihre Zeit mit Bremsern zu verbringen, diese zu überzeugen und mit Energie zu unterstützen. Alles, womit wir uns umgeben, hat Einfluss auf unser Wohlbefinden. Und warum soll das bei menschlichen Kontakten anders funktionieren?

Briefe

Persönliche, handgeschriebene Briefe sind in der heutigen Zeit von Internet, Fax und Handy eher eine Seltenheit. Umso wertvoller erscheinen sie uns. Sammeln wir jedoch jeden Brief oder jede Postkarte, so müllen wir uns auch wieder zu. Wirklich schöne und uns wichtige Briefe wie auch Liebesbriefe, gehören in die ➜ Schatzkiste. Dort haben Sie einen angemessenen Platz. Briefe gehören Ihnen, sie sind ein Geschenk des Absenders an Sie. Also dürfen Sie mit ihnen machen was Sie wollen, Sie dürfen sie auch wegwerfen oder »transformieren«. Hierbei hat das ➜ Feuer die größte Kraft, die Dinge von einem festen Zustand in die Auflösung zu bringen.

Briefmarkensammlung

Der Klassiker unter den Sammlungen! Sind diese in Alben sortiert, handelt es sich um eine ordentliche Sammlung. Liegen die Marken jedoch in Kartons herum oder kleben noch auf den Briefen, so haben wir es mit einer unordentlichen Sammlung zu tun. Meist entschuldigt sich der Sammler mit Worten wie: »Wenn ich Urlaub habe..., wenn es am Wochenende regnet..., wenn ich in Rente bin, werde ich die alle schön ins Album kleben«. Falls Sie Briefmarken sammeln, sollten Sie diese schnellstmöglich sortieren, denn eine lose, unordentliche Sammlung eignet sich nicht als Beziehungskatalysator im Sinne von: »Willst du mal meine Briefmarkensammlung sehen?«

Bücher

Für die einen sind Bücher ein Handwerkszeug und Arbeitsmittel, also reine Gebrauchsgegenstände. Für die anderen sind Bücher zu Papier gewordene Freunde, zu denen sie ein emotionales Verhältnis haben. In beiden Fällen beginnt irgendwann, wenn es zu viele werden, das Problem. Wohin mit den Büchern? Und eine unanständige Frage: Darf man Bücher wegwerfen?

Schauen Sie sich zunächst in Ihren Regalen um: An welchen Büchern hängt Ihr Herz? Diese sollten Sie in jedem Fall behalten. Von welchen Büchern können Sie sich trennen, da Sie diese kein zweites Mal lesen werden? Diese wären ein Fall für die Kiste Nummer 2 (➜ Drei-Kisten-Methode). Hotels, Altersheime, Gefängnisse, Krankenhäuser oder die örtliche

Wirtschaftshilfe nehmen gerne gebrauchte Bücher an. Antiquariate nehmen gebrauchte Bücher an, über das Internet lassen sich viele auch noch verkaufen. Ich selbst habe immer einen Regalmeter oder eine Kiste mit noch guten, aber ausrangierten Büchern, die ich auf Nimmerwiedersehen verleihe bzw. verschenke. Natürlich nur an die Besucher, die sie gerne

> **Verleihen Sie Ihre Bücher**
> **auf »Nimmerwiedersehen«**

mitnehmen wollen. Und dann gibt es noch die Bücher für den Altpapiercontainer: vielleicht sind sie inhaltlich »Müll«. Oder sie sind uralt, muffig, zerfleddert oder zerlesen. Ihr »Haltbarkeitsdatum« ist abgelaufen, weil auch Bücher nicht für die Ewigkeit gemacht sind. Verabschieden Sie sich von Ihren Büchern, bevor Sie diese gehen lassen, und bedanken Sie sich für die schöne Zeit, die Sie beim Lesen hatten! Und denken Sie daran: Auch bei Büchern gilt, dass ein altes geht, wenn ein neues kommt! Es sei denn, Sie haben genügend Platz oder eine Bibliothek.

Bücherregale

Offene Bücherregale können ganz dekorativ aussehen und die Wände schmücken. Sie sind Bestandteil der Atmosphäre eines Wohnraumes, wenn sich mit ihrem Anblick Muße, Kultur, Freizeit oder Hobby verbinden. Für diejenigen, die beruflich viel mit Büchern zu tun haben, für die Bücher schlicht und einfach ein Arbeitsmittel sind, kann die ständige Präsenz von Büchern im Raum eher belastend sein. Man möchte im eigenen Wohnzimmer, wenn man sich regeneriert, nicht ständig die Arbeit vor Augen haben.

Durch die unterschiedliche Farbe und Größe der Bücher wirken offene Regale schnell unaufgeräumt. Es gibt jedoch Tricks, diese ruhiger wirken zu lassen: Stellen Sie Ihre Bücher aufrecht hin, benutzen Sie Buchstützen, falls sie wieder zur Seite fallen sollten. Lassen Sie die Buchrücken mit der Regalkante abschließen. So entsteht ein geschlossenes Bild einer Bücherwand.

Büro

Herumstehende Pappkartons, volle → Ablagekörbchen, überladene → Schreibtische, halb vertrocknete Pflanzen sind alles andere als förderlich für die Arbeit. Was zu Hause gilt, gilt auch hier: Gerümpel blockiert, hemmt die Effizienz, lähmt die Motivation und ist schlicht und einfach geschäftsschädigend! Daher sollte gerade ein Büro frei von Gerümpel sein!

Horter und Sammler dürfen gerne ihrer Leidenschaft zu Hause nachgehen, dort schaden sie nur sich selbst! Weigern sie sich jedoch auch noch im Büro zu entrümpeln, dann sind klare Anweisungen von oben gefragt. Entrümpeln ist Chefsache! Was allerdings auch bedeutet: Der Chef hat eine Vorbildfunktion und muss mit aufgeräumtem Schreibtisch vorausgehen!

B wie Biotop

Burn-out-Syndrom

Hier signalisiert der Körper: Mir ist alles zu viel! Wie ein sensibler Seismograf warnt er uns vor kommenden »Beben«. Also achten Sie auf die ersten Vorboten, und nehmen Sie diese Signale ernst! Orientieren Sie sich dabei nicht an dem, was andere scheinbar aushalten und ertragen können. Alles, was Ihnen ganz persönlich zu viel ist, das ist auch zu viel! Jeder Mensch ist unterschiedlich belastbar, und jeder Mensch hat auch seinen ganz persönlichen → Ballast. Der eine empfindet gesellschaftliche Ereignisse als Belastung, kann jedoch im Job jede Menge Stress ertragen, der andere fühlt sich von einem Termin am Tag unter Druck gesetzt, während er hand-

> **Weg mit allem,
> was Ihnen schon längst keinen Spaß mehr macht!**

werkliche Tätigkeiten noch nebenbei erledigt. Achten Sie daher auf Ihre ganz persönlichen Grenzen! Was ist Ihnen zu viel? Was empfinden Sie als Belastung und somit als Last? Sie selbst sind der Maßstab Ihres Handelns! Sie können keine Rücksicht von anderen erwarten, wenn nicht einmal Sie selbst sich genügend berücksichtigen!

C wie Chaos

CDs

Wie viele CDs besitzen Sie? Und wie viele davon hören Sie sich wirklich an? Sortieren Sie Ihre CD-Sammlung aus. Es gibt sicher einige, die Sie nie mehr wieder hören werden. Packen Sie sie in die Kiste Nummer 2. Vielleicht wollen sich Ihre Freunde daraus bedienen? Vielleicht können Sie sie noch auf dem Flohmarkt verkaufen? Ansonsten gilt auch hier: Wenn eine neue CD ins Haus kommt, muss eine alte dafür gehen!

Champagner

Eine wunderbare Belohnung nach getaner Arbeit: Sie haben Ihre Wohnung entrümpelt und wollen die neue Ordnung genießen? Sie haben es sich verdient! Öffnen Sie eine Flasche Champagner oder Prosecco, und feiern Sie Ihr Werk.

Sie können die Reihenfolge auch einfach umdrehen: Beginnen Sie gleich mit Champagner, das ist der richtige »Treibstoff«, der Ihnen vielleicht gefehlt hat, um die Aktion endlich zu starten! Und denken Sie daran: Alleine zu trinken macht hässlich und einsam. Also entrümpeln Sie zusammmen mit Ihrem Partner, oder holen Sie sich Unterstützung von einem Freund oder einer Freundin. Im Gegenzug können Sie beim nächsten Mal dabei helfen, seine oder ihre Wohnung zu entrümpeln!

Chaos

Man stolpert schon im Flur über Kisten und Kartons oder die Schreibtische biegen sich unter Papierlasten. Haben Sie das Chaos im Griff oder ist es eher umgekehrt?

Wenn die Dinge nicht im gleichen Zug aufgeräumt werden, wie neue hinzukommen, wenn man dieses Aufräumen auf »später« vertagt, dann kann dieser ungeordnete, unstrukturierte Zustand plötzlich ins Chaos kippen. Irgendwann ist

> **Die Zwischenräume zwischen den Möbeln wie auch die Ecken hinter den Zimmertüren müssen frei sein.**

der Punkt da, an dem alles zu viel ist! Hier hilft nur noch Ordnung. Man schätzt die Ordnung umso mehr, je mehr man das Chaos kennt.

Allerdings ist auch das Chaos Ansichtssache. Während der eine herumliegende Stifte auf einem leeren Schreibtisch schon als chaotisch empfindet, fühlt sich ein anderer auch noch in einer unübersichtlichen Wohnung wohl. Eines ist klar: Je mehr Dinge wir besitzen, desto mehr Chaos ist möglich. Das Entrümpeln reduziert unsere Dingwelt und wirkt somit dem Chaos entgegen. Denn Chaos, oder auch nur das Gefühl davon, erzeugt auch inneres Chaos, ein Gefühl von Erschöpfung, Desorientierung oder Resignation. Man kann in einer Umgebung, die keine Struktur erkennen lassen kann, in der alles herumliegt, schlecht innerlich zur Ruhe kommen.

Betrachtet man sich die Häuser und Wohnungen von Paaren, die in ihrer Unordnung, ihrem Gerümpel und Chaos gemeinsam leben, so kann man hier auf ein entsprechendes »Beziehungschaos« schließen. In den meisten Fällen spiegelt sich das Innere von Menschen, ihre Beziehung zueinander auch in ihrem Außen wider. Ein gemeinsames Entrümpeln der Wohnung mit abschließender Belohnung wirkt sich positiv auf jede Beziehung aus!

Chi

»Chi« ist ein Begriff, der aus der chinesischen Medizin und dem → Feng Shui stammt, und für die unsichtbaren Energien, die uns umgeben, steht. Das Chi muss fließen können, damit die Gesundheit gewährleistet ist und sich der Mensch im Haus wohlfühlt. Das Chi kann jedoch nicht fließen, wenn zu viel herumsteht, überall etwas herumliegt und das Haus voller Gerümpel ist. Daher ist das Entrümpeln die erste Voraussetzung für ein gutes Feng Shui im Haus! Erst wenn das Chi wieder fließen kann, ist die Atmosphäre eines Hauses gesund. Nach dem Entrümpeln kann man sich dann um das weitere Feng Shui des Hauses kümmern und dieses schön gestalten.

C wie Chaos

Container

Container sind ein wunderbares Handwerkszeug zum Entrümpeln! Je nach Menge des Gerümpels stellen einem Entsorgungsunternehmen Container in unterschiedlichen Größen direkt vor die Tür und holen sie auch wieder ab. Die Öffnungen sind groß genug, um auch Sperriges loszuwerden. Wenn Sie also etwas zu entsorgen haben, aber nicht auf die nächste Sperrmüllaktion warten wollen und das Gerümpel auch nicht selbst zur Müllkippe fahren wollen, dann ist das eine bequeme und zeitsparende Lösung.

Falls Sie die Dinge nicht wegwerfen, sondern lagern wollen, vermietet fast jede Spedition Lagerraum in Form von begehbaren Containern. Falls Ihre Garage zu klein für Ihre Erbstücke ist, falls Sie Möbel haben, die Sie in Ihrer Wohnung nicht stellen können, von denen Sie sich aber nicht trennen wollen, dann mieten Sie sich einen Container. Um Stress aus einer Beziehung zu nehmen, empfehle ich diese Maßnahme, wenn ein Paar zusammenzieht, das bisher getrennte Wohnungen hatte. Meist ist alles doppelt vorhanden und die Diskussion, was bleibt und was weggeworfen wird, ist entnervend. Hier bietet ein Container eine vorübergehende Lösung, die Dinge unterzustellen und in aller Ruhe zu diskutieren, was dann mit ihnen passiert.

D wie Deponie

Danken

Die meisten von uns trennen sich schwer von ihren alten Dingen. Bevor ich ein paar alte Stiefel wegwerfe, weil sie wirklich auseinanderfallen und nicht mehr zu gebrauchen sind, überkommt mich manchmal Wehmut. Ich erinnere mich an den schönen Winterurlaub, in dem ich sie gekauft habe, an die eisige Luft, den glitzernden Schnee und die Sonne auf

> Bedanken Sie sich bei den Dingen für ihre guten Dienste, bevor Sie sie entsorgen!

meiner Haut. Der Abschied von manchen Dingen fällt leichter, wenn man sich bei ihnen für die geleisteten Dienste bedankt! »Es war schön mit dir, aber leider musst du gehen.« Sich zu bedanken erscheint vielleicht sentimental und kitschig, zeigt aber die Achtung, mit der man selbst kaputten Dingen begegnen kann. Sie werden sehen, an die Stelle eines schlechten Gewissens tritt ein Gefühl der Erleichterung, und es wird Ihnen nicht mehr so schwerfallen, die Dinge loszulassen.

D wie Deponie

Defektes

Gehen Sie systematisch durch Ihre Wohnung. Wo finden Sie beschädigte Teile? Die Kaffeemaschine ist schon lange verkalkt, schlecht wieder instand zu setzen oder wird nicht mehr gebraucht? Entweder erwecken Sie sie zu neuem Leben, oder Sie packen sie in die Kiste Nummer 2 (➜ Drei-Kisten-Methode).

Gerade Küchenschränke sind eine wahre Fundgrube für diese Kategorie. Wie sieht es mit angeschlagenem Geschirr aus? Alles, was eine Macke hat, fliegt raus! Gönnen Sie sich täglich den Anblick Ihres schönen Geschirrs! Räumen Sie es aus dem Wohnzimmerschrank in die Küche, und benutzen Sie es! Porzellan hat die Tendenz, leicht zu zerbrechen. Damit muss man leben. Aber wenn es angeschlagen ist, fliegt es weg. Warten Sie nicht, bis es ganz kaputtgeht. Das wird nie passieren. Es scheint dieses Gesetz zu geben, dass alles, was angeschlagen ist, so gut wie niemals ganz kaputtgeht. Also werfen Sie Kaputtes gleich weg, und umgeben Sie sich nur noch mit Dingen, die vollkommen in Ordnung sind.

Delegieren

Wer selbst zur ➜ Perfektion neigt, traut anderen wenig zu, kann im Allgemeinen schlecht delegieren. Nicht einmal das Geschirrspülen will man den Kindern anvertrauen. Perfektionisten ist so gut wie nicht zu helfen. Sie stellen diese überhöhten Ansprüche nicht nur an sich selbst, sondern auch an ihre Umgebung. Die Mitmenschen und der Partner sind da sehr schnell »überfordert«. Perfektionisten setzen sich selbst unter Druck, müssen sich etwas beweisen oder wollen schlicht und einfach nur Anerkennung von außen: »Das hast du mal wieder toll gemacht.« Meist bleibt diese Anerkennung allerdings aus, denn der andere fühlt sich durch diese Perfektion eher unter Druck gesetzt. Wenn Sie schon die perfekte Köchin sind, wie können Sie dann von Ihrem Mann erwarten, dass er auch mal etwas

> **Werfen Sie die kaputten Dinge weg, die nicht mehr zu reparieren sind.**

kocht? Er wird Ihnen doch auf diesem Gebiet nie das Wasser reichen können! Also tut er in der Küche lieber gar nichts! Wenn ich meine eigenen, hohen Ansprüche an meine Arbeit selbst kaum erfüllen kann, wie sollen dem dann meine Angestellten oder Kollegen gerecht werden können? Wer etwas weniger erwartet, der kann in seinen Erwartungen nur übertroffen werden. Vor allem im privaten Leben lautet die Devise: Weniger ist mehr! Warum immer ein perfektes Dinner? Machen Sie doch mal ein Picknick. Oder besser noch: Delegieren Sie es!

Deponien

Deponien sind Endlager, an denen normalerweise der Müll gelagert wird. »Zweigstellen« in Form von kleinen Deponien finden sich in jedem Haushalt, ein jeder von uns hat seine ganz private: Vielleicht ist es Ihre Handtasche, vielleicht Ihr Kofferraum. Manche Schubladen haben reinen Deponiecharakter, ebenso wie manche Keller. Hier hilft nur entrümpeln!

D wie Deponie

Fangen Sie klein an – bei der Handtasche oder Ihrem Handschuhfach, und enttarnen Sie nach und nach die anderen Deponien in Ihrem Haus.

Diagonal-Ecke

Betritt man einen Raum, so wandert der Blick automatisch in die gegenüberliegende Ecke. Was sich dem Auge dort präsentiert, wird als erster Eindruck gespeichert. Sollte sich diagonal gegenüber der Tür Ihre Gerümpelecke befinden, dann dehnt sich dieser Eindruck sozusagen auf den ganzen Raum aus und prägt seine Atmosphäre. Dieser Ort ist also ein besonders prägnanter und könnte mit einem Möbelstück, einem Bild, einer Pflanze oder anderen Mitteln möglichst ansprechend gestaltet werden. Auf keinen Fall darf diese Ecke einen vernachlässigten Eindruck machen. Dort den Fernseher aufzustellen wäre auch nicht im Sinne der besonderen Gestaltung dieses Ortes. Hier kann der Platz sein, an dem eine besondere Pflanze steht, ein Sideboard beispielsweise, auf dem immer frische Blumen präsentiert werden. Was steht bei Ihnen an dieser Stelle?

Drei-Kisten-Methode

Mit dieser Methode ist das Entrümpeln kinderleicht! Gehen Sie mit drei Kisten durch Ihr Haus. (Es können auch Tüten, Kartons, Körbe sein, die Sie in drei Kategorien einteilen). Diese Kisten oder Kartons bekommen symbolische Nummern: 1, 2 und 3. In die Kiste mit der Nummer 1 packen Sie alles, was

Müll ist und entsorgt wird – und zwar endgültig! In die Kiste mit der Nummer 2 kommt alles, was Sie nicht mehr brauchen, was Sie aber noch weitergeben oder verschenken können. Nummer 2 steht für Sperrmüll oder Flohmarkt, Altkleidersäcke fallen auch in die Kategorie 2. Die Kiste mit der Nummer 3 ist ihre ganz persönliche Schatzkiste. In dieser bewahren Sie Ihre ganz persönlichen Dinge auf, die nicht mehr in der Wohnung herumstehen müssen, die Ihnen aber wirklich am Herzen liegen und die Sie als Erinnerungsstücke aufbewahren wollen. Welche Dinge jetzt in welche Kiste gehören, müssen letztendlich Sie entscheiden. Diese Entscheidung kann und soll Ihnen auch niemand abnehmen. Im Laufe des Entrümpelns können sich auch noch Verschiebungen ergeben. Vielleicht fliegt etwas aus der Kiste 2 in die Kiste 1. Der größte Anteil Ihrer Dinge wird (hoffentlich!) in der Kiste 1 landen, der zweitgrößte in der Kiste 2 und ein geringer kleiner, aber ausgewählter Teil in Ihrer Schatzkiste. So, jetzt fangen Sie an, egal wo. Nehmen Sie sich eine Schublade vor, und stellen Sie sich bei jedem Teil die → Drei magischen Fragen.

Drei magische Fragen

Wenn Sie durch Ihr Haus gehen und bei jedem Teil vor der Entscheidung stehen: »Gerümpel oder noch zu gebrauchen?«, empfehle ich Ihnen, jedes Mal diese drei Fragen zu stellen:

Frage 1: Brauche ich dich wirklich?
Frage 2: Erleichterst du mein Leben?
Frage 3: Machst du mich glücklich?

D wie Deponie

Falls Sie eine der drei Fragen mit »Ja« beantworten können, darf das Teil bleiben, Sie brauchen dafür einen richtigen Platz. Bei Dingen, die man nicht braucht und die einem das

> **Die drei magischen Fragen:**
> • **Brauche ich dich wirklich?,**
> • **Erleichterst du mein Leben?,**
> • **Machst du mich glücklich?**

Leben auch nicht erleichtern, kann es sein, dass die Schatzkiste hierfür ein guter Ort wäre.

Haben Sie dagegen alle drei Fragen mit »Nein« beantwortet, so handelt es sich bei diesem Teil, zumindest für Sie, eindeutig um Gerümpel. Also weg damit!

Diese drei Fragen eignen sich hervorragend in der Zukunft als → Strategie beim Einkaufen. Ein paar neue Schuhe gefällig?

• Brauchen Sie die wirklich? (Wahrscheinlich nur, wenn es sich um Gummistiefel handelt.)

• Erleichtern sie Ihr Leben? (In diesen zickigen Pantoletten können Sie doch kaum gehen!)

• Machst du mich glücklich? (Ja, sehr, ich finde sie einfach super!)

Diese drei Fragen stellen sicher, dass Ihre Neuanschaffungen entweder wirklich gebraucht werden, oder aber Ihr Herz erfreuen. Und jedes Produkt, das Ihnen emotional nahesteht, ist kein Gerümpel von morgen, sondern in den meisten Fällen langlebig.

Downgrading

Wenn Sie sich von Ihren Besitztümern trennen, Ihr Hab und Gut reduzieren, also entrümpeln, dann liegen Sie voll im Trend! Sich auf das Wesentliche zu konzentrieren, sich zu fragen: »Brauche ich das wirklich zum Glücklichsein?«, ist die Idee, die auch hinter dem »Downgrading« steckt. Was jeder für das Wesentliche hält, sei dahingestellt. Downgrading findet meist auf hohem Niveau statt, die Quantität wird zugunsten der Qualität geopfert. Hier wird das Entrümpeln zum Lifestyle erhoben.

E wie Eichhörnchen

Ebay

Die Gelegenheit, noch brauchbare Dinge loszuwerden und daran auch noch zu verdienen, bietet die Auktion im Internet. Der Aufwand darf nicht unterschätzt werden: Jedes einzelne Teil muss fotografiert und ins Internet gestellt werden. Falls man einen Käufer findet, muss man es einpacken und zur Post bringen. Darüber hinaus birgt diese Form der Entsorgung für Horter ähnliche Risiken wie der Flohmarkt: Surft man durch die Angebote anderer, ist man selbst versucht, Schnäppchen zu ergattern. Und bevor man sein eigenes Gerümpel losgeworden ist, hat man vielleicht schon wieder ein Teil gekauft! Betroffenen Hortern rate ich: Finger weg! Überlassen Sie das Verkaufen via Internet und Flohmarkt lieber anderen.

Eichhörnchen

Das Eichhörnchen ist das »Sternzeichen«, unter dem die meisten Horter geboren sind. Im Herbst füllen diese putzigen Tiere ihre Vorräte auf, um überleben zu können. Dieses innere »Eichhörnchen« steckt in uns allen, im einen weniger und im anderen umso mehr. Falls Sie zur zweiten Spezies zählen, bringen Sie Ihrem Eichhörnchen bei, dass gerade kein strenger Winter vor der Tür steht und dass wir jederzeit Zugriff

> **Das Entrümpeln ist keine schnelle, einmalige Aktion, sondern ein ständiger Prozess!**

auf fast alle Konsumgüter und Lebensmittel haben und dass auch keine Notwendigkeit besteht, Vorräte an ➜ Eierkartons, Plastiktüten und Haarwaschmitteln anzulegen.

Eierkartons

Ähnlich wie Plastikeinkaufstüten scheinen Eierkartons zur Rudelbildung zu tendieren: Man trifft sie immer in Gruppen an. Sie wohnen auf den Küchenschränken, hinter den Küchentüren oder in der Garage. Falls Sie Hühner züchten und Eier verkaufen wollen, haben Sie schon mal das richtige Starterpaket. Falls nicht: weg damit! Ansonsten werden es tagtäglich mehr. Dabei ist die Entsorgung so einfach: verbrennen oder ins Altpapier. Vielleicht werden Eierkartons gesammelt, weil es so gut wie keine Einmachgläser mehr gibt. Im Keller meiner Schwiegermutter stapelten sich hunderte. Sie hätte darin Obst für die nächsten zehn Jahre einkochen können. Diese Vorratsbehälter entwickeln eine Eigendynamik. Kaum sind zwei an einem Ort, scheinen sie sich auf eine wundersame Art zu vermehren. Daher aufgepasst: Sobald die Gruppe die magische Zahl sieben erreicht – weg mit dem Rest!

E wie Eichhörnchen

Eierlegende Wollmilchsau

Frauen suchen das Unmögliche. Sie wollen von Männern alles: Er sollte ihr treuer Begleiter, bester Freund, zärtlicher und gleichzeitig leidenschaftlicher Liebhaber sein, dabei praktisch veranlagt und spirituell bereits erleuchtet. Er sollte aussehen wie Brad Pitt, ohne eitel zu sein; dabei natürlich intelligent, mindestens so schlau wie frau selbst, vermögend und häuslich. Seine Hemden sollte er selbst bügeln können, kochen natürlich auch. Sensibel sollte er sie auf Händen tragen, ihr abends den Nacken massieren und Ihre Wünsche nonverbal empfangen. Er sollte ihr überlegen sein, aber so, dass sie es nicht merkt. Oder umgekehrt: Sie sollte seine Probleme lösen, ohne dass sie sich über ihn stellt. Seien wir doch einmal realistisch: Diese eierlegende Wollmilchsau ist trotz Gentechnik noch in weiter Ferne.

Dieses männliche Fantasie-Allround-Modell hat übrigens auch ein weibliches Pendant: morgens die liebend weckende Gattin, die Frühstück machende Mutter, die die Kinder zur Schule fährt, nebenbei auf Ihren Pumps eben mal Karriere macht, auf dem Weg nach Hause noch schnell einkauft und ein leckeres Menü auf den Tisch bringt. Wenn die Kinder im Bett sind, verwandelt sich die Trost spendende Mutter und Gattin in die verführerische Geliebte. Also: Schluss mit diesen Fantasien und den übertriebenen Erwartungen. Schätzen wir doch mal das, was wir haben und betrachten es durch liebende Augen!

Eifersucht

Finger weg von Eifersucht! Sie ist mit der schlimmste Störfaktor in Beziehungen. Von diesem ungeliebten Gefühl scheinen Frauen wie Männer gleichermaßen betroffen zu sein. Eifersucht des anderen wird am Anfang einer Beziehung noch sehr schmeichelhaft empfunden und als aufrichtiges Interesse interpretiert, kann im Laufe der Zeit aber kontraproduktiv wirken! Eifersucht entspringt der eigenen Unsicherheit und der Angst, verlassen zu werden. Fakt ist: Die emotionalen Schäden für eine Beziehung, die durch ungerechtfertigte Eifersucht und das damit einhergehende Misstrauen entstehen, sind größer als die, die durch tatsächlich gerechtfertigte Eifersucht entstehen! Also sparen Sie sich Ihre Eifersucht auf, bis sie wirklich gerechtfertigt ist.

Eigentlich

Wenn wir unseren Wortschatz entrümpelt wollten, sollten wir das kleine Wörtchen »eigentlich« als Erstes streichen. Wir benutzen es, wenn wir zweifeln, uns nicht festlegen

> Streichen Sie das Wörtchen »eigentlich«
> aus Ihrem Wortschatz.

wollen, wenn wir mal wieder von unseren puren Absichten reden und auch, wenn wir genau das Gegenteil wollen. Es erinnert an ein Ei, das noch nicht gelegt ist und von dem

E wie Eichhörnchen

man noch gar nicht sicher weiß, ob man es legen soll. »Eigentlich geht es mir gut« heißt was? Ja oder nein, oder irgendwie dazwischen? Wer vom anderen erwartet, dass er sich klar und deutlich ausdrückt, kann ja mal bei sich selbst beginnen.

Eingang

Entrümpeln Sie als Erstes den Bereich vor und hinter Ihrem Eingang. Ob privat oder geschäftlich: Der Eingang ist die Visitenkarte des Hauses oder Unternehmens. Ein erster, chaotischer Eindruck lässt sich schlecht korrigieren. Ähnlich wie bei der Begegnung mit Menschen gibt es für den ersten Eindruck keine zweite Chance!

Bei Eingängen zu Unternehmen tritt die Philosophie des Unternehmens nach außen, mit dem ersten Eindruck wird das Innere der Firma assoziiert. Und wenn dieser erste Eindruck unsauber, schäbig, heruntergekommen wirkt, wirkt sich das negativ auf das Unternehmen aus. Schiefe Pflanzen, wacklige Schränke stehen nicht für ein »stabiles« Unternehmen. Halb abgestorbene Topfpflanzen im Foyer repräsentieren kein blühendes Unternehmen. Krempel, der im Eingangsbereich herumsteht, halbleere Farbeimer, Kartonagen, Kisten mit leeren Kleiderbügeln stehen nicht für ein klar strukturiertes, »aufgeräumtes« Unternehmen.

Ein Jahr lang nicht benutzt

Wie viele Ihrer Dinge nehmen Sie täglich in die Hand? Falls Sie, wie der Durchschnitt, so um die 20.000 Gegenstände besitzen, dürfte es ein winzig kleiner Prozentsatz sein. Wie viele davon werden Sie kaum jemals wieder in die Hand nehmen? Wahrscheinlich diejenigen, die Sie ein Jahr und länger nicht

> **Alles, was Sie ein Jahr lang nicht benutzt haben, ist potenzielles Gerümpel**

mehr benutzt haben: Der Tennisschläger, der seit zwei Jahren im Keller steht, der Fonduetopf, der Wok? Gehen Sie Ihre Schränke doch einmal nach diesem zeitlichen Aspekt durch, und fragen Sie sich bei jedem Ding: »Wann hatte ich dich zuletzt in der Hand?« Falls Sie sich schon gar nicht mehr an den Zeitpunkt erinnern und auch die Frage: »Wann werde ich dich wieder in die Hand nehmen?«, nicht beantworten können, handelt es sich höchstwahrscheinlich um Gerümpel. Dann weg mithilfe der → Drei-Kisten-Methode!

Einkaufen

Sie haben entrümpelt und wollen diese Aktion monatlich wiederholen? Dann wäre es am besten, wenn Sie beim Einkaufen in der Zukunft gewisse → Strategien fahren: Kaufen Sie nur noch mit den → Drei magischen Fragen ein. Fragen Sie sich bei jedem Teil:

E wie Eichhörnchen

Brauche ich das wirklich?
Erleichtert es mein Leben?
Macht es mich glücklich?

Falls Sie sich ein neues Kleidungsstück kaufen, denken Sie daran, dass Sie sich dann von einem alten trennen sollten! Nach dieser Regel zu leben bedeutet zum einen Geld und zum anderen Platz zu sparen.

E-Mails

Mit dem neuen Medium Internet nimmt auch der virtuelle »Müll« zu. Was für die Entsorgung des Papiers im Büro gilt, lässt sich auch auf den PC übertragen: Er muss von Zeit zu Zeit entrümpelt werden. Irgendwann ist er voll, und irgendwann streikt auch die Festplatte. Das Löschen sollte man in den normalen Büroalltag integrieren: So werden die hereinkommenden E-Mails gelesen, erledigt und sofort gelöscht oder in der entsprechenden Datei abgespeichert. Einmal jährlich ist auch auf der Festplatte »Großputz« angesagt: Entsorgen Sie alle Daten und Dateien, die Sie nicht mehr brauchen werden.

Endlich ist Freitag

Bereits am Montag werden die Tage bis zum Freitag gezählt, am Freitagmorgen säuselt es uns aus dem Radio entgegen: »Nur noch wenige Stunden, dann haben Sie es geschafft! Endlich wieder Wochenende!« Als würden wir alle im Bergwerk schuften oder auf Galeeren unser Dasein fristen! Der einzige Sinn der Arbeit scheint für viele darin zu liegen, sie so schnell wie möglich hinter sich zu lassen. Falls Sie merken, dass auch Sie am Montag gedanklich bereits wieder beim Freitag sind und die Woche nicht genießen können, dann überdenken Sie einmal, was Sie da eigentlich tun. Vielleicht haben Sie ja nicht den richtigen Job, nicht den richtigen Beruf? Damit einem die Arbeit, die man nun mal tun muss, Spaß macht, gibt es nur eines: sie mit Freude zu tun! Oder Sie tun so, als ob sie Ihnen Spaß machen würde, der Spaß kommt dann irgendwann von allein! Sie können ja vielleicht nicht ändern, was Sie tun, aber Sie können bestimmen, wie Sie es tun!

Engel

Zwischen männlichen und weiblichen Sammlungen gibt es große Unterschiede: Männer sammeln eher technisches Spielzeug (Eisenbahnen, Uhren, CDs etc.), während manche Frauen zu figürlichen Sammlungen neigen: Eulen, Stofftiere, Marionetten, Puppen oder Engel. Engel in allen Formen und Größen, aus allen möglichen Materialien, sind zurzeit ein typisches Sammelobjekt weiblicher Begierde und vor allem bei jungen Frauen sehr beliebt (➜ Kitsch). Sie gehen oft einher mit einem Faible für Lichterketten und Teelichter. Die Nippes-Sammlungen unserer Großmütter bestanden oft aus den sogenannten Hummelfiguren. Heute sind an ihre Stelle Marionettenpuppen, lebensgroße Babypuppen oder Masken getreten. Zu den figürlichen Sammlungen gehören auch Tiere, ob aus Stein, Ton, Porzellan oder weichem Plüsch wie Elefanten, Schildkröten oder Nashör-

E wie Eichhörnchen

ner. Reine Tiersammlungen können auch männlich sein, manchmal sammeln Paare sogar gemeinsam. Wichtig bei Engeln wie bei allen anderen Sammlungen ist: Ziehen Sie die Notbremse, wenn Ihnen die Sammlung über den Kopf wächst! Verabschieden Sie sich auch von Ihren Sammlungen, sobald Ihr Herz nicht mehr daran hängt, und lassen Sie Ihre Engel fliegen!

Entrümpeln

Entrümpeln ist für die meisten von uns ein schmerzhafter Prozess. Warum aber fällt es uns nur so schwer, uns von den Dingen zu trennen? Warum kaufen wir lieber unnützes Zeug, vergeuden unser Geld, statt alten Krempel wegzuwerfen? Aber ohne das Entrümpeln geht es nicht, denn erst das Loslassen von Altem schafft Platz für Neues. Ist es aber einmal erfolgt, tritt ein ungeheures Gefühl der Erleichterung und des Glücks ein. Das Gefühl, sein Leben im Griff zu haben, mehr Platz und Zeit zu haben, weniger zu suchen, ist unbeschreiblich. Faszinierend ist auch die Wirkung danach. Kaum hat man etwas hergegeben, sich von etwas, vielleicht auch einem Gedanken, verabschiedet, schon folgt etwas Neues nach. Als hätte es nur auf diesen »Platz« gewartet, den man ihm durch die Beseitigung des alten gemacht hat.

Sich vom Ballast zu befreien ist kein einmaliger Akt, sondern ein ständiger Prozess. Jedenfalls dann, wenn Sie bereit sind, in Ihrem Leben Neues zuzulassen. Lösen Sie sich von Ihrem Ballast. Er blockiert Sie nur! Egal wann, fangen Sie einfach an! Gehen Sie mit drei Kisten durchs Haus, und entrümpeln Sie systematisch mit der ➜ Drei-Kisten-Methode.

Entscheidungen

Menschen, die sich schwer entscheiden können, tun sich auch schwer mit dem Wegwerfen! Wenn jemand Angst vor der falschen Entscheidung hat, dann zeigt sich dies auch oft in seiner häuslichen Umgebung: Er oder sie umgibt sich mit vielen Dingen, vielleicht auch Gerümpel. Die Räume zeichnen sich nicht gerade durch Leere aus und die Person kann sich schlecht von Altem lösen: Horter und Sammler, die nichts weggeben und sich nur ganz schwer von den Dingen tren-

> **Kommt etwas Neues ins Haus,**
> **fliegt dafür etwas Altes raus!**

nen können, haben im Leben oft das Problem, sich zu entscheiden. Da kann es beim Kleiderkauf eine Ewigkeit dauern und die Bestellung im Restaurant zum Abenteuer werden. Hat sich der »Unentschlossene« endlich entschieden, bekommt er oft das Gefühl, sich falsch entschieden zu haben und bestellt noch einmal um! Egal was er tut, egal in welchem Kino er sitzt, der Unentschiedene hat meistens das Gefühl, im falschen Film zu sitzen, das Falsche gesagt zu haben oder den falschen Urlaub gebucht zu haben.

Fakt ist: Keine Entscheidung ist perfekt. Eine Entscheidung für das eine ist immer auch eine Entscheidung gegen das andere. Manch einer kommt mit dieser Tatsache schlecht klar und manche werden davon innerlich fast zerrissen! Dabei entscheiden wir uns in jedem Moment unseres Leben für und gegen etwas, ohne uns dessen bewusst zu sein. Sie haben

E wie Eichhörnchen

sich vor wenigen Minuten dafür entschieden, dieses Buch zu lesen, haben sich heute vor dem Kleiderschrank entschieden, das anzuziehen, was Sie gerade tragen. So schwer war das doch nicht – oder? Falls Sie jedoch zu den weniger Entscheidungsfreudigen gehören und wieder einmal vor einer Entscheidung stehen, können Sie sich immer noch entscheiden, sich heute nicht zu entscheiden.

Erbstücke

Gegenstände, ob geerbt oder gekauft, haben die Energien der Vorbesitzer gespeichert. Kauft man beispielsweise Trödel, alte Möbel oder einen Spiegel auf dem Flohmarkt, so kann man nicht genau wissen, was man sich anschafft. Bei familiären Erbstücken ist zumindest die Herkunft bekannt. Man weiß, dass Großmutter in diesem Sessel saß und von diesem Porzellan aß. Was nicht heißt, dass Erbstücke keine Blockaden darstellen können, denn je nachdem, in welchem Verhältnis man zu dem Verstorbenen stand, kann der Einfluss eher positiv oder negativ sein. Grundsätzlich gilt auch hier: Folgen Sie Ihrem Gefühl! Wenn Sie, aus welchem Grund auch immer, ein seltsames Gefühl gegenüber den Erbstücken haben, so sollten Sie davon Abstand nehmen. In jedem Fall sollte man auch geerbte Möbel und Dinge reinigen und durch Rauch klären, indem man sie mit einem Bündel → Indianersalbei abräuchert.

Erfolgserlebnis

Das Entrümpeln geht schnell, ist billig und macht nicht dick. Und es bringt sehr schnell Erfolgserlebnisse. Die Kisten 1 und 2 zeigen, von wie viel man sich getrennt hat. Der Platz in den Schränken spricht für sich. Dinge, die keinen eigenen Platz hatten, finden jetzt in den Schränken Unterschlupf. Sie selbst werden vielleicht erschöpft sein, sich jedoch gut fühlen, etwas »geschafft« zu haben. Entrümpeln ist sichtbare und vor allem auch spürbare Arbeit. Darum ran an den Krempel, wann immer Sie wieder ein schnelles Erfolgserlebnis brauchen!

Erinnerungsstücke

Dinge, die uns an glückliche Zeiten erinnern, tun uns auch heute noch gut. Sie transportieren dieses Glück sozusagen in den heutigen Raum. Das kann der Teddybär aus der Kindheit sein, der uns an eine Zeit erinnert, in der wir noch keine Sorgen hatten und uns sicher und geborgen fühlten. Erinnerungs-

> Jeder ist für seinen Kram selbst verantwortlich, räumt auf und entrümpelt selbst.

stücke erzählen eine Geschichte. Vielleicht die Geschichte eines schönen Urlaubs mit einem geliebten Menschen. Nicht umsonst bedeutet das Wort Souvenir so viel wie »Erinnerung«. Diese Dinge tun uns gut. Sie bringen positive Erlebnisse und somit Gefühle in die heutige Zeit und tragen somit zur Steigerung unseres Wohlbefindens bei. Diese Stücke müssen aber nicht unbedingt Platz in unseren Regalen und Schränken einnehmen, sie passen genauso gut in die ➜ Schatzkiste.

Erledigen

Die einfachste Methode, schnell und unkompliziert aufzuräumen ist diejenige, die Unordnung gar nicht erst aufkommen zu lassen. Dazu gehört, die Dinge gleich zu erledigen und zwar dort, wo sie anfallen. Das beginnt beim Betreten des Hauses. Warum den Mantel nicht gleich an der Garderobe aufhängen, statt ihn erst einmal über einen Stuhl zu werfen? Den Brief gleich zu öffnen und das Kuvert wegzuwerfen? Die Einkaufstasche gleich leer zu räumen, die Flaschen gleich in den Keller zu bringen? Dieses Prinzip lässt sich in jedem Bereich des Hauses anwenden. Nehmen Sie die Dinge nur einmal in die Hand, und legen Sie sie erst dort wieder aus der Hand, wo sie hingehören!

Ersatzfunktion der Dinge

Dass die Dinge nicht das tun, was wir von ihnen erwarten, liegt oft an unseren falschen Erwartungen. Wir erwarten, dass sie unser Leben verändern, unsere Probleme lösen. Nehmen wir beispielsweise Schlafstörungen: Sie schlafen schlecht und kaufen sich daraufhin ein Bett mit elektrisch verstellbarer Matratze. Laut Werbung verspricht das einen gesünderen und somit besseren Schlaf. Schön, wenn sich dieses Versprechen erfüllt.

Aber was ist, wenn Sie dann immer noch schlecht schlafen? Oder vielleicht noch schlechter? Dann haben Sie sich zusätzlich ein Problem eingekauft, das Sie vorher noch nicht hatten. Die Werbung verspricht uns, dass wir durch den Kauf eines bestimmten Parfums erfolgreich beim anderen Geschlecht sind und endlich den gewünschten Partner finden. Die Werbung gaukelt uns vor, dass wir mithilfe eines neuen Haushaltsgerätes zur perfekten Köchin oder zum professionellen Heimwerker werden. Und wir Menschen glauben daran. Wir kaufen und kaufen uns mit den Dingen oft neue Probleme: Neue Produkte brauchen Platz in unseren Schränken, sie brauchen Pflege und Wartung. Und wenn sie nicht den gewünschten Zusatznutzen gebracht haben, dann werden sie ganz schnell zu Gerümpel.

Erster Eindruck

Der erste Eindruck ist entscheidend. Innerhalb weniger Sekunden können Sie sagen, ob Ihnen ein Mensch sympathisch oder unsympathisch ist. Den ersten, rein gefühlsmäßigen Eindruck, den Sie haben, sobald Sie ein Haus oder einen Raum betreten, sollten Sie sofort festhalten. Wie eine »emotionale« Polaroidaufnahme: »Fotografieren« Sie Ihre Gefühle. Halten Sie sie fest, sodass Sie sich später wieder daran erinnern können. Oft möchte man einen negativen Eindruck gar nicht wahrhaben, man schiebt ihn einfach beiseite und beachtet mehr die äußeren Faktoren wie Raumaufteilung, Mietkosten, Parkplatzprobleme, Gartenanteile etc. Wir nehmen unser eigenes Gefühl nicht ernst, weil wir es nicht begründen können. Aber vertrauen und folgen Sie Ihren Gefühlen und Sinnen. Es

E wie Eichhörnchen

sind die besten Messinstrumente, die wir haben: höchst empfindsam und subtil.

Erwartungen

In unserem Kopf entstehen mancherlei Vorstellungen und Bilder, die sich verfestigen, je mehr wir daran denken. Beispielsweise freuen Sie sich auf Ihren Urlaub. Sie buchen ein Hotel in einer einsamen Bucht mit Sandstrand und türkisblauem Meer. Schon der Prospekt festigt ein Bild Ihres Urlaubs in Ihnen. In Ihrer Vorfreude malen Sie sich alle möglichen Details aus: abenteuerliche Ausflüge in die Umgebung, Bootsfahrten und Unterwasserlandschaften. In den Wochen vor der Reise nimmt dieses Bild konkrete Formen an. Es ist Ihr eigenes Bild. Ihr Partner hat vielleicht gar keine, vielleicht aber auch ganz andere Vorstellungen. Er träumt davon, endlich einmal

> Jede Entscheidung ist unvollkommen!
> Eine Entscheidung für etwas ist immer auch
> eine Entscheidung gegen etwas!

am Strand zu liegen und nichts zu tun. Nun kommen Sie an, der Himmel ist verhangen, das Meer ist grau, und das Bild gleicht in keiner Weise dem Prospekt. Sie sind enttäuscht! Sie haben zu viel erwartet, und daher sind Enttäuschungen vorprogrammiert. Hätten Sie nichts erwartet, so wäre genügend Platz für Überraschungen gewesen.

Ob Urlaub oder Alltag: Wir erwarten zu viel vom Leben,

wir haben übertriebene Vorstellungen und überfordern damit uns selbst und unsere Mitmenschen. Wir haben Ansprüche, wie wer oder etwas zu funktionieren hat und sind enttäuscht, wenn alles ganz anders kommt. Tatsächlich aber liegt die Täuschung bei uns, denn wir haben uns selbst getäuscht! In Beziehungen und der Familie neigt man dazu, seine Mitmenschen mit Erwartungen derart zu überfrachten, dass es zwangsläufig schiefgehen muss. Denn wenn die Familie nicht einmal ein alltägliches Abendessen ohne Streitereien hinter sich bringen kann, warum soll es dann bei einem fünfgängigen Menü plötzlich klappen? Dramen sind hier vorprogrammiert.

Denken Sie daran: Der andere kann keine Gedanken lesen, also informieren Sie ihn: »Das und das erwarte ich heute Abend oder für den Rest unseres gemeinsamen Lebens von dir…« Ob und wann das so eintritt, haben Sie nicht unter Kontrolle. Also Geduld, denn wer etwas erwartet, der muss auch warten können!

Der beste Schutz vor Enttäuschungen ist, erst gar keine Erwartungen zu haben und für alles offen zu sein.

Expartner

Man sagt, dass man genauso viel Zeit braucht, um sich von einem einst geliebten Partner zu lösen, wie man Zeit mit ihm verbracht hat. Bei sieben Jahren Ehe wären das immerhin sieben Jahre bis zur endgültigen Heilung aller seelischen Narben. Realistisch jedoch ist eine Trauerphase von mindestens einem Jahr. Das Vergessen, Vergeben und Verarbeiten dauert

E wie Eichhörnchen

eben! Egal, ob man den anderen verlassen hat oder verlassen wurde.

Den geliebten Partner gehen zu lassen heißt, ihn loszulassen. Dazu gehört, ihm für seine Zukunft alles Gute zu wünschen und sich bei ihm für all die Erfahrungen zu bedanken,

> Statt scheinbar die Erwartungen anderer zu erfüllen,
> fragen Sie sich:
> Was will ich wirklich?
> Was tut mir gut?

die man mit ihm machen durfte. Keine Sorge, Sie müssen ihm das nicht mündlich mitteilen. Schreiben Sie ihm oder ihr einen entsprechenden Brief, den Sie auch nicht abschicken müssen. Es geht nur darum, dass für Sie persönlich diese alte Beziehung energetisch geklärt ist. Dann erst können Sie loslassen. Und das Loslassen setzt ungeheure Energien frei! Dann sind Sie auch wieder offen für eine neue Beziehung.

F wie Flohmarkt

Fachzeitschriften

Haben Sie in Ihrem Büro auch einen Stapel ungelesener Fachzeitschriften? »Du bist nicht auf dem neuesten Stand! Du hättest uns längst lesen sollen«, scheinen sie uns vorzuwerfen. Sie sind das zu Papier gewordene schlechte Gewissen. Solange jede Woche eine neue Zeitschrift hinzukommt, wächst der Stapel. Die noch nicht gelesenen, alten, verbieten es uns aber, die neuen zu lesen. Also weg mit den alten! Werfen Sie sie ungelesen ins Altpapier! Nur so hat die kommende Zeitschrift überhaupt eine Chance, gelesen zu werden. Jetzt dürfen Sie! Und falls der Stapel wieder ungelesen wächst, sollten Sie sich ernsthaft darüber Gedanken machen, ob Sie das Abo nicht kündigen wollen!

Falsche Fragen

Frauen suchen über Fragen oft nur Streicheleinheiten für ihr Ego, eine Bestätigung, ein positives Feedback oder Anerkennung. Dabei übersehen sie leicht, dass sie hierbei mit Dynamit spielen! Denn diese vordergründig harmlosen, aber versteckt hochexplosiven Fragen sollte frau wirklich nur stellen, wenn sie auch die Antwort ertragen kann. Darum: Finger weg von Fragen wie: »Liebst du mich noch?« Denn es handelt sich hier um eine eher rhetorische Frage, die auf eine bestätigende Antwort abzielt: »Aber natürlich mein Schatz, heute mehr denn je!« So oder so ähnlich »erträumen« sich Frauen die Antwort.

Wenn frau eine Frage stellt, so sollte sie sich überlegen, ob sie ohne Anwalt, Therapeuten oder nächtelange Telefonate mit ihren Freundinnen mit der Antwort klarkommt. Ansonsten: Finger weg von Fangfragen! Die Falle schnappt nicht für ihn, sondern für einen selbst zu! Fragen Sie sich doch selbst einmal, bevor Sie eine Frage stellen: Will ich wirklich eine Antwort? Was will ich wissen? Interessiert mich die Antwort, oder soll es nur eine Bestätigung meiner Meinung sein? Bin ich einer ehrlichen Antwort gewachsen? Was ändert sich in meinem Leben, wenn ich das weiß? Was habe ich von der Information? Wenn Sie sich vor Ihrem Fragequiz selbst diese Fragen stellen, erübrigen sich viele Ihrer Fragen von selbst!

Falscher Job

Erinnern Sie sich noch daran, welche Berufswünsche Sie als Kind hatten? Die Berufswünsche unserer Kindheit sind nicht nur Träume, sondern stellen auch eine Verbindung zu unserem tiefen Inneren dar. Sehnsüchte, die wir als Kinder bereits hatten, haben wir heute wahrscheinlich immer noch. Oder wir haben sie verdrängt und vergessen und quälen uns heute in Jobs, die wir lieber heute als morgen an den Nagel hängen würden. Wenn Sie jeden Morgen mit Widerwillen zur Arbeit gehen und sich bereits Krankheiten zeigen, die mit diesem ungeliebten

Fasse dich kurz

Job zusammenhängen, dann müssen Sie handeln! Wenn Sie auch nur ein Drittel des Tages widerwillig Ihrer Arbeit nachgehen, schadet das Ihrem Körper, Ihrem Geist und Ihrer Seele.

Tun Sie stattdessen das, was Sie tun, mit Leidenschaft! Tun Sie mehr für Ihre berufliche Entwicklung. Ob Sie das Karriere und Erfolg nennen oder Zufriedenheit und Erfüllung, ist zweitrangig. Jeder Mensch sollte beruflich das tun, was ihn erfüllt. Es gibt Menschen, die »packen« einen förmlich! Sie faszinieren, haben Ausstrahlung und scheinen das große Los gezogen zu haben. Sie berichten begeistert von ihrem Unternehmen, ihrem Projekt. Man könnte ihnen stundenlang zuhören, ist ganz von ihnen in den Bann gezogen. Was diese Personen tun, welche Aufgabe sie im Leben haben, ist dabei zweitrangig. Aber diese »leidenschaftlichen« Menschen haben etwas gemein: Sie sind von dem, was sie tun, überzeugt und besitzen daher sowohl Ausstrahlung als auch Autorität. Sie sind authentisch und machen das, was sie machen, aus vollem Herzen.

Fasse dich kurz

Wie viele Stunden verbringen Sie täglich mit Telefonaten? Ganz zu schweigen von den stundenlangen Gesprächen summieren sich diese zusammen mit den kurzen Telefonaten zu mehreren Tagen im Monat. Ist diese Zeit gut angelegt oder verschwendet? Das müssen Sie entscheiden! Ich bin dafür bekannt, dass ich gern kurze und knackige Telefonate führe, wäre es anders, käme ich tagsüber vom Telefon überhaupt nicht mehr weg. Wenn ich mich länger mit Freunden unterhalten will, ziehe ich

F wie Flohmarkt

immer noch das persönliche Gespräch vor. Falls ich vorhabe, jemanden telefonisch längere Zeit in Anspruch zu nehmen, frage ich vorab: »Hast du im Moment eine halbe Stunde Zeit für mich?« Falls nicht, verabreden wir einen Telefontermin.

Umgekehrt gehen viele Anrufer davon aus, dass man unendlich viel Zeit hat und kalkulieren nicht ein, dass sie einen momentan vielleicht stören. Falls Sie einen hereinkommenden Anruf kurz halten wollen, fragen Sie niemals: »Wie geht es dir?« Denn diese Frage öffnet Tür und Tor für eine stundenlange Schilderung der Befindlichkeiten. Ich finde es nicht unhöflich, dem Gesprächspartner mitzuteilen, dass man nur begrenzt Zeit hat. »Ich habe zehn Minuten Zeit, mit dir zu telefonieren. Falls das nicht reicht, ruf mich doch bitte zum Zeitpunkt X nochmals an.« Lassen Sie sich Ihre Zeit nicht stehlen, und behalten Sie das Gespräch in der Hand. Unhöflich ist derjenige, der einen am Telefon stundenlang zulabert, ohne vorab zu fragen, ob es überhaupt passt!

Fastentag

Beim Fasten wird der Körper von seinem Ballast und angehäuften Schlacken befreit. Alles, was sich im Laufe eines Jahres auf die Rippen und Organe gelegt hat, wird so langsam abgebaut. Doch wer entschlackt den Geist? Wie viel Müll muten wir ihm tagtäglich durch schlechte Nachrichten, dumme Fernsehsendungen oder seltsame Gespräche zu? Also gönnen wir auch ihm einen Fastentag: mal keine Zeitung lesen, sich nichts erzählen lassen, was man nicht hören will und auch mal auf das Fernsehen verzichten. Ein Fernseh-Fastentag

(→ Fernsehfasten) in der Woche ist leicht durchzuführen und tut der ganzen Familie gut! An diesem Abend sind Spiele, Gespräche, Bücher oder einfaches Nichtstun angesagt!

Ihr Portemonnaie wird sich über einen Produkt-Fastentag (→ Produktfasten) freuen. Es vergeht ja schließlich kaum ein

> **Legen Sie einmal in der Woche
> einen »Produkt-Fastentag« ein.**

Tag, an dem wir kein Geld ausgeben – und wenn es nur für Kleinigkeiten ist. Wenn man allerdings einen Tag in der Woche mal ganz bewusst auf jede Geldausgabe verzichtet, werden sich die Sinne schärfen und das Bewusstsein wird zunehmen. Sie haben sicherlich genügend Lebensmittel im Haus, ansonsten wird improvisiert. Statt mittags essen zu gehen, nehmen Sie sich ein Sandwich von zu Hause mit. Sie werden sehen: Dieser Tag wird Ihren Blickwinkel verändern und Ihr Portemonnaie entlasten.

Feierabendstress

Man sollte meinen, dass die Arbeit schon stressig genug sei. Aber viele führen den Stress auch noch am Abend weiter. Private Verabredungen werden wie geschäftliche durchorganisiert, sodass oft kein Spielraum für eine etwaige »Verlängerung« bleibt. Der Stress beginnt für manchen schon mit den Entscheidungen: Soll ich ins Sportstudio oder mich lieber mit Freunden treffen?

F wie Flohmarkt

Für manch einen ist der gemeinsame Abend beim Italiener
der Ort, seinen Bürofrust in aller Ausführlichkeit loszuwerden.
Da hilft nur ein »Stopp«! Und die Frage: »Darf ich mir ein neues Gesprächsthema wünschen?« Wir brauchen alle eine gewisse Zeit, um die Erlebnisse eines Arbeitstages zu verarbeiten,
den Ärger loszuwerden oder einfach nur abzuschalten. Männer

> **Schaffen Sie sich täglich Ihren ganz
> persönlichen Freiraum! Ansonsten entstehen
> Aggressionen oder der Drang zur Flucht!**

müssen vielleicht erst einmal eine halbe Stunde »ins Feuer«,
sprich fernsehen, bevor sie ansprechbar sind und ihren Schalter umgelegt haben. Also gönnen Sie ihnen diese halbe Stunde.
Um den Stress langfristig zu senken, brauchen wir funktionierende Entspannungstechniken wie etwa Yoga oder autogenes
Training. Den Geist durch Meditation zu »leeren« ist auch eine
Möglichkeit. Was immer Sie auch tun, um die Arbeit hinter sich
zu lassen: Jeder von uns ist fantasievoll genug, um sich seine
ganz persönliche Strategie des Abschaltens zu suchen. Dazu ist
wenig Aufwand erforderlich, aber umso mehr Bewusstsein!

Feng Shui

Diese jahrtausendealte chinesische Kunst, Räume so einzurichten, dass der Mensch sich wohlfühlt, braucht eine Voraussetzung: Eine gewisse Leere im Raum. Denn das → Chi, eine un-
sichtbare Energie im Raum, muss fließen können. Wenn das

Chi durch herumstehendes Gerümpel blockiert wird, ist die Atmosphäre eines Raumes gestört. Darum ist die erste Feng-Shui-Maßnahme die, zu entrümpeln!

Fernsehfasten

Wer sich an einem freien Abend vor den Fernseher setzt und wahllos diverse Sendungen konsumiert, hat nicht den Kopf frei, nachzudenken, kreativ zu sein oder schlicht und einfach einmal nichts zu tun. Wie der Input, so der Output. Wie außen, so innen. Welchen äußeren Einflüssen wir uns durch schwachsinnige Talkshows, hungrig machende Kochshows, niveaulose Unterhaltungssendungen aussetzen, beeinflusst unseren inneren geistigen Zustand. Hier gilt dasselbe wie in den Räumen: Nur wenn man seinem Geist auch ab und zu eine »Leere« gönnt, können neue Ideen entstehen. Die besten Einfälle werden Sie nicht haben, so- lange Sie vor dem Fernseher sitzen, sondern während eines Spaziergangs durch den Wald, bei einem heißen Bad in Ihrer Badewanne oder auch im Gespräch mit inspirierenden Menschen. Eine Möglichkeit, mit dieser »Leere« zu beginnen, ist Folgende: Legen Sie einen fernsehfreien Tag in der Woche ein. Und Sie werden sehen: Auch »Fernsehfasten« führt zu einer neuen Sensibilität wie das Fasten an sich. Gönnen Sie sich einen Abend in der Woche, an dem Sie sich in die Badewanne legen, ein Buch lesen, mit einem Freund telefonieren, ausgehen oder einfach einmal nichts tun!

F wie Flohmarkt

Festhalten

Festhalten ist das Gegenteil von ➜ Loslassen. Aus unterschiedlichen Gründen hält der Mensch mehr oder weniger an den Dingen, an alten Gewohnheiten, an Vertrautem fest. Auch wenn es ihm scheinbar schadet, zieht er es Neuem vor, denn das Alte kennt er, er ist vertraut damit. Das Neue macht uns Angst, auch wenn es unser Leben verbessern würde. Was für den einen überflüssig erscheint, ist für den anderen lebensnotwendig. Wer was braucht und was nicht, ist zunächst einmal Ansichtssache. Darum sollten wir uns nicht in das Gerümpel unserer Mitmenschen einmischen. Was für sie Ballast ist und warum sie daran festhalten, müssen sie selbst wissen. Sicher ist: Wenn ich das Alte festhalte, kann nichts Neues kommen. Und falls Sie mit dem, was Sie haben, vollkommen zufrieden sind, falls Sie keine Veränderung in Ihrem Leben wünschen, dann lassen Sie bloß die Finger vom Entrümpeln!

Feuer

Feuer hat sowohl eine reinigende als auch eine transformierende Wirkung: Immobilienhändler kennen den alten Trick, vor der Besichtigung lange nicht genutzter Räume einige Streichhölzer abzubrennen. Das Feuer in Kombination mit dem Schwefelkopf »bindet« die unguten Gerüche und die Kunden nehmen somit die Räume nicht als muffig wahr. Feuer verwandelt Holz in Wärme, Asche und Rauch. Dies ist ein Prozess der Transformation, in dem alles seinen ursprünglichen Zustand verändert, um in einen neuen Zustand einzutreten.

Falls Sie Ihre alten Briefe verbrennen, sind die Inhalte ja immer noch in Ihrem Herzen gespeichert. Nicht einmal das Papier geht verloren, es verwandelt sich durch das Feuer nur in etwas anderes: in Asche und Rauch. Der sichtbare Prozess des Feuers, dass das einzig Sichere die Veränderung ist, ist doch tröstlich! Dem Weg des Feuers die alten Unterlagen anzuvertrauen, schafft wiederum Platz für neue Projekte im Leben.

Bügeln Sie noch, oder zündeln Sie schon? Wer gerne bügelt (und diese Menschen gibt es wirklich!), sehnt sich sehr wahrscheinlich nach einer Veränderung im Leben. Vielleicht sollten Sie mal ein bisschen »zündeln« im Sinne von nach außen gehen und sich orientieren, was es dort für Sie zu tun gibt. Auch angebranntes Essen oder ein verkokelter Braten können Zeichen dafür sein, dass eine Veränderung ansteht. Sie wissen ja: Das einzig Sichere im Leben ist der Wandel. Unterstützen Sie diesen mit dem Entrümpeln!

Fitnessgeräte

Steht bei Ihnen im Haus irgendwo ein Fitnessgerät herum, das Sie sich in guter Absicht, mehr für Ihre Kondition zu tun, gekauft haben? Ein Rudergerät, ein Heimtrainer oder ein Trampolin? Falls Sie es benutzen, ist dagegen nichts einzuwenden. Gratulation! Sie gehören einer Minderheit an! Die Mehrzahl dieser Geräte steht unbenutzt da, wandert irgendwann in den Keller und wartet dort auf Reanimation! Wenn Sie Ihr Gerät länger als ein Jahr nicht benutzt haben, dann: weg damit! Verkaufen Sie es, schaffen Sie es aus dem Haus und aus Ihrem

F wie Flohmarkt

Blickfeld. Denn wenn es immer noch bei Ihnen herumsteht, dann wirkt es wie das zu Stahl gewordene schlechte Gewissen, das einem immer wieder zuflüstert: »Du faule Haut, du solltest endlich wieder etwas für deine Figur tun!«

Flohmarkt

Dinge, die zu schade zum Wegwerfen sind, weil sie noch jemand gebrauchen könnte, können Sie in der Kiste Nummer 2, der sogenannten »Flohmarktkiste« im Keller oder Speicher sammeln. Betrachten Sie diesen Ort jedoch nur als zeitlich begrenztes Zwischenlager. Wenn Sie jemanden kennen, der Gebrauchtes und Altes wie Bücher, Spielzeug, Kleidung, Haushaltsgeräte, Geschirr und mehr auf dem Flohmarkt verkauft, dann macht diese Kiste Sinn. Wenn nicht, können Sie aus der 2 auf der Kiste gleich eine 1, nämlich Müll, machen. Spätestens aber nach einem Jahr, wenn die »Flohmarktkiste« noch immer im Keller oder Speicher ihr Dasein fristet, steigt sie automatisch in die Kategorie 1 auf und kommt in den Container. (➔ Drei-Kisten-Methode)

Werden Sie leicht schwach, wenn Sie über einen Flohmarkt schlendern? Wenn Sie in bester Absicht, Ihre alten Dinge dort zu verkaufen, mit noch mehr Gegenständen wieder nach Hause kommen, dann ist ein Flohmarktbesuch kontraproduktiv! Wenn Sie den Versuchungen nicht widerstehen können, weil Sie nun mal zur Spezies »Horter und Sammler« gehören, dann sollten Sie Flohmärkte und Internetseiten wie ➔ Ebay meiden. Beauftragen Sie weniger Gefährdete damit, Ihren Krempel zu verkaufen!

Fotos

Fotografieren

Die eigene Wohnung zu fotografieren ist eine wirkungsvolle Methode, seine vertrauten vier Wände aus einer gewissen Distanz zu betrachten und zu beurteilen. Ich wende
dieses Mittel bei »chaotisch« eingerichteten Personen immer
an. Plötzlich sehen sie ihre Wohnung aus einer total anderen
Perspektive und sind meistens erstaunt über die Unordnung
und »was da so →rumliegt«. Die schief hängenden Bilder,
den schäbigen Polsterstoff, das Wirrwarr an Farben und
Schnickschnack wird auf Fotos offensichtlich. Die Überra-
schung ist oft groß: »Dieses Ding da an der Wand habe ich ja
noch nie gesehen«, wunderte sich einer meiner Kunden. Obwohl das Stofftier genau an dieser Stelle bereits seit zwanzig
Jahren saß. Durch Fotos wird deutlich, wo im Raum Unruhe
herrscht und was verbessert werden könnte. Nach der Entrümpelung können Sie zur Kontrolle nochmals fotografieren.
Hat sich etwas verändert? Wie ist der Eindruck danach? Der
»Vorher-nachher-Unterschied« ist hoffentlich deutlich sichtbar!

Fotos

Die Technik der digitalen Fotografie hat nicht wirklich eine
Verbesserung gebracht: Statt in Kisten und Alben lagern die
Fotos jetzt auf der Festplatte und nehmen Speicherplatz ein.
Und da diese Art zu fotografieren scheinbar nichts mehr kos-
tet, nimmt die Anzahl der Fotos entgegengesetzt zu ihrer Qua-
lität beständig zu. Wurden Freunde und Familie früher mit end-

F wie Flohmarkt

losen Dia- oder Videoabenden beglückt, sind es heute noch längere computeranimierte Vorstellungen. Ob auf Papier oder im PC: Erfreuen Sie Ihren Speicher und Ihr Publikum und misten Sie rigoros aus!

Wozu brauchen Sie das gleiche Motiv sehr ähnlich fotografiert in zehnfacher Variation? Sortieren Sie Ihre Foto-

> **Sortieren Sie mindestens die Hälfte Ihrer Fotos aus. Auch die digitalen!**

kisten aus, und behalten Sie nur die Aufnahmen, die Ihnen wirklich etwas bedeuten. Im Durchschnitt können Sie auf zwei Drittel Ihrer Aufnahmen verzichten! Orientieren Sie sich an Profi-Fotografen: Die behalten höchstens zehn Prozent Ihrer Aufnahmen. Ich fotografiere im Urlaub nur noch sehr selten, ich sehe mir die Gegend lieber gleich an Ort und Stelle an.

Freiräume

Schauen Sie sich in Ihrer unmittelbaren Umgebung um. Finden Sie irgendwelche Freiräume? Freie Stellen zwischen den Möbeln, eine leere Fläche vor dem Sofa, genügend Platz auf einem Möbel, eine leere Wand? Ein Ergebnis des Entrümpelns sollten größere Freiflächen, mehr Luft zum Atmen sein. Dieses Raumerlebnis kann sich dann auch auf Ihre innere Befindlichkeit ausdehnen. Die Freiräume im Außen ziehen mentale Freiräume nach sich. Wie sieht es momentan mit den Freiräumen in Ihrem Leben aus? Haben Sie unverplante Zeit? Kleine Nischen, in denen Sie entspannen oder etwas für sich selbst tun können? Oder einfach einmal gar nichts? Falls nicht, ist es an der Zeit, diese einzurichten und sie gegen Eindringlinge zu verteidigen. Verschieben Sie Ihre frei verfügbaren Zeiten nicht in den Urlaub hinein, denn sie müssen ein Teil Ihres täglichen Lebens werden. Gestehen Sie Ihrem Partner ebenfalls Freiräume zu, in denen er ungestört ist. Das unterstützt Ihre Partnerschaft und verhindert Spannungen, Aggressionen und den Drang zur Flucht. ➜ Min Tang

Freizeitstress

Eigentlich ist die Freizeit ja vor allem dazu da, den beruflichen Stress abzubauen. Doch nicht nur beruflich, sondern auch in der Freizeit steht der moderne Mensch heutzutage unter dem gesellschaftlichen Druck der »sinnvollen« Beschäftigung. Das italienische »dolce far niente«, das süße Nichtstun, ist in unserer preußisch geprägten Kultur geradezu verpönt. Selbst wenn der Mensch nichts tut, sollte es noch sinnvoll sein. Und das setzt viele unter enormen Stress! Somit wird die Freizeit wieder zur Arbeit, wenn auch unter anderen Vorzeichen: Einladungen, Kultur oder Fitness. Wie sieht Ihr Freizeitprogramm aus? Sortieren Sie aus, was Sie wirklich machen wollen, und was Sie »machen sollten«, aber nicht auf die Reihe kriegen, weil irgendetwas zu viel ist! Wir wollen nichts verpassen und handeln in bester Absicht, etwas für unseren Geist, unsere Seele und natürlich unseren Körper zu tun. Oft wird aber nichts daraus. Teure Mitgliedschaften von Fitnessstudios liegen brach, genauso wie Theaterabos oder andere »vollendete Tatsachen«, mit denen man sich und seinen »inneren Schweinehund« zum Handeln zwingen will. Das Einzige, was dabei funktioniert, ist allerdings das schlechte Gewissen. Und damit entsteht noch mehr Druck von außen. Die Ausrüstungen sind zwar vorhanden, was aber fehlt und käuflich nicht zu erwerben ist, ist die Zeit! Entrümpeln Sie aus Ihrer Freizeit diejenigen Verpflichtungen, die Ihnen keinen Spaß machen, und sorgen Sie dafür, dass ein Teil Ihrer Freizeit wirklich freie, also unverplante Zeit ist. Seien Sie offen für spontane Einfälle, und gönnen Sie sich auch ab und zu einfaches Nichtstun!

Freunde

Statt unsere Zeit mit mehr oder weniger unwichtigen Bekannten zu verbringen, sollten wir lieber unsere wahren Freunde wertschätzen und uns um sie kümmern. Was macht eine wahre Freundschaft für Sie aus? Zweifellos, dass man sich zu jeder Zeit auf den anderen verlassen kann und nicht über das, was man hat oder gesellschaftlich ist, definiert wird! Wie stünde es um die Freundschaften, wenn Sie plötzlich nicht mehr gemeinsam Golf spielen würden? Freundschaften zu pflegen heißt, auch in Phasen, in denen man wenig Zeit hat, ab und zu mal zu telefonieren oder sich zu schreiben. Freundschaften sind auch nicht abhängig von der Häufigkeit der Treffen. Es gibt Freunde, zu denen die Zuneigung selbst nach fünf Jahren »Abstinenz« nicht eingeschlafen ist. Packen Sie Ihre Freunde in Ihre innere Schatzkiste, und pflegen Sie Ihre Schätze entsprechend!

Freundschaftsdienste

Es ist selbstverständlich, dass man guten Freunden hilft, Ihnen mit Rat und Tat zur Seite steht. Aber bestimmte Berufsgruppen sind durch diese, meist auch kostenlosen »Freundschaftsdienste« total überlastet. Rechtsanwälte, Steuerberater und Ärzte gehören ebenso wie Architekten und Designer dazu. »Ich brauche einen Schrank, kannst du mir mal schnell einen Entwurf machen?« Oder eine Farbe für das Schlafzimmer suchen, oder mal kurz das Feng Shui machen, oder einen Text schreiben, oder ... Die Liste ließe sich fortsetzen, und ich könnte aus meinen »Freundschaftsdiensten« gut und gerne

Reduzieren Sie Ihre kostenlosen »Freundschaftsdienste«!

einen Vollzeitjob machen. Meine Antwort fällt meistens so aus: »Ja, sehr gerne, ist ja schließlich mein Job. Ruf mich morgen im Büro an. Wir vereinbaren einen Termin, und ich mach dir dann einen Kostenvoranschlag.« Wie von alleine lösen sich dann die meisten dringenden Aufträge in Luft auf! Umgekehrt erwarte ich ja auch nicht von meinem Freund, dem Anwalt, dass er mich umsonst »mal schnell« vor Gericht vertritt. Gehe ich zu meiner Freundin, die Internistin ist, bringe ich ihr natürlich auch meine Versicherungskarte mit. Kaufe ich bei meiner Freundin Kleidung ein, so erwarte ich auch nicht, dass sie mir diese schenkt. Da man weiß, dass die Freundschaft oft dort aufhört, wo das Geld anfängt, sollte man Geschäft und Freundschaft ganz klar trennen und hier

F wie Flohmarkt

zuerst nach dem Preis fragen. Wer sich damit schwertut, sollte sich ganz aus freundschaftlichen »Aufträgen« heraushalten und diese Aufträge lieber Fremdfirmen überlassen.

Fußboden

Wenn wir einen Raum betreten, dann fällt unser Blick automatisch als Erstes auf den Fußboden. Hier entscheidet sich der → Erste Eindruck. Steht Krempel auf dem Boden herum, liegt Spielzeug verstreut, so assoziiert man damit sofort, auch wenn er noch so sauber ist, → Unordnung und → Schmutz. Ist der Fußboden jedoch aufgeräumt, steht dort nichts weiter

> Entfernen Sie alles,
> was auf dem Fußboden herumsteht und
> dort nicht hingehört.

als die dahin gehörenden Möbel, so erscheint die Wohnung ordentlich und aufgeräumt. Ein leerer Fußboden trägt enorm zum Gesamtbild dar. Deshalb ist es die wichtigste Übung, den Boden immer so leer wie möglich zu halten. Sie werden sehen, auch Sie selbst werden sich wohler fühlen, wenn Sie in eine Wohnung kommen, in der der Fußboden aufgeräumt wirkt. Also verstauen Sie alles Herumliegende in die Schränke. Schuhe im Flur gehören am besten in Schuhschränke, Einkaufstaschen und Hundeleine an einen Haken.

G wie Geschenke

Gadget

Ananasausstecher und Eierköpfer sind typische Gadgets, also Gegenstände, die uns angeblich die Arbeit erleichtern. In Wahrheit aber bieten sie keine Zeitersparnis. Wir brauchen mehr Zeit, sie erst einmal zu suchen (sie sind meist in der hintersten Schublade, da man sie so selten braucht), sie in Gang zu bringen und nach dem Gebrauch wieder zu reinigen. Von diesen scheinbaren Helfern im Haushalt lebt eine ganze Industrie. Typisch für Gadgets ist, dass man sie hat, aber so gut wie nie benutzt. Eine weitere Art von Gadgets sind multifunktionale Geräte. Wozu brauche ich eine Armbanduhr, mit der ich bis zu 100 Meter tauchen kann, oder ein Handy, mit dem ich Fotos machen und Spiele spielen kann? Selbst wenn man diese Funktionen nicht nutzt, bezahlt man sie beim Kauf des Gerätes mit!

Durchforsten Sie Ihren Haushalt nach Gadgets, und fragen Sie sich, wie lange Sie diese nicht in den Händen hatten. Vermeiden Sie in Zukunft diese multifunktionalen Geräte. Kaufen Sie sich lieber ein qualitativ hochwertiges, das die gewünschte Funktion optimal erfüllt.

G wie Geschenke

Garage

Die Garage ist der Raum für Ihr Auto. Dort ist es im Winter vor Schnee und Frost geschützt, und man muss ihm die Scheiben nicht abkratzen, bevor man morgens losfährt. Doch für viele dient eine Garage als zusätzlicher Abstellraum. Anfangs standen nur die Winterreifen an der Wand und die Fahrräder an der anderen. Neben den eigenen Fahrrädern stehen noch weitere, kaputte daneben, die als Ersatzteillager dienen sollen und weiteres Gerümpel. Die Garage wächst so nach und nach von den Seiten her zu, und irgendwann muss das Auto draußen auf der Straße parken. Eine teure Deponie, die Sie sich da leisten! Hier hilft nur eins: Raus mit dem Gerümpel und rein mit dem Auto! Starten Sie zuvor einen ➜ Garagen-Flohmarkt.

Garagen-Flohmarkt

Die Amerikaner haben eine einfache Möglichkeit gefunden, ihre Garagen zu räumen. Sie veranstalten sogenannte »Garage Sales«, also Garagen-Flohmärkte. Dazu räumen sie den Inhalt der Garage in die Ausfahrt, packen noch das Gerümpel aus dem Speicher (Keller gibt es in den USA selten) hinzu und pflanzen ein großes Schild mit »Garage Sale« vorne an die Straße. Dieser private Trödelmarkt mit dem Ziel, möglichst viel loszuwerden, birgt immerhin nicht die Gefahr, dass noch mehr Schrott dazukommt. Es sei denn, Sie lassen Ihr Gerümpel unbeaufsichtigt. Diese amerikanische Methode zu entrümpeln hat bei uns bisher leider nur wenige Nachahmer gefunden. Vielleicht wollen Sie diese Anregung aufgreifen?

Garderobe

Die Garderobe in der Diele ist dazu gedacht, die Mäntel und Jacken aufzuhängen, die man an diesem Tag trägt. Außerdem sollte der Besuch auch mindestens einen freien Kleiderbügel oder Haken finden, ansonsten fühlt er sich »unerwünscht«. Garderoben werden in den meisten Fällen als »Außenstellen« der Kleiderschränke missbraucht. Und wenn die aus allen Nähten platzen, lebt das Zuviel weiter in der Garderobe. Diese biegt sich unter der Last. Mit einer der ersten Eindrücke, wenn man ein Haus betritt, ist die Garderobe. Und wenn die uns schon zeigt: »mir ist alles zu viel, ich breche bald zusammen«, dann mag sie unseren inneren Zustand spiegeln. Sie wollen Ihr Leben erleichtern und von Ballast befreien? Dann entlasten Sie auch Ihre Garderobe. Sie sollte halb leer sein. Sie werden sehen, allein dieser Anblick wird sich auch positiv auf Ihre Laune auswirken!

Geben und Nehmen

Wie sieht es mit Ihrer Geben-Nehmen-Bilanz aus? Manche Menschen geben zu viel, andere Menschen nehmen zu viel. Zu welcher Sorte zählen Sie sich? Geben Sie lieber, schenken Sie lieber? Oder bekommen Sie lieber Geschenke? Können Sie sich über ein Geschenk aufrichtig freuen, es problemlos annehmen und sich bedanken? Wer zu viel gibt, beschämt den anderen, bringt ihn in seine Schuld. Wenn es einen gibt, der zu viel nimmt, dann nur, weil der andere zu viel gibt. Gerade die scheinbar »Selbstlosen« unter uns neigen dazu, zu viel zu

G wie Geschenke

> Achten Sie darauf,
> dass Ihre Bilanz aus Geben und Nehmen
> ausgeglichen ist.

geben. Dadurch fühlt sich der »Nehmer« klein und unterlegen. Falls Sie eher zu den Gebern gehören, überdenken Sie Ihre »Gaben«, und reduzieren Sie sie unter Umständen.

Achten Sie darauf, dass die Bilanz aus Geben und Nehmen ausgeglichen ist. Sie ist unter anderem die Grundlage harmonischer zwischenmenschlicher Beziehungen auf geschäftlicher wie privater Ebene.

Gebrauchsgegenstände

Wir alle besitzen unendlich viele Dinge, und manchmal erscheint es, als besäßen nicht wir die Dinge, sondern die Dinge uns. Wir sind dadurch nicht unbedingt glücklicher als unsere Vorfahren. Wie viele dieser Dinge benutzen Sie täglich? Möbel, Geschirr, Messer, Werkzeuge, Küchengeräte sind Gegenstände des täglichen Gebrauchs. Sie sollten funktionieren und unser Leben vereinfachen. Manche Geräte erleichtern uns nur scheinbar die Arbeit. Keine Frage, ein Leben ohne Waschmaschine wäre ein viel härteres. Aber seit es die Waschmaschine, den Geschirrspüler und den Dampfreiniger gibt, ist auch der Anspruch an Sauberkeit gestiegen. Vordergründig erleichtern uns gewisse Geräte die Arbeit, hintergründig jedoch schaffen sie einen neuen Standard an Sauberkeit und Qualität und erzeugen, quasi durch die Hintertür, nur noch mehr Arbeit.

Die schönen Dinge wie Bilder an der Wand und Porzellanfigürchen auf dem Schrank sind keine Gebrauchsgegenstände im eigentlichen Sinn. Sie haben eine »erweiterte« Gebrauchsfunktion: Sie erfreuen unsere Sinne! Und solange sie das tun und uns erfreuen, gibt es keinen Grund, sich von ihnen zu trennen.

Um sich die Entscheidung zu erleichtern, von welchen Dingen man sich trennen kann, braucht man beim Entrümpeln nur die → Drei magischen Fragen zu stellen:

Brauche ich dich wirklich?

Erleichterst du mein Leben?

Machst du mich glücklich?

Gedanken

Gedanken sind Energie und beeinflussen Gegenwart und Zukunft. Die Impulse kommen zwar von außen, aber sie entstehen in unserem Kopf, sie sind selbst gemacht. Wir selbst entscheiden, wie wir die äußere Realität bewerten und bearbeiten. Die Tatsache, dass es regnet, lässt beispielsweise mehrere Gedanken-

> Gedanken sind Energie,
> entsorgen Sie daher auch gedanklichen Ballast!

schlüsse zu. Von »Mistwetter« mit schlechter Laune bis »schön für die Pflanzen« oder völliger Gleichgültigkeit ist alles möglich.

Wir züchten, pflegen, gießen und päppeln die Gedanken, oder wir lassen sie eingehen. Wenn wir sie selbst produzieren,

G wie Geschenke

dann können wir sie genauso gut loslassen. Falls ich von mir denke, dass ich unfähig und untalentiert bin, kann ich mich entscheiden, ob ich von diesem Gedanken meine Zukunft bestimmen lasse oder ob ich mich für einen anderen Gedanken entscheide. Wer hindert mich denn daran zu denken: »Ich habe ein Talent, mit Menschen umzugehen«? Fragen Sie sich bei jedem Ihrer Gedanken: Will ich den jetzt haben? Schadet er mir? Soll dieser Gedanke in Zukunft mein Leben bestimmen? Falls Ihnen ein Gedanke immer wieder im Kopf rumspukt und Sie ihn loswerden wollen, bitten Sie Ihr Gehirn einfach: »Den nächsten Gedanken bitte«.

Gefallen

Falls Sie ein hilfsbereiter Mensch sind, kennen Sie sicher diese »kleinen Gefallen«: Mal schnell eine Nummer heraussuchen, ein Rezept aufschreiben, einen Prospekt besorgen, kurz mal auf die Kinder aufpassen. Und ehe man sich versieht, können sich kleine »Gefälligkeiten« zu stundenlanger Arbeit ausdehnen. Nicht umsonst steckt in dem Wort »Gefallen« das Wort »Falle«.

> **Tappen Sie nicht in alle (Ge-)Fallen!**
> **Sie können und sollen nicht jedem gefallen!**

Und diese Fallen lauern überall! Wir tappen gerne in sie rein, weil wir ja in der Tiefe unserer Seele anderen Menschen »gefallen« wollen. »Könntest du mich zum Flugplatz fahren, ... mir beim Umzug helfen, ... deine Bohrmaschine leihen?« Instinktiv reagiert man mit Hilfsbereitschaft und lässt sich allzu schnell zu einem: »Ja sicher, mache ich gern«, hinreißen. Aber Vorsicht, die kleinen Gefallen können wahre Blockaden sein, die Zeit, Energie und Kosten verursachen. Also reagieren Sie nicht erst, wenn Sie schon in der Falle sitzen. Das Zauberwort heißt auch hier ➜ Nein. »Nein, das schaffe ich leider nicht«, ist ehrlicher als ein Gefallen, der nicht von Herzen kommt.

Gefühle

Auch Dinge können in uns Gefühle erzeugen. Wir erfreuen uns daran, wie gut ein Werkzeug in der Hand liegt, ein Pullover unseren Körper umschmeichelt. Andere Dinge lösen eher Ärger aus. Wie beispielsweise das neue Telefon, dessen Gebrauchsanleitung verwirrend ist, oder der patentierte Korkenzieher, der einem erst einmal den Finger quetscht, bevor er den Korken entfernt. Andere Dinge stoßen uns ab, wir können sie einfach nicht leiden. Das kann ein bestimmtes Bild sein, das schon lange an der Wand hängt oder ein Möbelstück, das uns nicht gefällt.

Die Dinge, mit denen wir uns umgeben, sollten uns guttun. Sie sollten uns unterstützen, uns dienen, uns begleiten, unser Leben angenehmer und leichter gestalten. Sie sollten uns nicht stören, nicht ärgern und schon gar nicht blockieren. Daher gilt es, zunächst einmal die Dinge zu enttarnen, die negative Gefühle in uns hervorrufen und sie dann im zweiten Schritt nach und nach zu entfernen. Achten Sie in Zukunft schon beim Kauf darauf, was für ein Gefühl Sie den Dingen gegenüber haben. Falls es kein gutes ist: Finger weg!

G wie Geschenke

Gefundenes

Wir finden doch ständig etwas: bizarre Muscheln am Strand von Rimini, schmeichelnde Kiesel im Bach, blühende Margeriten. Überlegen Sie sich gut, ob Sie den Stein wirklich mitnehmen, die Blumen wirklich wegpflücken müssen. Müssen Sie das jetzt auch noch besitzen? Falls ja, bitten Sie die Umgebung um Erlaubnis. Holen Sie sich mit dem Fundstück nicht schon wieder das Gerümpel von morgen ins Haus? Die Muscheln werden verstauben, der Stein von rechts nach links geräumt, die Blumen werden verblühen. Sie brauchen eine Erinnerung an diesen speziellen Ort? Warum halten Sie diese schönen Eindrücke nicht einfach in Ihrem Gedächtnis fest? Dort nehmen sie keinen Platz weg und sind auf ewig gespeichert.

Gehört mir nicht

Dinge, die Ihnen nicht gefallen und noch dazu nicht einmal gehören, die Sie sich vielleicht von anderen haben aufschwatzen lassen (weil Sie nicht Nein sagen konnten) stellen Ballast dar. Weg mit allem, was Ihnen nicht gehört! Ist Ihr Partner schon lange ausgezogen, hat aber die Hälfte seines Krempels noch bei Ihnen stehen? Die erste Maßnahme bei der Trennung von einem Partner ist die saubere Teilung der Gegenstände. Dinge, die eindeutig dem Expartner gehören, müssen die eigene Umgebung verlassen. Setzen Sie ihm oder ihr eine angemessene Frist von vier Wochen. Bis dahin soll er seine Sachen doch bitteschön abholen. Falls er das nicht tut, dürfen Sie nach Ablauf dieser Frist die Dinge in Kisten packen und diese im Keller oder an einem anderen Ort lagern. Sie können Ihrem Expartner bei der Setzung der zweiten Frist mitteilen, dass Sie die Dinge ansonsten auf seine Rechnung entsorgen lassen. Diese Ankündigung verfehlt selten ihre Wirkung.

> Verlässt eine Person das Haus,
> so muss sie all ihre Sachen mitnehmen.
> Darauf haben Sie ein Recht.

Ähnlich können Sie beim Auszug Ihrer Kinder vorgehen. Fordern Sie sie auf, ihr Hab und Gut gleich mitzunehmen, ansonsten lagern Sie es in Kisten zwischen, und verfahren Sie wie oben. Wenn der andere seine Dinge nicht abholt, sind sie ihm nicht wichtig. Bieten Sie ihm an, die Sachen für ihn zu entsorgen. Umgeben Sie sich in Zukunft nur noch mit Dingen, die Ihnen gehören und Ihnen guttun!

Geistiger Müll

Alles, was wir unserem Körper zumuten, hat Folgen. Dauerhafte Mangelernährung führt früher oder später zu gesundheitlichen Störungen. Der Mensch ist schließlich, was er isst! Der Mensch ist aber auch, was er liest, hört, sieht, fühlt und denkt. Geistige »Nahrung« in Form von Fernsehen, Medien und Gesprächen hinterlässt Spuren und formt den Menschen ebenso. Was wir über unsere Sinnesorgane aufnehmen, verfestigt sich in unserem Innern. Daher sollte es selbstverständlich sein, auch hier auf die Qualität des Inputs zu achten und sich

G wie Geschenke

zu fragen: Schadet mir das oder stärkt mich das Ganze? Wir setzen uns, meist unabsichtlich, ständig seelischen »Schadstoffen« aus: Katastrophenmeldungen, Klatsch und Tratsch, Warnungen von neuen grassierenden Viren. Sie selbst bestimmen den Grad Ihrer mentalen »Vermüllung«. Also reduzieren Sie Ihre Dosis mentaler »Umweltverschmutzung«. Einer der größten Verschmutzer ist das Fernsehen. Es lähmt, macht träge und süchtig. Es erstickt jede Unterhaltung im Keim, weil man sich ihm nicht entziehen kann. Also schützen Sie sich! Wenn es sein muss, vor sich selbst: Schaffen Sie den Kasten ab! Denn was bringt es uns, uns über die negativen Folgen derartiger Einflüsse zu beschweren, nachdem wir sie konsumiert haben? Es ist schließlich jeder selbst für sein seelisches, geistiges und körperliches Wohlergehen verantwortlich.

Geklautes

Befindet sich in Ihrem Besitz etwas »Geklautes« – beispielsweise ein Verkehrsschild mit einem Elch darauf? Aschenbecher aus der Kneipe, Espressotassen aus einer italienischen Bar? Hotelhandtücher? Seltsamerweise wird in fremden Ländern mehr geklaut als zu Hause. Das Mitnehmen wird im Urlaub unter Souvenirjagd verbucht. Tatsächlich bringt das Stehlen den »Kick«, den viele infolge mangelnder »Jagdausflüge« brauchen. Sich nicht erwischen zu lassen, seine Angst zu überwinden oder anderen seinen Mut zu beweisen, mögen die Gründe dafür sein. Mangelndes Unrechtsbewusstsein kommt dann noch erschwerend hinzu. Wie viele Menschen klauen Computersoftware oder Filme aus dem Internet? Dass man es kopieren und herunterladen nennt, ändert nichts an der Tatsache, dass es gestohlen ist.

Sie haben nichts derartiges im Haus? Ich wette, doch! Gehen Sie durch Ihre Räume und Schubladen, und sehen Sie sich jedes einzelne Teil an. Woher kommt es und wie ist es in Ihr Haus gekommen? Vergessen Sie nicht, auch Ihren PC daraufhin zu untersuchen. Tatsache ist: Alles, womit wir uns umgeben, wirkt auf uns und alles Gestohlene hat keine gute Ausstrahlung. Dinge, die nicht auf legale Weise erworben wurden, sollte man nicht im Haus haben.

Genießen

Wenn Sie entrümpelt haben, nehmen Sie sich Zeit, den übersichtlichen Anblick Ihrer Wohnung zu genießen. Setzen Sie sich in Ruhe hin, und prägen Sie sich dieses Bild ein. Vielleicht machen Sie ein Foto von diesem seltenen Zustand. So kann es aussehen! Und wie fühlt sich das an? Stellen Sie sicher, dass Sie auch das Gefühl speichern und sich früh genug daran erinnern, falls sich das Gerümpel wieder auszubreiten droht.

Wenn Sie vorhaben, Ihren ➜ Schreibtisch zu entrümpeln, dann räumen Sie ihn zunächst ganz leer. Legen Sie ruhig alles erst einmal auf den Boden, wischen Sie Ihre Schreibtischplatte, und setzen Sie sich hin. Wie fühlt sich diese Leere, diese Aussicht an? Stellen Sie sich einmal vor, Sie hätten alles erledigt, und Ihr Schreibtisch wäre wirklich so leer. Können Sie diesen Zustand genießen?

G wie Geschenke

Dann gehen Sie weiter nach der Methode der vier Stapel (→ Schreibtisch) vor.

Gerümpel

Sie müssen Ihre eigene Definition von Gerümpel finden. Ich kann Ihnen meine anbieten, entscheiden müssen Sie sich selbst. Wie Sie es nennen, ist dabei zweitrangig. Ob Trödel, Gerümpel, Plunder, Müll, Kram, Krempel, Schrott, die Bezeichnungen an sich sagen noch nichts über die Bedeutung aus. Alles, was Sie blockiert, was Ihnen nicht gefällt und Sie ganz

> Gerümpel kostet Geld, bindet Zeit und Energien!

persönlich stört, fällt unter den Begriff. Ebenso können es Erbstücke und Antiquitäten sein und diejenigen Dinge, die Ihnen gar nicht selbst gehören. Hinzu kommt all das, was Sie überhaupt nicht brauchen, was Sie lange nicht gebraucht haben und was nicht mehr funktioniert. Schäbige Dinge, unnütze Dinge, unschöne Geschenke, Sammelsurien, Dinge, die keinen eigenen Platz haben, zählen dazu.

Im erweiterten Sinn kann man all das dem Gerümpel zuordnen, was das Leben stört: energetisches Gerümpel wie unnütze Probleme und Gedanken, übertriebene Erwartungen, geistigen Müll und alles »Zuviel« im Leben. Ballast, Krempel, Kram, Gerümpel: dahinter verbergen sich Dinge, über die wir ständig stolpern, die im Weg stehen und in den Ecken vergammeln, uns an unserer Weiterentwicklung hindern und uns blockieren. Was Gerümpel wirklich bedeutet, merkt man meistens erst, wenn es weg ist. Wie viel leichter fühlt sich dann alles an!

Geschäfte

Abgewetzte Bürostühle, durchgesessene Sofas im Eingangsbereich, halblebendiges Alibigrün, herumstehende Pappkartons, chaotische Schreibtische. Gerümpel in Unternehmen ist nicht nur unschön anzusehen, ärgerlich und störend, es ist sogar geschäftsschädigend. Es demotiviert die Mitarbeiter und stößt die Kunden ab. Gehen Sie vom Eingang Ihres Unternehmens aus durch alle Räume, und beseitigen Sie die Blockaden im Eingangsbereich!

Wenn bereits vor der Tür eines Geschäftes oder gleich dahinter Warenkörbe mit billigen Artikeln stehen, dann spricht das nicht für das qualitativ hochwertige Angebot des Geschäfts. Warenkörbe mit Billig-Angeboten sind als Anreißer gedacht, wirken aber oft eher abstoßend und strahlen »Armut« aus. Entsprechend ist dann das Klientel. Ist der Eindruck von außen schon chaotisch und unruhig, hat der Kunde kaum Lust, den Laden zu betreten. Auch hier ist in der Regel das »Weniger« an Dingen oft »mehr«.

Geschenke

Eine der meist gestellten Fragen ist: Was mache ich mit Geschenken? Mit einem Geschenk möchte man einen lieben Menschen erfreuen, dafür sind sie gedacht. Wir wollen mit

G wie Geschenke

unseren Geschenken einen »Platz« im Herzen des Beschenkten einnehmen, unsere Geschenke jedoch nehmen meist mehr Platz in seiner Wohnung ein. Und damit schaffen wir ihm oft, ohne Absicht natürlich, ein Problem. Wenn man das Geschenk ausstellt, sichtbar in der Wohnung platziert, ehrt man den Schenker. Aber wenn einem dieses Geschenk nicht gefällt und man tut es dennoch, tut man sich und seiner Umgebung nichts Gutes. Also machen Sie mit den Geschenken, was immer Sie wollen, denn es ist Ihr Eigentum. Sie können es folglich weiterschenken, wegwerfen oder in der Versenkung verschwinden lassen. Sie haben aber auch die Möglichkeit, sich vor falschen Geschenken zu schützen: Äußern Sie Ihre Wünsche! Vielleicht etwas, das sich von alleine verkompostiert, etwas, das Sie aufessen oder austrinken können.

Umgekehrt gilt natürlich auch: Wählen Sie Ihre Geschenke mit Bedacht aus. Und verschenken Sie nichts (außer es wurde gewünscht), was die Zeit und Energie des anderen bindet.

Gesellschaftliche Verpflichtungen

Freizeit ist für manch einen ebenso durchgeplant wie die Arbeitszeit oder ist sogar von Arbeit »durchsetzt«. Am Stammtisch werden private Bauvorhaben besprochen, in Golf- oder anderen Clubs werden Aufträge schon vorab vergeben, geschäftliche Beziehungen beim Essen geknüpft. Man besucht bestimmte Veranstaltungen, um nichts zu verpassen, quält sich auf langweiligen Vernissagen mit seichten Gesprächen, obwohl man viel lieber zu Hause in der Badewanne liegen würde. Man nimmt sterbenslangweilige Einladungen zum Essen an, verbringt den Abend mit Leuten, die einem überhaupt nichts bedeuten. Ob dabei oder danach wirklich ein »Auftrag herausspringt« – wer weiß das schon? Manche Menschen schließen sich Parteien an, weniger, weil sie an der politischen Arbeit oder deren Zielen interessiert sind, sondern

> **Unsere Mitmenschen lassen sich nicht ändern!**
> **Nur unsere Sichtweise auf sie ist veränderbar!**

weil sie sich dadurch mehr Möglichkeiten versprechen, um geschäftliche Beziehungen zu knüpfen. Die Annahme, immer und überall dabei sein zu müssen, weil einem ansonsten etwas »entgeht«, schafft einen enormen Druck. Sich zeigen zu müssen, um im Gespräch zu bleiben, oder die richtigen Leute am richtigen Ort zu treffen, ist oft ein Mythos! Stellen Sie sich doch einmal die Fragen:

»Was entgeht mir wirklich, wenn ich einmal nicht dabei bin?«

»Ist meine begrenzte Zeit dafür nicht zu schade?«

»Was will ich heute Abend wirklich tun?«

Gespräche

Was für Gedanken gilt, gilt auch für Gespräche: Sie sind Energie, sie sollten Ihnen möglichst guttun und Ihnen nicht schaden. Themen, die Sie in irgendeiner Form negativ berühren, → Klatsch über andere oder Themen, mit denen Sie nichts anfangen können, die Sie einfach nicht interessieren, müssen

G wie Geschenke

Sie sich nicht aussetzen. Vielleicht haben Sie auch bestimmte Bekanntenkreise, in denen es immer nur um Krankheiten geht, oder um Aktien oder um die Arbeit. Entscheiden Sie sich, ob Sie das nächste Mal nicht lieber zu Hause bleiben, wenn sich dieser Kreis wieder trifft, oder hören Sie diesen Gesprächen kommentarlos zu. Noch schlimmer sind Menschen, die immer nur über alles jammern: die Politik, die Steuern, die Ärzte – alle haben Schuld an ihrem Leid. Am Ende eines solchen Abends ist man erschöpfter als nach einem ganzen Arbeitstag. Dieser energetische Müll muss nicht sein! Den Menschen können Sie zwar nicht ändern, wohl aber können Sie sich entscheiden, sich das nicht länger mit anzuhören. Suchen Sie sich inspirierende Menschen und eine Umgebung, die Sie stärkt!

Gewissensbisse

Unser sogenanntes »schlechtes Gewissen« ist ein Schuldgefühl, das wir als von außen kommend erleben. Es entsteht aufgrund äußerer oder innerer Wertvorstellungen, wenn wir scheinbar gegen diese handeln. Eigentlich ist es eine moralische Instanz, die uns davon abhalten sollte, etwas Unrechtes und Unmoralisches zu tun. Gerade im menschlichen Zusammenleben hat es eine regulierende Funktion. Die Definitionen sind dabei abhängig vom jeweiligen Wertesystem. Der eine hat Schuldgefühle, weil er faulenzt (durch Erziehung), weil er sündige Gedanken hat (Kirche), weil er zu viel isst (Zeitschrift), seine Kinder vernachlässigt (Ehefrau). Es entsteht jedoch auch in unserer eigenen Gedankenwelt. Wir haben ein schlechtes Gewissen, wenn wir die scheinbaren Erwartungen anderer nicht erfüllen: »Ich müsste meine Freundin mal wieder anrufen, sie ist bestimmt schon sauer auf mich.« Weil ich genau weiß, dass sie sauer reagieren wird, verschiebe ich den Anruf.

Und genau hier können wir entscheiden, ob wir ein schlechtes Gewissen haben oder nicht! Wenn wir zu unseren Handlungen stehen, die Verantwortung dafür ganz übernehmen,

> **Sie alleine bestimmen Ihre Gedanken und gestalten Ihr Leben!**

dann erübrigt sich dieses ungute Gefühl. Wenn wir zu dem stehen, was wir machen, dann sind wir stark und lassen uns nicht von einem selbst gemachten schlechten Gewissen schwächen.

Gewohnheiten

Gewohnheiten sind wie alte Freunde, auch wenn sie einen nerven, sind sie einem doch ans Herz gewachsen. Von schlechten Gewohnheiten wie dem Rauchen würde man sich liebend gerne verabschieden, aber es scheint eine innere Sperre zu geben, die nichts Neues zulässt. »Warum willst du denn früher aufstehen und joggen gehen?«, spricht die innere Stimme, sobald man seine Gewohnheiten ändern will. Menschen sind von Natur aus statisch und faul. Daher kostet es uns ungeheuer viel Kraft, Gewohnheiten zu »brechen«. Für manche ist das Brechen wie das Knicken eines Zweiges, es fällt ihnen leicht. Andere brauchen dazu eine Brechstange oder Druck von außen. Die innere Stimme spricht: »Das haben wir bisher immer so gemacht, das sollten wir nicht ändern.«

Sie wollen sich nicht verändern? Dann behalten Sie Ihre alten Gewohnheiten bei. Sie suchen nach neuen Impulsen? Dann entsorgen Sie doch die lähmenden Gewohnheiten. Machen Sie jeden Tag etwas, was Sie noch nie getan haben. Probieren Sie mal eine neue Frucht aus. Oder putzen Sie sich die Zähne mit der linken Hand. Egal, was Sie machen, aber machen Sie es anders!

Gewürze

Wie alt sind die Gewürze, die Sie in Ihrem Küchenschrank haben? Einige Wochen oder einige Jahre alt? Die Jahre vergehen schneller als Sie denken! Wann haben Sie das Gewürzfach zuletzt sortiert und alte Gewürze durch neue ersetzt? Gewürze sind getrocknete Bestandteile von Pflanzen, die im Laufe der Zeit Ihren Geschmack verlieren. Samenkörner wie Pfefferkörner oder Kardamom sind länger haltbar, da sie ihre Wirkung auch erst entfalten, nachdem sie gemahlen oder anderweitig »aufgebrochen« werden. Kaufen Sie sich daher keine bereits gemahlenen Gewürze, sondern zerstampfen Sie diese erst bei der Zubereitung im Mörser. Werfen Sie alle Gewürze weg, die älter als ein Jahr sind. Altes Paprikapulver erzeugt vielleicht noch eine rötliche Farbe, aber der Geschmack ist längst verflogen!

Grenzen ziehen

Es gibt Menschen, die selbst noch einen 16-Stunden-Tag locker und fröhlich wegstecken. Sie führen ein Unternehmen, haben »nebenbei« drei Kinder und arbeiten ehrenamtlich in verschiedenen Organisationen. Sie scheinen unendlich viel Energie zu haben und wirken dennoch ausgeglichen und nicht überarbeitet. Ihnen wird kaum einmal etwas zu viel, und alles gelingt ihnen mit Leichtigkeit und Souveränität. Wodurch unterscheiden sie sich von den ewig Gestressten? Zum einen kennen sie ihre Stärken und Schwächen. Sie kennen ihre Bedürfnisse und persönlichen Grenzen der Belastbarkeit, und sie beachten diese, noch bevor sie erreicht sind. Zum anderen können sie diese Grenzen anderen gegenüber deutlich machen und auch einmal → Nein sagen: »Ich helfe dir gern beim Umzug, aber nicht an diesem Wochenende.«

Diese Menschen haben auch kein Problem damit, Arbeiten und Aufgaben zu delegieren. Sie wissen, was sie geleistet haben und noch leisten werden, und entwickeln keinen Ehrgeiz, etwas beweisen zu müssen oder überall dabei zu sein. Sie legen eine innere Gelassenheit auch äußeren Anforderungen gegenüber an den Tag. Sie tun, was sie tun wollen, und lassen sich nicht durch gesellschaftliche Zwänge beeindrucken. Ebenso können sie gut damit leben, bestimmte Dinge nicht zu tun. Denn es muss ja schließlich nicht jeder die Eigernordwand bestiegen haben!

Egal, zu welchem Typ Sie tendieren: Ihre persönlichen Grenzen sind ausschlaggebend. Was Sie langfristig belastet, ist für Sie persönlich schädlich. Wenn Ihnen also alles zu viel ist, dann müssen Sie sich von irgendetwas trennen.

H wie Halbfertiges

Hängeregister

Bei der langfristigen Archivierung Ihrer wichtigen Unterlagen wie Steuer, Versicherungen und Rechnungen sollten Sie sich eher auf ein stabiles, also nicht loses Ordnungssystem verlassen. Der klassische Heftordner ist noch immer konkurrenzlos! Für kurzfristige Ordnung und schnellen Zugriff eignet sich – speziell für die »kreativen Chaoten« – als Einstieg in ein Ablagesystem eher ein Hängeregister. Im Vergleich zu Kartons

> Klären Sie Unausgesprochenes oder Unerledigtes!
> Das befreit!

oder → Ablagekörbchen ein echter Fortschritt! Wichtig ist, dass Ihr Ordnungssystem zu Ihrer Arbeitsweise passt und praktisch ist. Im Gegensatz zu den Ablagekörben nimmt eine Hängeregistermappe nur so viel Platz weg, wie sie »Füllung« hat; in unterschiedlichen Farben erhältlich, bringt man Ordnung ins System. Die losen Papiere werden aus der horizontalen Lage auf dem Schreibtisch in die vertikale Position unter dem Schreibtisch gebracht. In Schränken oder Rollcontainern verstaut, sorgen die Hängemappen für Freiraum auf dem Schreibtisch. Einzelne Blätter, die jeweils einem anderen Vorgang zugehören, lassen sich durch ihre Ablage im Hängeregister leichter wiederfinden als in einem Papierstapel. So bekommt jeder Vorgang, jedes Projekt eine eigene gekennzeichnete Mappe, und das tägliche Suchen in den Stapeln entfällt.

Halb Erledigtes

Untersuchungen sollen ergeben haben, dass in Unternehmen 70 Prozent aller Projekte nicht zu Ende gedacht werden und dadurch enorme Folgekosten entstehen. Wie viele Projekte halb erledigt auf der Strecke bleiben, darüber schweigt die Statistik. Nicht zu Ende Gebrachtes ist ein nicht erforschter Kostenfaktor, der die Wirtschaft schädigt und Energien bindet. Es steht wie ein riesiges Monster vor uns. Und wenn wir ihm in die Augen schauen, wenn der Druck von außen so groß wird, dass wir es endlich anpacken müssen, dann plötzlich merken wir: So schlimm war es eigentlich gar nicht! In zwei Stunden war die ganze Sache erledigt! Der Druck, der Gedanke daran war viel schlimmer als die Aufgabe an sich. Allein durch das Aufschieben wächst der Berg vor uns von Tag zu Tag. Stellt man sich dann jedoch einmal der Aufgabe und zwingt sich, den Schreibtisch nicht zu verlassen, so bringt man die ungeliebte Aufgabe doch zu Ende und fühlt sich danach befreit und erleichtert. Hätte man das nur gleich erledigt, statt es gedanklich wochenlang mit sich herumzuschleppen! Der Bann scheint gebrochen, und man verspricht sich selbst, nie mehr etwas aufzuschieben.

Halbfertiges

Gehen Sie doch einmal Ihre Räume, Ihre Schränke und Schubladen durch, und suchen Sie nach den angefangenen, halbfertigen Teilen. Im Keller steht die Leuchte, die mangels technischen Könnens nicht fertig repariert werden konnte. In einer Schachtel liegt ein zugeschnittener Stoff, der nur noch zusammengenäht werden möchte, im Regal finden sich einige halb gelesene Bücher. Der Rundgang durch das Haus ließe sich fortsetzen und die Liste auch. Vielleicht gibt es noch irgendwo in Ihrem Leben eine halbe Beziehung, ein unabgeschlossenes Studium, das Sie nach der Halbzeit abgebrochen

> **Leben Sie heute und schieben Sie nichts auf!**

haben? Eine halbe Ausbildung? Fakt ist: Etwas Halbes ist nichts Ganzes, es ist nur jede Menge vergeudete Zeit und erzeugt ein schlechtes Gewissen. Eine halbfertige Jacke ist keine Jacke, und die Lust, diese Jacke zu Ende zu nähen, wird von Tag zu Tag geringer. Der halb gestrickte Pullover wird nach Jahren auch nicht moderner. Dieses Halbfertige blockiert und hindert uns daran, etwas Neues, vielleicht mit mehr Aussicht auf Erfolg, zu beginnen!

Die halbfertigen und nicht zu Ende gebrachten Projekte spiegeln ebenso wie die halb aufgebrauchten Joghurtbecher im Kühlschrank eine innere Ambivalenz und Unsicherheit wider. Schauen Sie sich einmal in Ihrer Küche um. Öffnen Sie Ihren Kühlschrank und Ihre Vorratsschränke. Was findet sich hier an halb verbrauchten Lebensmitteln? Wie lange steht das geöffnete, halb leere Glas Oliven schon da? Ist es noch haltbar? Falls ja, haben Sie vor, es demnächst aufzubrauchen? Wie sieht es mit dem halben Käse aus? Bereits schimmelig? Die halbe Tube Senf hält sich bestimmt noch eine Weile. Nehmen Sie sich jedes einzelne Teil vor und entscheiden Sie, was damit zu geschehen hat! Brauchen Sie die Dinge entweder auf, oder werfen Sie sie weg. Halb aufgegessene Schokoladenosterhasen gehören genauso wenig in Ihren Vorratsschrank wie altes, hartes Brot, aus dem man vielleicht noch einmal Semmelbrösel machen könnte. Verbannen Sie die »Halbheiten« aus Ihrem Leben und auch aus Ihrer Küche! Unsere Umwelt wirkt auf unsere Innenwelt und umgekehrt. Wer mental entrümpeln will, kann durch das Entrümpeln seiner Wohnung und seiner Schränke den ersten Impuls setzen!

Halbherziges

Der Gedanke an das Unerledigte belastet uns, blockiert unsere Kreativität. Denn solange das Alte nicht vom Tisch ist, erlauben wir uns selbst nicht, mit etwas Neuem zu beginnen. Wir belasten unser Leben aber auch mit den Dingen, die wir ohne Freude, gezwungenermaßen und somit nur halbherzig machen. Sollte das der Abwasch sein oder andere ungeliebte Hausarbeiten, so sollte man genau mit diesen Arbeiten beginnen und sie so rasch wie möglich hinter sich bringen. Erledigt man aber seinen Job nur halbherzig, so schadet man damit nicht nur denjenigen, die mit dem Ergebnis leben müssen, sondern auch sich selbst. Wenn man nur halb bei der Sache ist, sie mit halbem Herzen tut, dann leidet die Qualität.

Ein Menü, das ohne Liebe gekocht wurde, stärkt weder den Koch noch den Esser.

Halblebige Beziehungen

Noch nicht ganz am Ende aber auch nicht mehr lebendig – so erscheinen einem manche zwischenmenschliche Beziehungen. Obwohl man seit Jahren nicht mehr miteinander telefoniert, weil man sich nichts mehr zu sagen hat, werden noch fleißig Weihnachtskarten hin und her geschrieben. Wie ein Paar ausgelatschte und schon lange nicht mehr getragene Pantoffeln steht diese Beziehung im eigenen Leben. Man traut sich nicht, sie wegzuwerfen, weil sie irgendwann einmal schön waren und gute Dienste geleistet haben. Und man wagt nicht, sich einzugestehen, dass diese Bekanntschaft oder Freundschaft vorbei ist! Falls einem jedoch nun in den Sinn kommt, dass einem diese Beziehung doch etwas bedeutet, gibt es nur die Möglichkeit, das auch zu leben. Dann muss Energie investiert werden, »Reparaturen« sind nötig, um aus einem halblebigen Verhältnis wieder eine funktionierende und lebendige Beziehung zu machen.

Handschuhfach

Sie sitzen im Auto, warten auf jemanden und haben unverhofft Zeit? Das ist die Chance, Ihr Handschuhfach mal zu entrümpeln! Was hat sich da so in den letzten Monaten angesammelt? Handschuhe sind bestimmt nicht darunter! Werfen Sie die alten angefangenen Kaugummipackungen weg, verstauen Sie Ihre Sonnenbrille im Etui. Man lässt Sie immer noch warten? Dann entmüllen Sie doch gleich noch die Seitentaschen an den Autotüren!

Handtaschen

Wo immer Sie sich gerade befinden: Werfen Sie einen Blick in Ihre Handtasche! Ist sie aufgeräumt oder ähnelt sie eher einer Deponie mit zwei Henkeln? Raus mit den alten Taschentüchern, Kosmetikproben, Quittungen und was sonst noch so überflüssig ist. Sammeln Sie das verstreute Kleingeld auf, werfen Sie alte Stifte weg. Und vergessen Sie Ihre Kosmetiktasche nicht. Raus mit den alten, eingetrockneten Lippenstiften und abgebrochenen Stiften!

Handtücher

Wie alt sind Ihre Handtücher, wann haben sie die löchrigen zuletzt aussortiert? Frotteehandtücher, die im Laufe der Jahre so abgenutzt wurden, dass man die Zeitung durch sie hindurch lesen kann, sind ein Fall für den Müll! Ebenso wie Bettwäsche und Unterwäsche sind Handtücher Indikatoren für den Selbstwert. Alles, was mit dem eigenen Körper in Berührung kommt, sollte mit großer Sorgfalt ausgesucht und vollkommen in Ordnung sein. Also gehen Sie Ihre Handtücher durch, und trennen Sie sich vom Schrott. Leisten Sie sich kuschelige neue Exemplare. Und Finger weg von ➜ Hotelhandtüchern!

H wie Halbfertiges

Handyspeicher

Kein Speicher hat unendlich viel Kapazität, darum muss auch der ausgemistet werden. Blättern Sie Ihren Handyspeicher doch mal durch: Welche Nummern haben Sie im letzten halben Jahr nicht gewählt? Werden Sie diese in den nächsten Wochen nutzen? Haben Sie dagegen die Nummern Ihrer Freunde

> Konzentrieren Sie sich auf das, was ist,
> und trauern Sie nicht dem nach, was war.
> Denn was vorbei ist, ist vorbei!

und wichtiger Familienangehöriger gespeichert? Und wann haben Sie sie zuletzt angerufen? Pflegen Sie den Kontakt zu den Menschen, die Ihnen wichtig sind, und sortieren Sie diejenigen Kontakte aus Ihrem Verzeichnis aus, die sich erübrigt haben und die für Sie im Alltag nicht wichtig sind.

Herrenlose Dinge

Sie werden hin und her geräumt, haben keinen eigenen Platz. Sie wohnen vorübergehend in Kartons oder Schubladen und man weiß nicht, wohin sie gehören: kleine Kofferschlüssel, lose Kabel, Plastikteile etc. Oft weiß man nicht einmal mehr, wem sie gehören. Und es scheint sie keiner zu vermissen. Der eine denkt, sie gehören dem anderen und so werden sie hin und her geschoben. Alleine um die Funktionen und Besitzverhältnisse dieser meist kleinen herrenlosen Dinge zu klären, empfiehlt sich das gemeinsame Entrümpeln. Wenn dann nicht klar ist, wem das Teil gehört oder wozu es eigentlich gut ist, gibt es nur eins: weg damit!

Hier und Jetzt

Sie wollen Ihre Sorgen und Probleme loswerden? Dann leben Sie doch im Hier und Jetzt! Mit unserem Körper sind wir immer im »Hier«, mit unseren Gedanken meist schon Schritte weiter, im »Morgen« oder im nächsten Sommer. Unser Leben gleicht einer Bahnreise: Wir sitzen im Zug und freuen uns auf das Ziel, statt aus dem Fenster zu schauen und den Weg dorthin zu genießen. Sind wir dann am Ziel angekommen, überlegen wir uns schon wieder, was wir als Nächstes tun werden.

Wer auf einen späteren Zeitpunkt hinlebt (»Wenn erst mal Freitag ist...«, »Wenn ich in Rente bin...«), läuft Gefahr, die

> Hier und jetzt spielt die Musik!
> Sie werden nie mehr jünger sein als genau heute!
> Also genießen Sie diesen Moment bewusst!

Gegenwart zu verpassen. Aber das »Jetzt« ist die einzige Realität, alles andere ist Illusion! Die Vergangenheit ist vorbei (auch wenn früher alles viel schöner, billiger etc. war) und die Zukunft ist noch nicht da.

In diesem Moment lesen Sie diese Zeilen, das ist Ihre einzige Wirklichkeit! In diesem Moment gibt es keinen Grund, Sorgen zu haben. Keine Angst vor der Zukunft, keine Angst vor der Prüfung. Ängste, Sorgen und ➜ Befürchtungen beziehen sich nicht auf die Gegenwart, sondern immer auf eine zukünftige Situation. Im Flugzeug haben wir Angst, abstürzen zu können. Wir machen uns Sorgen, dass der Zug nicht pünktlich ankommt. Aber in diesem Moment, in dem wir diese Gedanken haben, passiert noch nichts. In diesem Moment sind wir geborgen und in Sicherheit, also warum versuchen wir nicht, dieses Gefühl festzuhalten und es zu genießen? Wenn wir ganz im Hier und Jetzt sind, sind wir zentriert und ruhig. Wir sind dann eins mit uns, der Zeit und dem Raum und strahlen auf andere eine starke »Präsenz« aus.

Hilfe

Sie würden ja gerne entrümpeln, finden aber nicht den richtigen Zeitpunkt oder wissen nicht so genau, wo Sie am besten anfangen könnten? Dann holen Sie sich doch Hilfe. Es gibt professionelle Beratung, es gibt aber auch Freunde und Freundinnen, die Sie sicher gerne unterstützen. Und wie bei vielen Aktivitäten im Leben macht es gemeinsam einfach mehr Spaß! Wenn Sie umgekehrt jemandem beim Entrümpeln helfen, dann achten Sie darauf, dass Sie nur Empfehlungen geben, die ➜ Drei magischen Fragen stellen, aber selbst nichts anfassen, geschweige denn wegwerfen, was Ihnen nicht gehört. Die Dinge in die Kisten zu stecken, die Entscheidungen über das weitere Schicksal der Gegenstände zu treffen, obliegt allein dem Besitzer! Auch für wirklich »harte Brocken« wie die »Messies« gibt es Hilfe. Erkundigen Sie sich bei sozialen

Einrichtungen, oder recherchieren Sie im Internet. Fast jede Stadt hat heutzutage Messie-Selbsthilfegruppen.

Hobby

Was würden wir gerne alles tun: Ski fahren, Tennis spielen, Inliner fahren, Angeln gehen. Alles, was wir dazu brauchen, findet sich in unseren Kellern und Garagen. Sie besitzen ein Faltboot? Wann haben Sie es zuletzt benutzt? Wie in anderen Fällen leben wir auch hier nach dem Motto: »wenn wir wollten, könnten wir ja«. Und solange verstauben und veralten die Gerätschaften. Zudem waren die Teile mal richtig teuer – ein Grund mehr, sich schwer davon zu trennen. Ebenso wie die → Fitnessgeräte machen uns unbenutzte Hobbyausrüstungen ein schlechtes Gewissen. Der alte Tennisschläger spricht: »Du solltest wieder Tennis spielen«. Falls Sie dazu keine Lust mehr haben, so verabschieden Sie sich davon. Trennen Sie sich von der ganzen alten Ausrüstung, und machen Sie einen Neuanfang. Vielleicht leihen Sie sich erst einmal eine Golfausrüstung und probieren aus, ob Ihnen das Golfen überhaupt Spaß macht. Denn auch bei Hobbys gilt: Es kann nur dann ein neues kommen, wenn ein altes (mitsamt der Ausrüstung) geht!

Hochzeitskleid

Die Regel, dass alles, was man ein Jahr lang nicht getragen hat, hinterfragt und gegebenenfalls weggeworfen werden kann, gilt beim Hochzeitskleid natürlich nicht! Es ist ein Fall für die

H wie Halbfertiges

Schatzkiste. Dort ruht es neben den anderen wertvollen Erinnerungsstücken. Was mit einem Hochzeitskleid allerdings nach einer möglichen Scheidung erfolgen soll, muss jeder selbst entscheiden. Wenn Sie planen, wieder zu heiraten, dann kann das Hochzeitskleid möglicherweise eine Blockade sein. Folgen Sie dann Ihrem Gefühl, und trennen Sie sich – wenn's sein muss – davon. Es bleibt Ihnen ja immer noch die Erinnerung an ein hoffentlich schönes Fest.

Horter

Unabhängig von Alter, Geschlecht und finanzieller Situation hält der Horter auch an unbrauchbaren Dingen fest, nach dem Motto: »Man kann es ja eventuell noch mal gebrauchen.« Das können Blechdosen ebenso sein wie alte Kleidung, die man vielleicht noch mal zur Gartenarbeit anziehen könnte (auch wenn man gar keinen Garten hat!). Für ihn ist das meiste Gerümpel einfach ➜ Zu schade zum Wegwerfen.

Bei manchen Hortern ist das Chaos in der Wohnung offensichtlich, andere haben eine vordergründig aufgeräumte Wohnung, in der sich die Dinge in den Schränken stapeln. Als Ausrede muss oft der fehlende Platz herhalten. Dass eine größere Wohnung und mehr Schränke die Lösung aller Probleme wäre, ist jedoch ein Irrtum. Ein Raum mehr zieht automatisch noch mehr Gerümpel nach sich und führt nicht zwangsläufig zu weniger Besitz.

Sich von Ballst zu trennen, bedeutet zu differenzieren und sich zu entscheiden. Horter haben auch in anderen Lebensbereichen oft Probleme mit Entscheidungen. Interessanterweise haben diese Typen oft Angst vor allem Neuen: Manche von ihnen tendieren auch dazu, falls sie sich einmal ein Möbelstück kaufen, auf Antiquitäten oder Gebrauchtes zurückzugreifen. Das scheint ihnen vertraut zu sein, dabei fühlen sie sich, aus welchem Grund auch immer, sicher. Ganz schwer fällt es ihnen allerdings, das alte Teil zu entsorgen. Irgendwo findet es noch einen Platz und landet vielleicht im Gartenhaus oder im Keller: Bloß nichts wegwerfen!

Erschwerend hinzu kommt bei diesem Typ die Neigung, sich zum eigenen Kram auch noch das Gerümpel anderer Leute aufschwatzen zu lassen. Er kann es nicht mit ansehen, wie andere Leute ihre scheinbar noch guten Dinge wegwerfen, und stellt sich als Zwischen- oder Endlager für den Müll anderer Leute zur Verfügung. Der Schrank ist zu schade für den Müll? Na dann, her damit! Dieser Typ hat noch ein weiteres Problem: Er kann einfach nicht → Nein sagen.

Horterin

Nach meinen Erfahrungen (aber diese müssen nicht repräsentativ sein) sind die weiblichen Exemplare in der freien Wildbahn seltener anzutreffen als der männliche Horter. Falls Sie sich zu den Horterinnen oder Hortern zählen und so langsam mehr Platz in Ihr Haus und mehr Freiräume in Ihr Leben brin-

> **Horter haben wenig Vertrauen
> in die Fülle der Schöpfung!**

gen wollen, sollten Sie unbedingt das Neinsagen üben und Flohmärkte meiden!

Hotelhandtücher

Sie sind bevorzugte Beutestücke und Trophäen, die fern von zu Hause, vielleicht in gefährlichen Gegenden, »erlegt« werden: Hotelhandtücher. Die Jäger haben meist ein mangelndes Unrechtsbewusstsein, sie geben vor zu glauben, dass diese Souvenirs im Übernachtungspreis eingeschlossen sind. Der Diebstahl nimmt deutlich ab, seitdem die Hotels ihre Namen nicht mehr miteingearbeitet haben. Die Attraktivität scheint mit vornehm klingenden Orten zu steigen. So ein weißes Frotteetuch, in das »Grandhotel« eingewebt ist, hebt den Standard des heimischen Bades offenbar erheblich. Dass es dabei weniger um die Handtücher als vielmehr um die Auslebung weitverbreiteter krimineller Energien geht, zeigt das Desinteresse am oft möglichen, käuflichen Erwerb dieser Tücher.

Hotels

Sie sind leider nicht selten: Hotelzimmer, in denen einem schäbige, abgewetzte oder schlicht heruntergekommene Möbel begegnen. Was den Kunden dort oft zugemutet wird, ist unvorstellbar. Die Möbel scheinen vom Sperrmüll oder aus der Erbmasse zu stammen. Hätten diese noch irgendwelchen ästhetischen Wert, wäre nichts dagegen zu sagen. Aber diese heruntergekommenen Stücke drücken nur eine Missachtung gegenüber den Gästen aus. Gerümpel ist zu Hause schädlich, im Geschäftsbereich ist es schlicht und einfach geschäftsschädigend!

Hüte

Vielleicht geht es Ihnen wie mir: Sie besitzen Hüte, die Sie kaum tragen. Wenn es regnet, könnte ich den Filzhut aufsetzen, in der Sonne den Sonnenhut. Und dann bin ich unterwegs und meine Hutsammlung ist zu Hause! Hüte gehören zu den Accessoires, die frau nicht unbedingt braucht, aber gebrauchen könnte. Und schon alleine diese Möglichkeit scheint sie glücklich zu machen. Hüte stehen stellvertretend für diejenigen Kleidungsstücke, die man selten anzieht. Ob diese zu Ihrem Gerümpel oder zu Ihren Schätzen zählen, können nur Sie alleine entscheiden! Machen Ihre Hüte Sie glücklich? Dann behalten Sie sie eben!

I wie Illusionen

Ich

Was für mich zum Gerümpel zählt, muss noch lange nicht für andere gelten. Ich kann mich selbst nicht zum Maßstab für andere machen. Darum überlassen Sie es Ihrem Partner zu entscheiden, was er braucht und was nicht. Sie können ihm nur Impulse geben, wegwerfen muss er seinen Krempel schon alleine.

Auf der anderen Seite sollten Sie gut für Ihr eigenes Ich sorgen. Umgeben Sie sich nur mit den Dingen, die Ihnen persönlich wirklich gefallen! Weg mit allem, was Sie stört!

Ich-Botschaften

Entrümpeln Sie Ihren Kommunikationsstil! Raus mit den Vorwürfen und versteckten Botschaften, wie beispielsweise: »Man sollte mal wieder...«, oder: »Es wäre schön, wenn jemand den Müll runterbringen würde.« Wer ist »man« oder »jemand«? Frauen sind Weltmeister in Andeutungen! Aber hier geht es um Sie! Sie können nur von sich selbst sprechen!

Eine der wichtigsten und effektivsten Methoden, Klarheit zu transportieren und sie auch zu leben, sind die Botschaften in Ich-Form. Dabei muss ich mir erst einmal darüber im Klaren sein, was ich will und wo ich stehe und damit bin und bleibe ich für den anderen berechenbar und lasse ihm Raum für seine Person. »Du kannst diese Meinung haben, aber ich komme damit nicht klar«. Deutlich zu unterscheiden, das ist meins und das ist deins, und unsere Meinungen müssen sich

> **Wenn wir tun, was wir schon immer getan haben, bekommen wir das, was wir schon immer hatten.**

nicht unbedingt treffen. »Ich möchte heute Abend ins Kino gehen«, und wenn Sie keinen finden, der mit will, können Sie sich ja immer noch überlegen, ob Sie auch alleine gehen. Er weiß dann wenigstens, woran er ist. Ich-Botschaften sind eine gute Methode, um in der Kommunikation Vorwürfe und Missverständnisse zu vermeiden. Dem entgegen steht nur unsere Erziehung, die uns beigebracht hat, dass man einen Satz nicht mit »ich« anfängt. Entsorgen Sie Ihre blockierenden Erziehungsmuster, und bringen Sie Klarheit in Ihre Gespräche!

Illusionen

»Wenn ich im Lotto gewinne, dann kündige ich meinen Job...« Statt das eigene Leben in die Hand zu nehmen und uns selbst zu verändern, erwarten wir, dass ein Wunder geschieht, eine unerwartete Erbschaft kommt oder uns ein Prinz von unserem Elend errettet. Leider bringen uns diese Tagträume nichts. Da sie sich nie erfüllen werden, sollten wir keinen Gedanken mehr

I wie Illusionen

an sie verschwenden. Wer in Illusionen lebt, lebt nicht im Hier und Jetzt. In einer Welt voller Seifenblasen verpasst man sein eigenes, völlig einzigartiges Leben. Manche Menschen leben auch das Leben anderer, oder sie verbringen ihre Zeit mit Tagträumereien. Aber Träume bleiben Träume, solange man sie nicht praktisch umsetzt. Träume, die außerhalb der Realität des eigenen Lebens liegen, sollte man begraben, ansonsten behindern sie uns bei der Verwirklichung machbarer Projekte. Sie wollten schon immer nach Australien auswandern? Dann tun Sie es! Machen Sie den ersten Schritt. Oder reden Sie nur seit Jahren davon? Dann haken Sie den Traum endlich ab und reden Sie auch nicht mehr darüber. Dann werden Sie frei für etwas ganz Neues!

Begraben Sie unrealistische Träume und pure ➜ Absichtserklärungen, und entwickeln Sie Visionen! Diese sollten im Rahmen Ihrer persönlichen und beruflichen Möglichkeiten liegen. Sie unterscheiden sich von den Träumen durch ihre Machbarkeit. Visionen sollten so konkret wie möglich formuliert sein und Antwort auf die folgenden Fragen geben:

Was will ich erreichen?

Wie will ich es erreichen?

Wie sieht der erste Schritt dazu aus?

Visionen sind sozusagen umsetzbare Pläne. Also werden Sie konkret!

Impuls

Wie das Umfallen eines einzigen Dominosteins ein Impuls für die ganze Kette sein kann, kann das Entrümpeln auch nur eines Teils des Hauses eine Kettenreaktion erzeugen. Wer im Leben neue Impulse erwartet, der muss sich von Altem trennen und Prioritäten setzen! Das Leben zu entrümpeln bedeutet, aktiv zu werden und endlich Platz für das Neue zu machen, was auch immer da kommen mag. Das → Loslassen ist ein magischer Prozess. Lassen Sie sich überraschen, was sich danach tut!

Indianersalbei

Diese grobstoffliche indianische Räucherung hat eine atmosphärisch stark reinigende Kraft. Die getrockneten Blätter des aus den USA stammenden »White Sage« oder »Indian Sage« (Salvia apiana) gibt es entweder lose oder in kleinen Bündeln zu kaufen. Die Indianer Nordamerikas setzen ihn bei ihren Schwitzhüttenritualen ein; er erzeugt beim Verbrennen einen herben, leicht säuerlichen Duft. Er wirkt schweißhemmend, hilft bei rheumatischen Beschwerden, soll den Geist erfrischen und das Gedächtnis stärken. Seine Anwendung ist ganz einfach: Halten Sie das Büschel am Ende über eine nicht brennbare Unterlage und zünden Sie seine Spitze an. Wenn diese richtig brennt, pusten Sie die Flamme aus und beginnen mit der → Raumklärung.

Infomüll

Wir werden täglich, ob wir es wollen oder nicht, mit einer Fülle von Information, mit → »Geistigem Müll« geradezu zuge-

I wie Illusionen

schüttet: mit schwachsinnigen Filmen und Fernsehsendungen, mit Informationen, auf die wir eigentlich verzichten könnten, mit negativen Nachrichten und Gewalt. All dies fällt ebenfalls unter Ballast, da es uns schwächt. Täglich ist jeder von

> **Man muss nicht alles wissen – nur jemanden kennen, der es weiß, oder wissen, wo es steht!**

uns einer »akustischen Umweltverschmutzung« ausgesetzt: Müll in Form von Information oder Musik, die man vielleicht gar nicht hören will. Nehmen Sie es bewusst wahr, wenn Informationen Sie belasten, und sagen Sie: »Stopp, das will ich mir nicht antun«. Immerhin haben Fernseh- und Radiogeräte einen Knopf zum Ausschalten. Genießen Sie regelmäßig einmal in der Woche einen Fernseh-Fastentag (→ Fernsehfasten)!

Informationsstress

Der Mensch ist heutzutage nicht mehr in der Lage, auch nur über das eigene Fachgebiet flächendeckend informiert zu sein. Machte man es sich da auch noch zur Aufgabe, tagespolitisch und kulturell auf dem Laufenden zu sein, so käme man aus dem Lesen nicht mehr heraus. Und bei allen Bemühungen trifft man doch immer wieder jemanden, der mehr weiß als man selbst, der besser oder anders informiert ist.

Die Frage, wie man trotz Informations- und Reizüberflutung an die relevanten Informationen kommt, muss jeder für sich selbst entscheiden. Konzentrierte Informationen auf dem jeweiligen Wissensgebiet kann man aus Fachzeitschriften oder Fachkongressen ebenso wie aus dem Austausch mit Kollegen beziehen. Sich selbst unter Druck zu setzen bringt hier allerdings wenig. Man selbst sieht immer nur das, was man nicht weiß, und denkt, dass alle anderen einem haushoch überlegen sind. Doch dieses fortwährende defizitäre Fühlen führt nicht gerade dazu, berufliches Selbstbewusstsein auszustrahlen. Umso wichtiger ist es, in dem Fall, in dem man einmal etwas nicht weiß, souverän und ruhig zu bleiben. In den meisten Fällen geht es weniger um Fakten, sondern mehr um Zusammenhänge. Hier helfen eine gute Allgemeinbildung zusammen mit gesundem Menschenverstand und einer guten Portion Intuition. Falls man an seine Grenzen stößt, entwaffnet der selbstbewusst ausgesprochene Satz jedes Gegenüber: »Das kann ich Ihnen leider nicht sagen, ich weiß es einfach nicht.«

Innerer Schweinehund

Die innere Stimme fragt: »Was bringt dir das, wozu machst du dir den Stress?« Ob man sich morgens aus dem Bett quält, um Joggen zu gehen oder man sein Studium zu Ende bringen muss: Ständig ist man damit beschäftigt, dieses kleine Hundchen erst einmal zum Schweigen zu bringen. Der »innere Schweinehund« kann ein ausgewachsener, bissiger Fleischerhund sein, der auf der Schwelle zu unserem neuen Leben liegt. Er will uns einschüchtern und uns Angst machen. Er passt schön auf, dass wir uns nicht in unbekanntes Terrain vorwagen. Er knurrt und lässt uns nicht hinüber auf die andere Seite. Wenn ich mich verändern will, dann schaut er

I wie Illusionen

mich an und knurrt: »Bleib, wo du bist und trau dich bloß nicht an mir vorbei«. Also bleiben wir auf der sicheren Seite, tun nichts, statt ihm einen ordentlichen Tritt zu versetzen! Er zeigt uns, dass wir Mut brauchen, um Neues zu erkunden, denn Neues ist nichts für Feiglinge!

> **Leinen Sie Ihren inneren Schweinehund an, und gehen Sie neue Wege!**

Am besten diskutiert man gar nicht erst mit Schweinehunden, man nimmt sie höchstens zur Kenntnis und leint sie an. Stellen Sie sich Ihren eigenen Schweinehund genau vor: Welcher Rasse gehört er an, wie groß ist er, was für ein Halsband trägt er? Binden Sie ihn in Ihrer Vorstellung an einen dicken Pflock an, wenn er sich mal wieder bei Ihnen meldet!

J wie Jäger

Jäger

Dass wir genetisch alle noch Jäger und Sammler sind, muss oft als Argumentation bei denjenigen herhalten, die sich schlecht von den Dingen trennen können. In Ermanglung echter Jagdgründe muss das Einkaufszentrum ausreichen: Die modernen Jäger sind Schnäppchenjäger. Die Beute, die dabei erlegt wird, kann im Gegensatz zum Rehbraten leider nicht aufgegessen werden, sondern stapelt sich in den Wohnungen.

Jammern

Zum mentalen Gerümpel, auf das wir gut und gerne verzichten könnten, zählt das Jammern: Der Job macht keinen Spaß, das Kantinenessen schmeckt nicht, der Chef ist inkompetent etc. Es ist scheinbar chic zu jammern und an allem und jedem etwas auszusetzen! Im Ausland wird diese Mentalität als typisch deutsch gehandelt. Im Geschäftsleben wird sie zur Blockade: Denn wer nicht jammert, der wird nicht ernst genommen! Wer am Arbeitsplatz glücklich wirkt, scheint mit dem Status quo zufrieden und ist somit unmotiviert! Als ob Unzu-

J wie Jäger

friedenheit motiviert! Lachen am Arbeitsplatz wird mit Misstrauen beäugt, anscheinend darf Arbeit keinen Spaß machen. Man muss sich schon richtig »abrackern«, um dazuzugehören. Wer das scheinbar mit Charme und Leichtigkeit erreicht, der macht sich, zumindest in unseren Breiten, unbeliebt!

Doch Jammern macht unglücklich und lässt einen alt aussehen. Sie tun sich dann etwas Gutes, wenn Sie sich von den

> **Distanzieren Sie sich vom Jammern der anderen und handeln Sie stattdessen!**

kollektiven Jammerlappen fernhalten! Kultivieren Sie Ihren Humor, und stärken Sie sich mit einem Lächeln auf den Lippen. Es gibt sicher noch den ein oder anderen in Ihrer Umgebung, der Ihre Einstellung teilt. Suchen Sie sich lieber Menschen, die Sie stärken, und meiden Sie solche, die Sie nur »runterziehen«. Denn: Jammern ist extrem ansteckend und bringt rein gar nichts!

Jugendzimmer

Was machen Sie mit dem ehemaligen Kinder- bzw. Jugendzimmer, nachdem Ihr Kind im Erwachsenenalter ausgezogen ist? Besprechen Sie gemeinsam, was mit den Dingen, die zu Hause bleiben, geschehen soll. Jetzt ist es die Aufgabe des Kindes, sich von seinen Dingen zu trennen oder sie mitzunehmen. Die einstigen Schätze wie die Poster an den Wänden, die Schulbücher und Modellflugzeuge auf den Regalen überleben

Jugendzimmer

manchmal Jahrzehnte. In vielen Fällen bleiben diese Räume vollkommen unverändert, was die Folgerung nahelegt, dass sich hier die Eltern nicht von ihren Kindern trennen können – obwohl diese längst erwachsen sind und vielleicht schon eine

> **Sie wollen Ihr Leben verändern?**
> **Das Entrümpeln kann ein guter Impuls**
> **in welche Richtung auch immer sein!**

eigene Familie haben. Auch hier ist das Thema das »Loslassen«. Sie müssen ja nicht gleich alles wegwerfen. Legen Sie für jedes Ihrer Kinder eine »Schatzkiste« an, mit ein paar Erinnerungsstücken aus den Kinder- und Jugendjahren ihrer Sprösslinge. Diese Schatzkiste kann nach einigen Jahren vielleicht ein sehr schönes Geschenk für Ihr Kind sein. Es findet dort den Teddybären, die Urkunde der Bundesjugendspiele und das Paar alter Turnschuhe, das es selbst schon längst vergessen hat. Was Ihr Kind dann wiederum mit seinen eigenen »Schätzen« macht, ist ihm überlassen.

K wie Kleiderschrank

Kaschmir

Sie können sich kein Kaschmir leisten? Kaufen Sie sich für dieses Geld lieber drei reduzierte Pullover? Dann stellen Sie sicher, dass Sie sich damit nicht ein paar Stücke mehr für den Altkleidersack gekauft haben. Kaschmir steht für ein äußerst weiches und wertvolles Material, das sich gut anfasst, angenehm trägt und lange hält. Wer einen Kaschmirpullover hat, trennt sich nur ungern davon. Kaschmir ist somit ein langlebiges Material, das mehr als einen Schnäppchenpullover überleben wird. Sie haben die Wahl: Quantität oder Qualität. Und es muss ja nicht unbedingt Kaschmir sein – hochwertige Wolle, die nicht kratzt, tut's auch!

Keller

Auch die Dinge, die sich im Keller stapeln, »belasten« uns. Hier findet meist das Gerümpel aus der Vergangenheit seinen Platz: unausgepackte Umzugskartons, alte Bücher und Sportausrüstungen sowie die Bratpfannen und Römertöpfe, die natürlich ➙ Zu schade zum Wegwerfen sind. Zugemüllte Keller spiegeln Unerledigtes aus der Vergangenheit. Auf alle

Fälle stehen sie für nicht Aufgeräumtes der letzten Jahre. Betrachten Sie Ihren Keller wie ein Zimmer, und werfen Sie all das raus, was Sie ein Jahr lang nicht in der Hand hatten und wahrscheinlich auch nicht mehr brauchen können. Räumen Sie Ihr Werkzeug auf, stellen Sie sicher, dass Sie all das finden, was sich dort zu Recht aufhält: die Bohrmaschine, die Gläser und das Geschirr für die nächste Fete, das Fahrrad, Geschenkpapier und was Sie sonst noch wirklich brauchen. Alles andere Gerümpel fliegt beim nächsten Sperrmüll raus!

Kinderzeichnungen

Eine Kinderzeichnung geschenkt zu bekommen, hat etwas Rührendes. Meist sind sie niedlich, egal wie begabt auch immer diese kleinen Künstler sind. Man hängt sie auch gerne auf und erfreut sich an den Fortschritten der Kleinen. Aber auch Kinder werden größer und somit altern auch die Zeichnungen. Diese können im Laufe der Jahre gegen aktuelle »Werke« ersetzt werden. Und irgendwann kommt der Zeitpunkt, diese ganz zu entfernen. Glücklicherweise muss ich mir heute nicht an der Wand meiner Eltern eine meiner Kinderzeichnungen ansehen, ich wäre peinlich berührt. Die schöne Zeit in der Kindheit gehört irgendwann einmal der Vergangenheit an und die Bilder aus dieser Zeit sind Erinnerungsstücke. In der ➜ Schatzkiste sind sie richtig untergebracht. Und die weniger gelungenen Zeichnungen kommen zum Altpapier oder zurück zum Künstler selbst. Der ist inzwischen vielleicht bereits mit seinem Studium fertig und freut sich über seine Werke aus der Kindheit.

K wie Kleiderschrank

Kinderzimmer

In Kinderzimmern herrscht oft ein Durcheinander. Hier soll man Schlafen, Spielen, Schularbeiten machen können. Durch diese Multifunktionalität entsteht eine Unruhe, die man den meisten Kinderzimmern ansieht. Sie wirken bunt, unaufgeräumt, unübersichtlich und oft chaotisch. Ein gemischtes Chaos ist keine Atmosphäre, die die Kreativität anregt, sondern eher Desorientierung und Verwirrung stiftet. Anstelle offener bringen geschlossene Regale mehr Ruhe in den Raum, die kunterbunten Spielzeuge verschwinden hinter geschlossenen Türen. Der Fußbodenbelag sollte von sich aus nicht gemustert sein, ansonsten entsteht zusammen mit den bunt verstreuten Spielsachen noch mehr der Eindruck von Unordnung An der Wand werden sicher Tierbilder oder später Starposter aufgehängt werden, also vermeidet man hier eine gemusterte Tapete. Eine Wand im Raum ganz leer zu lassen, bringt ebenfalls Ruhe in den Raum. Auch im Kinderzimmer gilt die Regel, dass ein altes Spielzeug das Zimmer verlässt, sobald ein neues reinkommt. Möchte sich Ihr Kind von keinem alten trennen, gibt es auch nichts Neues. Auch Kindern fällt es leichter, sich von einem Teil zu trennen, wenn sie wissen, wohin das alte geht. Richten Sie eine Spendenkiste ein für Spielzeug, das einem Kinderheim zugutekommt.

Und vergessen Sie nicht, für das Entrümpeln eine Belohnung auszusetzen. Aber bitte nicht in Form von neuem Gerümpel, sondern eher in Form gemeinsamer Aktivitäten. Die nehmen keinen Platz in der Wohnung weg!

Kitsch

Als Gegenpol zur gesellschaftlich akzeptierten Kunst wird Kitsch als eine Entgleisung des Geschmacks verstanden. Wobei der Geschmack ebenso gesellschaftlich definiert wird. Aber schauen Sie sich doch in den Lifestyle-Läden um, die zwar einen hohen ästhetischen Anspruch haben, aber ebenso Designerkitsch anbieten: Kunststoffgarderoben in Form von Geweihen, Eierbecher in Männchenform mit Füßen dran. Was kitschig ist, liegt auch hier einmal mehr im Auge des Betrachters. Der eine findet es schön, der andere eher geschmacklos und tut es als »kitschig« ab. Aber selbst die einst kitschigen Gartenzwerge sind im Zuge einer neuen Spießigkeit zum Kultobjekt aufgestiegen.

Also lassen Sie sich nicht irritieren! Ein jeder von uns hat etwas Kitschiges in seiner Wohnung. Wenn Ihnen Ihr Kitsch gefällt, ist er Balsam für Ihre Seele. Falls nicht: weg damit!

Klarheit

Verantwortung zu tragen heißt auch, das eigene Leben aufzuräumen. Das herumstehende Gerümpel hat keinen Platz, und das innere Gerümpel sollte keinen Platz in Ihrem Leben haben. Bei einem »aufgeräumten Innenleben« ist jedes Ding, jede Person an seinem Platz. Gehen Sie in Gedanken die Plätze der Menschen durch, die Teil Ihres Innenlebens sind: Steht dort jeder, wo er soll, oder geistert einer hin und her, stört, hat eigentlich keinen »Platz«? Dann räumen Sie auf! Eine in-

K wie Kleiderschrank

nere Klarheit, eine Linie kommt auch den Menschen zugute, mit denen man es Tag für Tag zu tun hat.

Innere Klarheit ist die Voraussetzung für eine Kommunikation ohne Wenn und Aber. Wer weiß, was er will, erwartet kei-

> **Äußere Klarheit zieht innere Klarheit nach sich.**
> **Darum: Entrümpeln Sie Ihr Haus,**
> **dann entrümpelt sich auch Ihr Leben!**

ne Entscheidung vom anderen, um sich dessen Meinung anzuschließen. Vom eigenen Standpunkt ausgehend kann man zu einem gemeinsamen Kompromiss kommen. Wer in sich klar ist, ist für den anderen ein guter Gesprächspartner.

Klatsch und Tratsch

Klatsch und Tratsch unter Kollegen kann eine Atmosphäre im Raum und im Betrieb geradezu »vergiften«. Kunden, die diese Räume betreten, bemerken Unstimmigkeiten innerhalb der Belegschaft. Das hat in jedem Fall negative Auswirkungen auf das Unternehmen. Darüber hinaus kostet das Getratsche Zeit und somit Geld! Wie viel Zeit in Büros mit Tratschen verbracht wird, hat wohl noch niemand untersucht. Dieses unproduktive Reden über Dritte scheint nicht nur am Telefon eine der Lieblingsbeschäftigungen vieler zu sein. Als Chef sollten Sie so etwas unterbinden. Es ist ja schließlich Ihr Geld, das hier vergeudet wird! Doch nicht nur die Zeit ist eine Energieform, auch die Worte haben Kraft. Wie klei-

ne graue Wölkchen braut sich im Unternehmen durch Ge-
rüchte eine schlechte Atmosphäre zusammen, die über allen
schwebt. Worte sind Energie, die das Betriebsklima beeinflusst. Ob Mitarbeiter oder Chef, Sie können sicher sein: Wer
über andere klatscht, der tratscht auch über Sie, sobald Sie
den Raum verlassen haben!

> Halten Sie sich aus dem täglichen
> Klatsch und Tratsch heraus!
> Er kommt wie ein Bumerang zurück!

Also halten Sie sich raus! Die einzige Möglichkeit besteht
hier, sich an diesen Gesprächen überhaupt nicht zu beteili-
gen. Lassen Sie die Klatschtanten einfach stehen und gehen
Sie weiter. Gibt es tatsächlich ein Problem mit einem Kollegen, dann schlagen Sie doch vor, dass man denjenigen mit
ins Gespräch einbezieht.

Kleiderschrank

Den Kleiderschrank öffnen wir jeden Tag. Wir kommen nicht
an ihm vorbei. Die Anzüge sauber in Reih und Glied aufgehängt, die Krawatten auf einem Drehgestell, die Socken nach
Farben sortiert, die Pullover exakt übereinander – im Idealfall natürlich. Oft »platzt« der Kleiderschrank aus allen Nähten und frau hat trotzdem nichts anzuziehen. Aber schauen
Sie sich den Inhalt einmal genau an. Wie viele dieser Stücke ziehen Sie tagtäglich an? Es sind doch immer wieder die

K wie Kleiderschrank

gleichen Lieblingsstücke, die wir ständig tragen. Hier gilt das 80-zu-20-Prinzip: Achtzig Prozent unserer Zeit tragen wir nur zwanzig Prozent unserer Kleidung. Auf die restlichen achtzig Prozent der Kleidung könnten wir zur Not verzichten.

Falls Sie Ihren Kleiderschrank mit Ihrem Partner teilen, so empfiehlt es sich auch hier, ganz klare Reviere abzustecken. Diese Seite gehört mir und diese dir. Was dort jeder macht, ist seine Sache. Bleiben Sie innerhalb Ihrer Grenzen, dann

> **Werfen Sie alle Kleidungsstücke weg,**
> **die nicht mehr passen und die Sie**
> **im letzten Jahr nicht getragen haben.**

kommt Ihnen der Kram des anderen auch nicht zu nahe. Der Kleiderschrank kann durchaus monatlich ausgemistet werden. Der Altkleidersack dient gleichzeitig als Spende an eine humanitäre Organisation. Nehmen Sie sich beim Aussortieren jeden Bügel vor: Habe ich dieses Kleidungsstück in der letzten Zeit oder im vergangenen Jahr getragen? Passt mir das Teil überhaupt noch? Falls nicht, dann wandert es in den Altkleidersack. Ebenso wie bei allen Dingen gibt es drei »Haufen«: Bestand – Weg – Schatz. Das Brautkleid kommt in die Schatzkiste, keine Frage. Ebenso wie das Kommunionskleid, falls Sie daran hängen. Alle Kleidungsstücke, die kaputt oder zerschlissen sind, fliegen gleich in den Müll.

Könnte

Die Aussage: »Eigentlich könnte ich auch ...«, hat so viel Wert wie eine Seifenblase. Aber einen Vorteil haben diese »Eigentlich-Könner«: Sie trauen sich wenigstens etwas zu. Dennoch liegen ungeheure Fähigkeiten und Talente brach, und Ideen bleiben auf der Strecke, wenn man im »Könnte« als einer ➔ Illusion stecken bleibt. Eine Idee muss in die Tat umgesetzt oder wenigstens auf den Weg gebracht werden. Die »Nichts-Könner« hingegen geben gleich auf, indem sie sich erst gar nichts zutrauen. Diese Spezies fährt sozusagen mit angezogener Handbremse und dabei manchmal mit Vollgas durchs Leben und blockiert sich daher von vornherein selbst. Also trauen Sie sich etwas zu! Können hat neben Talent vor allem mit Technik und Übung zu tun. Vieles lässt sich lernen oder üben. Das Wenigste fällt einem vom Himmel in den Schoß!

Kofferraum

Sie wollen auf die Schnelle ein Erfolgserlebnis? Dann entrümpeln Sie doch eben Ihren Kofferraum! Sie fahren noch im Sommer das Frostschutzmittel spazieren? Die Landkarten sind zerfleddert, daneben liegen leere Flaschen und Kuchenkrümel? Also raus damit und nur rein, was wirklich Sinn macht! Bleiben können die kleinen Flaschen mit frischem Mineralwasser, damit man sich die teuren, die man ansonsten unterwegs an der Tankstelle kauft, sparen kann. Ebenso dürfen Gummistiefel und ein Regenschirm Platz nehmen, damit der tägliche Spaziergang nicht ins Wasser fallen muss. Auch

K wie Kleiderschrank

ein Buch sollte sich im Auto befinden, falls der Stau unendlich dauert. Und im Sommer sind Badezeug und eine Picknickdecke unerlässlich, damit man aus einem schönen Tag einen noch schöneren machen kann. Das alles befindet sich jedenfalls in meinem Kofferraum.

Konferenzen

Wie viel Zeit verbringen Sie in Konferenzen des Elternbeirats, in Vereinsversammlungen, in Fachgremien, in Ausschüssen oder Besprechungen diverser Abteilungen am Arbeitsplatz? Zu viele Teilnehmer verbrachten viel zu viel Zeit mit Lappalien! Zu lange Redezeiten und abschweifende Redebeiträge führten

> **Lassen Sie sich nicht**
> **jedes Gesprächsthema aufdrängen!**
> **Worte sind Energie.**

schon früh zu Ermüdungserscheinungen bei allen, sodass zündende Impulse nicht mehr zu erwarten waren. Fast jeder stellte sich da die Frage: »Was habe ich hier bloß verloren?

Bei diesen zu langen oder gar unnötigen Konferenzen verpufft die Motivation, gar nicht zu reden von der vergeudeten Arbeitszeit. Ziel einer jeden Konferenz sollte es daher sein, den Aufwand möglichst zu minimieren, die wertvolle Zeit eines jeden zu achten und die Teilnehmerzahl möglichst gering zu halten. Eventuell lassen sich die Themen ja in einer telefonischen Konferenzschaltung erledigen. Mit der Vorbereitung steht und fällt jeder Termin und jede Konferenz. Dabei orientiert man sich an den sechs Ws: Was soll wann und wo mit wem wie lange und wozu besprochen werden? Was wird von jedem der Teilnehmer erwartet – ist es ein lockerer Meinungsaustausch oder stehen Entscheidungen an? Damit die Inhalte klar sind, sollte jedem eine schriftliche Tagesordnung vorliegen. Dadurch entsteht Verbindlichkeit und die Bereitschaft zur Kooperation. Eine solche Struktur und Vorbereitung kann auch Ordnung in private Gespräche oder »Familienkonferenzen« bringen und Streitereien im Vorfeld vermeiden.

Kraterarbeiter

Vielleicht gehören Sie, wie die meisten meiner Kunden, zu den sogenannten »Kraterarbeitern«? Ihre Arbeit türmt sich wie ein Gebirge auf Ihrem Schreibtisch, irgendwo haben Sie sich eine kleine »Schlucht« gegraben, in der Sie auf minimalem Platz wirklich arbeiten können. Auch ich zählte bis vor Kurzem zu dieser Spezies. Und das bei einer Schreibtischgröße von 1,60 Meter auf 1,60 Meter – genug Arbeitsplatz für zwei Personen! Täglich grub ich mich durch meine Stapel. In einer Veröffentlichung las ich, dass »Kraterarbeiter« im Vergleich zu den → Leertischlern besonders kreative Leute seien. Das beruhigte mich doch sehr, und ich sah eigentlich keinen Grund, meine Arbeitsweise zu verändern. Ich tat es dennoch und verkleinerte meinen Schreibtisch um die Hälfte. Ein magischer Akt! Seitdem habe ich doppelt so viel Platz. Meine Zeit als Kraterarbeiterin ist vorbei, ich bin vom Leertischler zwar noch Lichtjahre entfernt, arbeite aber im Schnitt mit halbvollem Schreibtisch.

K wie Kleiderschrank

Das bedeutet, dass ich meinen Schreibtisch und meine Arbeit im Griff habe. Falls Sie Ihr Kraterarbeitsleben satthaben, probieren Sie es aus! Verkleinern Sie Ihren Schreibtisch, und entrümpeln Sie nach der ➜ Vier-Stapel-Methode.

Kreatives Chaos

Das Chaos auf dem Schreibtisch wird oft als »kreatives Chaos« bezeichnet. Aus welchem Grund und wie sollte aber Chaos Kreativität erzeugen? Ein unaufgeräumter Schreibtisch wirkt verwirrend und demotivierend! Also räumen Sie ihn auf! Vor allem, wenn Sie Chef oder Chefin sind. Wie wollen Sie denn Ihren Angestellten klarmachen, warum sie ihre Schreibtische in Ordnung halten sollten, wenn Sie selbst im Chaos leben? Unordnung als »kreatives Chaos« geht allenfalls noch bei Künstlern durch. Ein heruntergekommenes Erscheinungsbild der Räumlichkeiten wirkt sich kontraproduktiv auf die Motivation der Mitarbeiter aus, ein schönes Ambiente fördert dagegen die Identifikation der Mitarbeiter mit ihrem Unternehmen und steigert somit die Produktivität. (➜ Vier-Stapel-Methode)

Kritik

Kritik ist wie ein Ball: Man bekommt ihn zugespielt, kann sich aber jedes Mal entscheiden, ob man ihn annimmt oder nicht. Oft bringt Kritik, ob nun konstruktiv oder destruktiv, so gut wie nichts an Verbesserung. Sie kann sogar das Gegenteil erzeugen. Denken Sie an den Ball: Es liegt in Ihrem Ermessen, ihn anzunehmen oder nicht. Fühlen Sie sich zu Unrecht kritisiert, so denken Sie sich, dass diese Kritik eigentlich ein verstecktes Kompliment war oder vielleicht sogar Neid. Erfolgreiche Menschen, die in der Öffentlichkeit stehen, sind besonders viel Kritik ausgesetzt. Wer etwas tut, findet immer Kritiker, nur wer nichts tut, ist auch keiner Kritik ausgesetzt.

Küchengeräte

Welche Küchengeräte stehen bei Ihnen ungenutzt herum – das Waffeleisen, der Entsafter oder die Zitronenpresse? Der Römertopf wurde seit Jahren nicht mehr benutzt? Wie groß sind dann die Chancen, dass er in den nächsten Jahren benutzt wird? Also weg damit! Auch die Küche unterliegt modischen Trends, die man willenlos mitmacht: Vor Jahren war es das Fondue, dann der heiße Stein, das Raclettegerät, der Wok und der Thermomix. Kommen diese Geräte jedoch selten bis überhaupt nicht zum Einsatz? Verschenken Sie die ungenutzten Geräte, und fragen Sie sich beim Kauf eines neuen Gerätes:
• Brauche ich es wirklich und wozu?
• Erleichtert es mir die Arbeit?
• Oder wird es wieder nur dekorativ herumstehen?
• Dann: Finger weg davon!

Küchenschrank

Was für die anderen Räume gilt, gilt erst recht für die Küche: Alles hat seinen Platz, jedes Ding sollte im Schrank unterge-

K wie Kleiderschrank

bracht sein. Die Arbeitsfläche ist, wie der Name schon sagt, zum Arbeiten da. Nicht selten ist das gar nicht mehr möglich, da diese Fläche zur reinen Abstellfläche verkommen ist. Dort wird alles geparkt, was nicht mehr in die Schränke passt, also schaffen Sie Platz in den Schränken! Das Ziel ist eine möglichst leere Arbeitsfläche. Also misten Sie aus! Gehen Sie die

> **Trennen Sie sich von allem,**
> **was Sie lange nicht gebraucht haben!**

einzelnen Schränke und Schubladen durch. Trennen Sie sich von den Einzelteilen, die Sie lange nicht gebraucht haben. Und verabschieden Sie sich von allem, das irgendwie angeschlagen ist. Werfen Sie Ihre stumpfen Messer und alten Lappen weg! Schauen Sie auch auf den Oberschränken nach, und räumen Sie das, was dort herumsteht, in die Schränke. Falls jetzt immer noch zu viel frei herumsteht, ist es ein Zeichen dafür, dass Sie in Ihren Schränken noch immer zu viele Dinge haben.

Kühlschrank

Wann haben Sie Ihren Kühlschrank zuletzt abgetaut? Schauen Sie doch einmal in das Eisfach: Züchten Sie Eisberge? Misten Sie Ihren Kühlschrank aus, am besten wöchentlich! Waschen Sie ihn aus, ziehen Sie aber vorher den Stecker. Wenn Sie Gerüche neutralisieren wollen, dann stellen Sie einen kleinen Teller mit Backpulver oder Kaffeepulver in den

Kühlschrank. Beides bindet Geruchsstoffe. Vermeiden Sie Einkäufe, die Müll von morgen sind! Manchmal habe ich die Idee, mich morgens gesund ernähren zu müssen und kaufe mir eine Wochenration Joghurts ein. Mit dem Ergebnis, dass ich sie zwei Wochen später wieder wegwerfe! Vermeiden Sie Ihre persönlichen »Fehlkäufe«. Das, was Sie im Laufe einer Woche nicht aufessen, scheint nicht in Ihren persönlichen Speiseplan zu passen. Auf der anderen Seite befindet sich jede Menge »Junkfood« in den Kühlschränken – ungesunde Lebensmittel voller leerer Kalorien, die nicht gerade der Gesundheit dienlich sind. Enttarnen Sie diese Lebensmittel und nutzen Sie das Entrümpeln des Kühlschranks auch dazu, Ihre Ernährung umzustellen und gesünder zu kochen.

Da Sie schon dabei sind: Wie sieht Ihr Kühlschrank von außen aus? Kleben Zettel an der Tür? Sind Postkarten und Botschaften mit Magneten festgehalten? Ich glaube, es waren die Amerikaner, die die Kühlschranktür außen als Pinnwand entdeckt haben. Und seitdem gibt es weiche kunststoffummantelte Magnete in Form von Spiegeleiern und andere scheußliche Motive. Weg damit! Eine schlichte, weiße Kühlschranktür bringt mehr Ruhe in eine von sich aus schon unruhige Küche.

Kunststoff

Billige Plastikartikel altern meist unschön im Gegensatz zu Naturprodukten, die eher Gebrauchsspuren vertragen. Plexiglas ist im Gegensatz zu Glas sehr kratzempfindlich und sieht daher schnell schäbig aus. Wenn Sie sich daher Haushaltsgegenstände aus Kunststoff wie Behälter zur Aufbewahrung von Lebens-

K wie Kleiderschrank

mitteln, Schüsseln, Nudelsiebe etc. anschaffen, dann achten Sie bitte darauf, dass diese qualitativ hochwertig sind. Sie sollten langlebig sein und nicht billig wirken. Das Gleiche gilt für Kinderspielzeug. Legosteine und andere hochwertige Kunststoffspielwaren sind für die Ewigkeit gedacht und haben auch ihren Preis. Mit den billigen Plastikspielzeugen hingegen holen Sie sich heute schon wieder das Gerümpel von morgen ins Haus. Daher: Hände weg von diesem Krempel!

Kuscheltiere

Ich hatte einen Kuschel-Tiger von der Firma Steiff. Er überlebte meine gesamte Kindheit und starb schließlich in den Klauen unseres Hundes. Jedes Kind hat ein geliebtes Kuscheltier, das es jahrelang mit sich herumschleppt. Vielleicht sind es auch zwei Tiere, an denen das Herz hängt, aber bestimmt nicht mehr. Sieht man sich allerdings in Kinderzimmern um, so findet man sie überall: Kuscheltiere in allen Größen und

> Unnütze Dinge kosten Zeit, Geld und somit Energie.

Formen. Die billigen aus Kunststoff verschmutzen leicht, laden sich elektrostatisch auf und ziehen den Staub geradezu magisch an. Sortieren Sie deshalb aus! Welche sind Ihre Lieblinge und welche haben keine Bedeutung für Sie? Sicherlich finden Sie Möglichkeiten, überflüssige Plüschtiere zu spenden und somit sinnvoll unterzubringen!

L wie Leere

Langlebigkeit

Die Langlebigkeit eines Produkts hängt in erster Linie von seiner Qualität ab, vom Material und der Fertigungstechnik. Wie lange und wie oft ein Produkt aber wirklich benutzt wird, hängt darüber hinaus von der Beziehung ab, die sein Besitzer zu ihm hat. Mag er es, dann wird er es mit Sorgfalt behandeln und lange besitzen wollen. Mag er es nicht, so kann auch das beste Teil irgendwo ungenutzt herumliegen

> Die Langlebigkeit der Dinge hängt davon ab,
> wie stark Ihre emotionale Bindung an sie ist.

und ist dadurch für den Besitzer zwar noch neu, aber eigentlich bereits »Schrott«. Was wir schön finden, pflegen wir auch gerne. Dem widmen wir gerne unsere Zeit und erfreuen uns am Ergebnis.

Der Pflegeaufwand, den jemand einem Produkt schenkt, sagt viel über seine emotionale Beziehung dazu aus. Das Auto scheint für viele ein Produkt zu sein, zu dem sie eine emotionale Bindung haben. Es wird gewaschen, poliert, geschmückt, ausgestattet. Für andere ist ein Auto ein reiner Gebrauchsgegenstand, es soll fahren und sonst nichts. Dass man es alle Monate auch einmal waschen sollte, empfinden sie bereits als lästig. Darum stellen Sie beim Kauf sicher, dass Ihr Herz an den Dingen hängt, dass sie sie wirklich mögen und gerne um sich haben. Anderenfalls können die Dinge noch so hochwertig sein, wenn Sie keine Beziehung zu ihnen entwickeln, dann wird es der Schrott von morgen sein!

Lebensmittel

Lebensmittel und andere Verbrauchsgüter bereiten noch die wenigsten Probleme, da sie auf natürliche Weise »vernichtet« werden. Wir essen Sie auf, und die Reste werfen wir weg. Sie haben ein natürliches Verfallsdatum. Aber auch hier sollte man es vermeiden, zu viel davon einzukaufen. Falls der Kühlschrank schon voll ist, wenn man vom Einkauf zurückkommt, hat man entweder zu viel gekauft oder zu wenig aufgegessen. Der Kühlschrank muss schon aus hygienischen Gründen tagtäglich ausgemistet werden. So kann alter Käse, angebrochenes Tomatenmark und verschrumpeltes Gemüse jeden Tag ausgemistet werden. Auch im Lebensmittelschrank aufbewahrt, schmecken die Kekse aus angebrochenen Kekspackungen irgendwann nicht mehr. Also fliegen Sie raus, bevor Sie eine neue Packung öffnen. Offene Reste im Schrank können Folgen nach sich ziehen: Lebensmittelmotten sitzen in den Müslitüten genauso wie in Mandeln und Rosinen. Schon aus diesem Grund müssten Sie Ihren Lebensmittelvorrat luftdicht abgeschlossen haben. Aber auch Dinge, die sich lange halten, sollte man vierteljährlich ausmisten: Die Abteilung mit den Tees und → Gewürzen beispielsweise. Alte Teebeutel verlieren ihr Aroma ebenso wie Kräuter und Gewürze.

Leere

Warum haben wir nur solche Angst vor der »Leere«? Es gibt sogar ein Wort dafür: Horror Vacui. Dieses steht für die Abneigung der meisten Menschen gegen Leere oder leere Flächen im Raum. In allen fernöstlichen Philosophien ist die Leere an sich ein fester Bestandteil. Durch die Praxis der Meditation soll der Geist leer werden und somit zur Ruhe kommen. Nur eine Leere garantiert, dass eine Fülle folgen kann.

> **Wer sich Fülle wünscht,**
> **muss zuerst eine gewisse Leere schaffen.**

Wenn der Charakter eines Gefäßes nicht der der Leere wäre, dann würde sich dort auch nichts hineinfüllen lassen. Die Leere ist also nicht »das Nichts«. Die Leere ist die Voraussetzung für Fülle. Sorgen Sie deshalb für eine gewisse Leere in Ihren Räumen – wie auch in Ihrem Leben!

Fliegt etwas Altes raus, kommt dafür nichts Neues ins Haus! Jedenfalls nicht sofort. Wenn Sie sich von Altem getrennt haben, so bedeutet das nicht zwangsläufig, dass Sie dafür etwas Neues benötigen, auch wenn es Ihnen anfangs »leer« vorkommt. Leere scheint für die meisten etwas Bedrohliches zu sein, schlimmer noch als Fülle. In diesem wie in an-

L wie Leere

deren vergleichbaren Fällen rate ich immer, sich diese Leere zwei bis drei Monate lang anzusehen. Dann tritt eine Gewöhnung ein und meistens empfindet man es als wohltuend, dass weniger im Raum herumsteht. Wenn allerdings nach zwei Monaten immer noch das Gefühl von »da fehlt etwas« vorhanden ist, dann darf man diese Lücke füllen.

Leertischler

Im Gegensatz zu den ➜ Kraterarbeitern arbeiten die Leertischler an einem fast leeren Schreibtisch, der überhaupt nicht nach Arbeit aussieht. Entweder hat diese Spezies tatsächlich so gut wie nichts zu tun, oder sie hat ihre Arbeit voll im Griff. Leertischler sind im Allgemeinen zumindest vordergründig ordentliche Menschen. Falls Sie Gerümpel haben, stapelt sich das hinter verschlossenen Schranktüren.

Leichtigkeit

Alles wird leichter, die Wurst hat nur noch halb so viel Fett, der Joghurt so gut wie gar keins und Light-Produkte stehen bestimmt auch in Ihrem Kühlschrank. Aber wie sieht es mit der Leichtigkeit in Ihrem Leben aus? Drücken Sie banale Sorgen? Ärgern Sie sich über Lappalien, über die man eigentlich auch lachen könnte? Lassen Sie sich von der schlechten Laune anderer anstecken? Was ist denn schon das Problem an einer kleinen Beule im Auto? Passiert ist passiert und das lässt sich alles reparieren! Was ist schon so schlimm daran, dass er den Hochzeitstag vergessen hat? Immerhin sind Sie ja noch verheiratet!

Mehr Leichtigkeit ins Leben zu bringen, heißt, nicht alles so verbissen zu sehen! Nehmen Sie Lappalien nicht so wichtig, das Leben ist hart genug und eine Beziehung ist kein Weltkrieg. Lachen Sie über sich selbst, und verordnen Sie Ihrer Beziehung mehr Humor. Lachen ist gut für den Teint, durchblutet das Gehirn und ist vollkommen kostenlos! Mehr Leichtigkeit ins Leben zu bringen, heißt: es nicht komplizierter als nötig zu gestalten.

Lieblingsstücke

Egal, ob es sich um Pullover, CDs oder Gartenzwerge handelt: Lassen Sie sich Ihre Lieblingsstücke nicht ausreden. So ein zerfledderter Teddybär kann zwar wie Müll aussehen, aber wenn Ihr Herz daran hängt, dann ist er ein Fall für die Schatzkiste. Lieblingsstücke werden repariert und gepflegt. Wir tragen sie, bis sie ganz zerfetzt sind. Allerdings muss man seine Lieblingsstücke nicht unbedingt jedem zumuten. Eine vor Dreck und Speck schon selbstständig stehende Lederjacke muss man nicht zu allen möglichen und unmöglichen Gelegenheiten tragen. Geben Sie Ihr einen guten Platz in Ihrer Schatzkiste, und entlassen Sie sie in ihren wohlverdienten Ruhestand!

Löcher

Alles Löchrige, Defekte und Schäbige muss repariert werden oder gehört in den Müll. Gerade, wenn es sich dabei um Wäsche oder Socken handelt. Falls Sie diese nicht stopfen werden oder sie zum Stopfen wegbringen, hilft nur eins: weg damit!

Lose Bekannte

Jeden Tag – sei es beim Einkaufen, beim Sport oder bei der Arbeit – trifft man Menschen, die einem auf den ersten Blick sympathisch sind. Sie hätten das Potenzial, dass man sich mit ihnen befreunden könnte. Diese sogenannten Zufallsbekannt-

> Tun Sie doch zur Abwechslung mal nichts,
> und warten Sie ab, was sich dann so tut!

schaften, die ein winziges Stück des Wegs mit uns gehen, uns vielleicht etwas verkaufen, uns beraten oder sich beraten lassen, treten in unser Leben und verlassen es wieder.

Wir sind nicht in der Lage, unendlich viele Freundschaften zu pflegen, also stellt sich bei jeder neuen Bekanntschaft die Frage: Ist sie mir so wichtig, dass ich dafür bereit bin, auf etwas Altes zu verzichten? Was würde ich dafür aufgeben? Denn nur wenn etwas Altes geht, kann auch etwas Neues kommen! Das gilt auch bei Personen! Darum vermeiden Sie in Zukunft gleich im Vorfeld Bekanntschaften mit Personen, die keinen Platz in Ihrer »Schatzkiste« hätten, und stellen Sie sich folgende Fragen:

1. Will oder brauche ich diesen Menschen wirklich? (Als Freund, als Kunde, als Partner?)
2. Bereichert er oder sie mein Leben? (Was bringt mir das? Mehr Lebensqualität? Mehr Verpflichtungen? Was kostet mich das? Meine Zeit? Meine Nerven? Telefongebühren?)
3. Macht er oder sie mich glücklich? (Oder macht er es komplizierter? Bin ich bereit, dafür Einschränkungen in meinem bisherigen Leben in Kauf zu nehmen? Will ich das auch wirklich und mit allen Konsequenzen? Will ich das Pferd füttern, das der Märchenprinz mitbringt?)

Loslassen

Jedes Loslassen ist ein Abschied. Jeder Abschied, ob freiwillig oder unfreiwillig, ist ein mehr oder weniger schmerzhafter Prozess. In Beziehungen wird man vom Partner verlassen und fühlt sich im Stich gelassen. Etwas zu lassen heißt, einfach nichts zu tun, die Kontrolle darüber aufzugeben. Wir sind für gewöhnlich viel lieber »Macher«, und es fällt uns sehr schwer, einmal nichts zu tun. Aber: Nur wenn wir etwas loslassen, bedeutet das, dass wir uns für das Neue öffnen und es zulassen.

Jedes Einschlafen ist beispielsweise ein Loslassen. Menschen, die nicht gern ins Bett gehen oder nicht schlafen können, haben unbewusst Angst vor dem Loslassen, vor dem Verlust. Im Schlaf entzieht sich das Leben unserer Kontrolle. Übergewicht kann oft auch ein Zeichen von Verlustangst sein. Denn: Was

L wie Leere

ich habe, gibt mir Sicherheit. Menschen, die sich ungern von etwas trennen, trennen sich auch schwer von ihren überflüssigen Pfunden!

Loslassen ist ein magischer Prozess, der immer etwas nach sich zieht. Ein neuer Job kommt, wenn der alte losgelassen wurde. Auch der Gedanke: »Es war so schön im alten Leben!«, will losgelassen sein, damit das Neue in der Gegenwart und in der Zukunft überhaupt Platz findet!

Loswerden

Was wollen Sie unbedingt loswerden? Die Dinge, die Ihnen zu viel sind, können Sie einfach entrümpeln. Aber anderes wie Probleme, Krankheiten, Übergewicht oder wovon auch immer Sie zu viel haben, werden Sie nicht so leicht los. Es sei denn, Sie können zaubern. Aber wer kann das schon! Gerade das, was man am meisten bekämpft, wogegen man am meis-

> Das Loslassen setzt ungeheuere Kräfte frei!

ten arbeitet, scheint wie Kleister an uns zu kleben! Probleme, über die wir immer und immer wieder nachdenken, halten wir durch unsere Gedanken fest. Etwas loszuwerden geht nur über einen Weg: Ich muss es zunächst akzeptieren und annehmen: »Da bist du ja wieder mein lieber Gedanke, den ich so gerne los wäre.« Das Problem, die Krankheit oder was auch immer als einen Teil des momentanen Lebens zu akzeptieren und nicht zu bekämpfen, kann Energien freisetzen und der erste Schritt zum Loslassen sein. Vielleicht entfernt es sich dann ganz langsam aus Ihrem Leben!

Luftschlösser

Das Schwelgen in den eigenen ➜ Illusionen nennen wir auch »Luftschlösser bauen«, während es bei den Franzosen »Schlösser in Spanien bauen« heißt. Beiden Schlössern ist gemeinsam, dass sie weit von der Realität des Betrachters entfernt sind. Eine ganze Seminar- und Beratungsindustrie lebt denn auch davon, »Bausparverträge« für solche Luftschlösser zu verkaufen. Eine Illusion ist es beispielsweise zu glauben, dass allein durch die »richtige« Einstellung materielle Reichtümer angehäuft werden können. Durch plakative Parolen wie: »Chakka, du schaffst es!«, wird vermittelt, dass man nur an das glauben muss, was man sich wünscht. Zur Hälfte ist das auch vollkommen richtig, denn ich kann nichts erreichen, woran ich nicht glaube. Aber ich kann auch nichts erreichen, wofür ich nichts tue! Ich kann noch so sehr eine Karriere als Tänzerin visualisieren und mir auf den Spiegel im Badezimmer schreiben, dass ich talentiert und schön bin, aber wenn ich nicht trainiere, bleibt es Illusion.

Schauen Sie sich um: Welche Kapazitäten besitzen Sie bzw. welche Baustoffe liegen in Ihrem Leben herum? Bauen Sie auf das, was Sie können und mit dem, was Sie haben. Vielleicht werden es durchaus bewohnbare Holzhäuser, Schilfhütten oder Zelte anstelle unbewohnbarer Luftschlösser.

M wie Multitasking

Man könnte es eventuell noch mal gebrauchen

Dies ist die häufigste von Hortern und Messies benutzte Argumentation, um nichts wegwerfen zu müssen. Ob Blechdosen, leere Flaschen, alte Zeitungen, Prospekte, krumme Nägel – alles und jedes lässt sich eventuell noch einmal gebrauchen. Und so fristen die Dinge ihr Dasein und warten auf einen neuen Einsatz. Der krumme Nagel muss nur gerade geschlagen werden, die Blechdose nur lange genug warten, bis in ihr Farbe gemischt wird. Diese Haltung war zu Zeiten des Mangels durchaus verständlich, da kam auch kaum etwas Neues ins Haus. Aber heute, in Zeiten des Überflusses, muss sich selbst ein Horter fragen, was er mit seinem Überschuss an Dingen anfangen will. Wenn Ihnen jedes Mal vor dem Wegwerfen der Gedanke »Man könnte es ja…« durch den Kopf schießt, dann erinnern Sie sich daran: Es ist nur ein gedanklicher Reflex! Eine Ausrede Ihres ➜ Inneren Schweinehundes, der mal wieder nichts wegwerfen will und Ihnen kein leichtes Leben gönnt!

Matratze

Wie alt ist Ihre Matratze? Sie erinnern sich nicht, jemals eine neue gekauft zu haben? Matratzen sind Gebrauchsgüter, die stark beansprucht werden. Alte Matratzen sind Milbenbiotope, der Schweiß schlafloser Nächte ist in ihnen ebenso gespeichert wie Erlebnisse, die sie hatten. Bei alten Matratzen gilt: weg damit! Auch nach einer Scheidung sollten Sie Ihre Matratze austauschen, falls Sie sich eine neue Beziehung wünschen. Auf alle Fälle sollten Sie sich alle paar Jahre eine neue zulegen. Mindestens so oft, wie Sie sich ein neues Auto kaufen! Immerhin verbringt der Mensch ein Drittel seiner Lebenszeit im Bett.

Medikamente

Wo bewahren Sie Ihre Medikamente auf, und wann haben Sie diese zuletzt ausgemistet? Auf jedem Mittel steht das Verfallsdatum, also: weg damit, wenn das Verfallsdatum überschritten ist! Sollten Sie Mittel finden, an deren Verschreibungsgrund Sie sich schon gar nicht mehr erinnern können, dann werfen Sie auch diese weg! Früher sollte man abgelaufene Medikamente in die Apotheke zurückbringen, doch die Apotheker werfen sie – nach eigener Aussage – auch nur in den Müll.

Messer

Entrümpeln Sie Ihre Besteckschublade, und achten Sie dabei besonders auf die stumpfen Messer. Entweder lassen Sie sie schärfen, oder Sie werfen sie weg! Sorgen Sie dafür, dass Ihre Küchenwerkzeuge gut funktionieren und Ihnen die Arbeit erleichtern. Stumpfe Messer erzeugen bei der Arbeit nur Frust und Ärger, also weg damit! Investieren Sie lieber in gutes Werkzeug, denn das haben Sie jeden Tag in der Hand.

Messie

Die Bezeichnung »Messie« stammt aus dem Englischen und ist von »mess« abgeleitet, was so viel bedeutet wie Dreck oder Unordnung. Der Begriff steht für Menschen, in deren Wohnung sich das Gerümpel manchmal bis zur Decke stapelt und die, aus welchen Gründen auch immer, so gut wie nichts wegwerfen können. Wenn ihre Zimmerdecken unter dem Gewicht der Zeitungsstapel einzustürzen drohen, müssen manchmal die Behörden eingreifen. Andere werden gesundheitspolizeilich belangt, weil die Mülltüten in ihrer Wohnung schon von selbst davonlaufen und der Gestank für die anderen Vermieter eine Zumutung ist.

Messies fehlt die Fähigkeit, sich zu entscheiden, was sie brauchen und was nicht. Im Zweifelsfall behält man alles, jede alte Zeitung, jeden Werbeprospekt. Dass irgendwann die Dinge die Macht übernehmen und sie selbst im Gerümpel fast ersticken, ist zwangsläufig. Hier hilft nur professionelle Hilfe in Form geeigneter Therapeuten oder Selbsthilfegruppen. Falls Sie einem Messie helfen wollen, entrümpeln Sie nicht bei ihm. Die Situation kann sich nur grundlegend verändern, wenn er selbst dazu in der Lage ist, alleine zu entrümpeln. Helfen Sie ihm oder ihr lieber dabei, Hilfe zu finden.

Mieten

Mickrige Pflanzen

Welch trauriger Anblick! Wie Besenstile mit ein paar Blättern daran stecken sie in ihren Blumentöpfen: vernachlässigte oder herrenlose Topfpflanzen. In Büros und Hotels scheint sich keiner für die Pflege zuständig zu fühlen, also gammeln sie so vor sich hin. Eigentlich sollten Sie die Umgebung bereichern und verschönern, aber nun erreichen Sie mit Ihrem traurigen Anblick genau das Gegenteil! Sie wirken deprimierend und demotivierend! Wenn schon die Pflanzen ihre Blätter hängen lassen, wie mag es dann den Mitarbeitern gehen? Entfernen Sie vergammelte Pflanzen aus Ihrer Umgebung, und vertrauen Sie diese in Zukunft professioneller Hilfe an. Engagieren Sie einen Gärtner oder Floristen, und tauschen Sie die mickrigen gegen gesunde Pflanzen aus. Falls Sie sich nicht in der Lage fühlen, sich um lebendige Pflanzen zu kümmern, dann greifen Sie doch auf pflegeleichte, künstliche zurück.

Mieten

Bei Dingen, die man nur selten benutzt, lohnt es sich, die Überlegung »mieten statt kaufen« anzustellen. Bei Sportgeräten wie Skiern, die nur saisonal benutzt werden, hat man beim Mieten noch den Vorteil, immer das neueste Gerät zu

Fragen Sie sich beim Neukauf eines Produktes:
Gibt es eine Alternative zum Kauf?
Mieten, leasen, teilen?

M wie Multitasking

haben. Sich eine Tauchausrüstung zu kaufen, wenn man einmal im Jahr auf Tauchgang geht, lohnt sich ebenso wenig. Vor allem ist die Frage der Aufbewahrung und des Transports beim Mieten gelöst. Was erhoffe ich mir durch den Kauf dieses Gerätes? Was soll es mir bringen? Muss ich es besitzen, oder gibt es Alternativen? Wenn man sich diese Fragen vor der Anschaffung eines Gerätes stellt, kann im ein oder anderen Falle durchaus die Lösung das Mieten die wirtschaftlichere und auch die praktischere Lösung sein.

Überlegen Sie sich bei großen Anschaffungen, ob Sie diese wirklich benötigen. Brauchen Sie wirklich einen eigenen Rasenmäher? Oder brauchen Sie nicht einfach nur eine Lösung für Ihr Problem, nämlich ständig nachwachsendes Gras? Der Kauf eines Rasenmähers wäre nur eine Art, dieses Problem zu lösen. Aber es gibt noch weitere Möglichkeiten, an die Sie vielleicht noch gar nicht gedacht haben: ein Schaf beispielsweise. Es macht weniger Lärm und wirft dazu noch Wolle ab. Man könnte sich auch einen Mäher mit dem oder den Nachbarn teilen, statt ihn alleine zu besitzen. Oder man könnte ganz auf das Gerät verzichten und sich einen Gärtner kommen lassen. Er nimmt Ihnen dazu noch die Arbeit ab und erspart Ihnen die Aufbewahrung eines Rasenmähers. Gerade bei Handwerkszeugen, die man selten benutzt und deren Gebrauch zeitlich zu planen ist, ist die Möglichkeit des Teilens oder Mietens eine Alternative.

Min Tang

Eine gewisse Leere auf dem Schreibtisch gewährleistet auch gedanklichen Freiraum. Falls Sie die Oberfläche Ihres →

> Jeder Raum braucht eine leere Fläche,
> einen Min Tang, der Sie daran erinnert,
> dass Sie sich nicht wieder zumüllen.

Schreibtisches unter den Papierstapeln nicht mehr erkennen können, so ist es dringend an der Zeit, sich einen »Min Tang« anzulegen. Im Chinesischen bedeutet der Begriff übersetzt »Teich« und bezeichnet eine freie Fläche. Diese Fläche könnte irgendwo in Ihrem Sichtbereich sein und auf dieser von Ihnen selbst definierten Fläche sollten Sie niemals etwas hinlegen. Mit dieser Leere vor Augen werden Sie jeden Tag daran erinnert, dass Sie alles tun müssen, um Ihren Ballast zu verkleinern. Sie werden daran erinnert, dass Sie jeden Tag so viel wie möglich wegwerfen sollten, um mehr Freiräume zu gewinnen. Nur wenn eine gewisse Leere besteht, ist garantiert, dass Neues in Form neuer Ideen und Gedanken überhaupt nachkommen kann.

Modellflugzeuge

Sie bauen und sammeln Modellflugzeuge? Kein Problem, wenn diese Modelle fertig zusammengebaut sind, funktionieren und in fertigem Zustand einen eigenen Platz haben. Unvollständige Modelle, die noch dazu seit Jahren in diesem Zustand ausharren, sind Gerümpel! Keiner hat je Interesse daran, sie zu Ende zu bringen. Wenn man Angefangenes nicht schnell genug beendet, verliert es seinen Reiz. Modelle sind typisch für männliche, angefangene und nicht zu Ende gebrachte Dinge. Bei

Frauen ist es der halb fertige Pullover oder das angefangene Bild. In jedem Fall gilt: Falls Sie keine Lust mehr haben, es zu Ende zu bringen, dann trennen Sie sich davon! Erst dann ist der Weg frei, etwas Neues zu beginnen!

Möbel

Möbelstücke sind in den meisten Fällen qualitativ hochwertig und für eine Lebensdauer von mehreren Jahren gedacht. Billige Möbel sind qualitativ schlechter und können schnell schäbig aussehen. Möbel altern durch den Gebrauch und die Beanspruchung, sie altern aber auch optisch, kommen sozusagen aus der Mode, man sieht sich satt, kauft sich etwas Neues.

Wenn Sie mit gutem Gewissen Ihre noch intakten Möbel loswerden wollen, dann brauchen Sie sie nicht wegzuwerfen. Spenden Sie sie! In den meisten Städten gibt es gemeinnützige Organisationen wie beispielsweise die Wirtschaftshilfe, die die Möbel kostenlos abholen, sie wieder instand setzen und dann weiterverkaufen.

Multitasking

Sie frühstücken, schmieren sich ein Brötchen, lesen dabei die Zeitung, hören vielleicht noch gleichzeitig die Radio-Nachrichten. Danach nehmen Sie beim Gang zum Briefkasten den Papiermüll mit runter, leeren ihn im Keller aus und holen gleich noch Getränke aus der Garage. Da Sie schon mal un-

Multitasking

ten sind, räumen Sie den Kofferraum Ihres Autos aus und stellen die leeren Getränkekästen hinein. Auf dem Weg nach oben nehmen Sie gleich noch das Hundefutter aus dem Keller mit. Wieder in der Wohnung angekommen, kann es passieren, dass Sie das Gefühl nicht loswerden, etwas Wichtiges vergessen zu haben. Nämlich das, was Sie ursprünglich tun wollten: die Post aus Ihrem Briefkasten zu holen.

Gerade Frauen sind mit der Fähigkeit gesegnet, mehrere Dinge gleichzeitig zu erledigen. Das nennt sich Multitasking. Ob es eine Kompetenz oder ein Fluch ist, bleibt allerdings dahingestellt. Dieses Talent scheint uns in der heutigen hektischen Zeit sehr gelegen zu kommen. Wir könnten nicht so viel erledigen, wenn wir die Dinge nicht gleichzeitig tun würden. Mit dieser Fähigkeit, die man den Männern abspricht, wächst der Druck auf unsere Leistungsfähigkeit. Multitasking ist eine Falle, die voraussetzt, dass Mehrfachbelastungen zum Alltag gehören. Aber hier bleibt die Qualität auf der Strecke, hier schleicht sich rasend schnell Schlamperei ein. Wenn man alles gleichzeitig, aber nichts wirklich richtig macht, passieren Fehler, denn genau dann übersieht man die Kleinigkeiten, die vielleicht ausschlaggebend für den Erfolg einer Arbeit sind.

Also Schluss damit: Entstressen Sie Ihren Tag! Eins nach dem anderen! Wir wissen, dass wir vieles auf einmal leisten können, aber wir müssen es nicht tun! Tun Sie lieber das, was Sie gerade machen, mit voller Konzentration. Bringen Sie es zu Ende, haken Sie es ab, und beginnen Sie dann mit einer neuen Tätigkeit.

N wie Nein

Nein

Es liegt in der Natur des Menschen, dass er sich nicht gerne abgelehnt fühlt. Wir hören ein »Nein« nicht gerne und fühlen uns ungeliebt, wenn wir es hören müssen. Umgekehrt fürchten wir auch, nicht geliebt zu werden, wenn wir die Wünsche anderer nicht erfüllen. Daher vermeiden, vor allem Frauen,

> Sagen Sie »Nein«, wenn Sie nein meinen!

dieses Wörtchen. In der japanischen Kultur wird lieber »geschwindelt« oder eine Entscheidung umständlich umschrieben, als offen »Nein« gesagt.

Wer kein »Nein« in seinem Sprachschatz hat, kann seine Interessen nicht vertreten und scheint fremdgesteuert zu sein. Falls Sie diesen Zustand vorziehen, ist das Ihre Entscheidung. Falls Sie Ihr Leben aber verändern und sich selbst etwas ernster nehmen wollen, dann sollten Sie beginnen zu üben! Gelegenheiten gibt es an jeder Verkaufstheke. »Darf es ein bisschen mehr sein?« Sagen Sie doch einfach mal freundlich lächelnd: »Nein« oder: »Nein, danke«. Punkt. Einfach nur: »Nein«, ohne jede Begründung. Sie müssen sich nicht rechtfertigen, Sie sagen einfach nur Nein. Vielleicht schaut jemand komisch, das kann schon sein, aber das ist nicht Ihr Problem.

Trainieren Sie es weiter, bei kleinen Gefallen beispielsweise. Üben Sie vor dem Spiegel. Atmen Sie tief ein, sagen Sie laut und deutlich: »Nein«, und gehen Sie mit der Stimme runter. Denken Sie sich einen großen Punkt, und halten Sie die Pause aus. Kein Komma, keine Rechtfertigung!

Nervensägen

Kontakte mit Menschen, ob telefonisch, schriftlich oder persönlich, berühren uns auch immer innerlich. Manche Personen erfreuen uns durch ihre Art, mit einem netten Wort, einer unscheinbaren Geste, andere lassen uns kalt und ein (hoffentlich nur geringer) Prozentsatz löst vielleicht negative Gefühle in uns aus, macht uns traurig oder wütend oder vermag uns zu ärgern. Um diese letzte Personengruppe geht es hier! Denn wer oder was uns ärgert, absichtlich oder unabsichtlich, schwächt uns. Eine nette Stimme am Telefon bringt Sonne in den Tag, wohingegen eine zickige und schlecht gelaunte Stimme einem den ganzen Tag vermiesen kann. Nervensägen wie immerzu unzufriedene Zeitgenossen und Jammerer werden meist mehr beachtet als andere und durch diese Beachtung ständig »gefüttert«. Je unzufriedener sie sind, desto mehr Aufmerksamkeit bekommen sie auch noch.

Warum kümmern wir uns nicht in dem Maße um die Menschen, die wir lieben und die wir meistens vernachlässigen: unsere Freunde und unsere Familie? Mit diesen Menschen sollten wir bewusst mehr Zeit verbringen, ihnen ab und zu auch

N wie Nein

mal etwas Nettes sagen, unsere Gefühle zeigen, statt uns von den Nervensägen und energetischen »Vampiren« aussaugen, kontrollieren und schwächen zu lassen. Die Menschen, die uns durch negative Emotionen binden wie nervende Kunden, strei-

> **Nehmen Sie jedes Ding nur einmal in die Hand
> und erledigen Sie es gleich
> oder räumen Sie es sofort auf.**

tende Nachbarn, immer noch präsente Expartner und andere, sollten wir aus unserem Leben verbannen. Wenn sie gegangen sind, sollten wir die Tür hinter ihnen endgültig schließen und ihnen keinen Zutritt mehr in unser innerstes Reich gewähren.

Nur einmal in die Hand nehmen

Eine effektive Maßnahme, Ordnung zu halten und seine Sachen im Griff zu haben ist es, die Dinge nur einmal in die Hand zu nehmen. Also: eingehende Briefe öffnen, die Rechnungen sofort bezahlen, Kleidungsstücke sofort in die Wäsche werfen oder gleich im Schrank verstauen. Lagert man die Dinge erst mal »zwischen«, auf einem Stuhl oder irgendwo am Rand, dann sucht man sie, nimmt sie wieder in die Hand und auf dem Weg zu ihrem angestammten Platz »verlieren« sie sich vielleicht wieder. Und somit kann der Weg von der Hand zum richtigen Platz manchmal Tage dauern.

O wie Ordnung

Obsolet

Im Laufe der Jahre werden die Kleidungsstücke und Möbel unmodern, manche kann man dann auch einfach nicht mehr sehen. Sie werden visuell obsolet, d.h., wir haben sie uns übergesehen, die Dinge haben sich visuell überholt. Es handelt sich dann nicht um Gerümpel im Sinne von Defektem, sondern um Gerümpel im Sinne von »es passt nicht mehr in unsere Optik«. Alles ist Wandel, auch ästhetische Vorlieben sind dem unterworfen. Je nach Typ ist der eine neuen Dingen gegenüber aufgeschlossener als der andere. Die Dinge, die auch im visuellen Sinne langlebig sind, entgehen dem Schicksal, weggeworfen zu werden. Kaufen Sie sich die Dinge im Hinblick darauf, ob sie Ihnen momentan gefallen und Sie sie auch in einigen Monaten noch gerne betrachten. Falls Sie keine gefühlsmäßige Bindung zu dem Stück haben und es nur auswählen, weil es scheinbar zeitlos oder »neutral« ist und zu allem passt, wird es nie Ihr Herz erobern. Es ist vielleicht so zeitlos, dass es nie modern werden wird!

O wie Ordnung

Ordentlicher Sammler

Sammeln kann eine Leidenschaft oder ein Hobby sein, das Ruhe und Konzentration in einen hektischen Alltag bringt. Manchen Sammler beruhigt das, es tut ihm gut. Das Sammeln kann ein meditativer Ausgleich zum hektischen Alltag sein. Eine Sammlung lebt von einer gewissen Struktur, einer inneren Ordnung. Vielleicht sammeln Sie Schallplatten? Dann brauchen diese einen bestimmten Platz und ihre eigenen Kategorien. Welche Musikrichtung sammeln Sie? Aus welcher Zeit und aus welchem Land? Der Reiz einer Sammlung liegt in der intensiven Beschäftigung mit einem Gegenstand und seiner Ordnung. Fehlt diese, dann liegen die Briefmarken nur in verschiedenen Kartons herum, und die Sammlung wird zum Ballast. Die meisten Sammler sind Perfektionisten und männlich. Ihre Sammlungen stellen einen bestimmten Wert dar und stehen gleichzeitig für eine bestimmte Wissenskompetenz. Richtige Sammler werden zu »Spezialisten« auf ihrem Gebiet. Sie werden Experten für Meeresschnecken oder chinesisches Porzellan. Je seltener die Sammlung, desto größer ist ihr scheinbarer Wert. Und was wertvoll ist, braucht einen besonderen Ort. Also geben Sie Ihrer Sammlung den richtigen Rahmen und die Wertschätzung, die sie verdient. Ansonsten trennen Sie sich von ihr.

Ordner

Er bringt Ordnung ins chaotische Büro. Der (Leitz-)Ordner ist eine typisch deutsche Erfindung. So gelocht und gebändigt sind Papiere wie Versicherungspolicen, Fortbildungsunter-

Ordnung

lagen und Rechnungen sicher an einem Ort verstaut. Dieses Ordnungssystem hat nur einen Nachteil: Man schaut in den seltensten Fällen noch mal rein (was abgelegt ist, scheint erledigt), und es entzieht sich dem Entrümpeln. Nehmen Sie sich daher Ihre gesamte Ordnersammlung vor und schauen Sie sich jeden Einzelnen an: Sortieren Sie aus dem Versicherungsordner die Policen aus, die schon längst abgelaufen sind.

> Ordnung ist Ansichtssache und nicht messbar.
> Ihre Ordnung ist nicht unbedingt die der anderen.

Wann haben Sie zuletzt die Ordner aus Ihrer Ausbildungszeit angeschaut? Falls diese Unterlagen nicht zu Ihren Schätzen zählen, können Sie sich nach einigen Jahren von ihnen trennen. Haben Sie Ordner mit scheinbar wichtigen oder zumindest interessanten Zeitungsausschnitten? Falls Sie diesen Ordner in den letzten zwölf Monaten nicht in der Hand hatten, gilt auch hier: weg damit! So entstehen neue Lücken in Ihrem Regal und Freiräume in Ihrem Leben. Freuen Sie sich auf die neuen Impulse, die jetzt kommen können!

Ordnung

Die Bandbreite der individuellen Definition von Ordnung ist ziemlich groß. Hier gibt es keine DIN-Norm. Sicher ist nur, dass Unordnung sozusagen ganz von alleine dort entsteht, wo nicht aufgeräumt wird. Ordnung ist dann der umgekehrte Zustand, in dem alles aufgeräumt und an seinem Platz ist.

O wie Ordnung

Wobei die Definition vom richtigen Platz auch großzügiger als »überall in der Wohnung« ausgelegt werden kann. Und schon wären wir wieder bei der Unordnung. Das Gerümpel wächst also quasi von ganz alleine, wenn man nichts wegwirft. Ähnlich wie Unkraut einen Garten von alleine gestaltet, in dem man das Unkraut nicht jätet. Ordnung ist nicht messbar. Sie ist Einstellungssache. Jeder von uns betrachtet die Welt von seinem eigenen Standpunkt aus. Manchmal kommt es mir so vor, als sei ein bestimmter Ordnungssinn angeboren. Ist Ordnung genetisch vererbt? Haben pedantisch ordentliche Eltern auch äußerst pedantische Kinder? Manchmal eher nicht, denn die Kinder ordentlicher Eltern tendieren ebenso oft zum Chaos wie umgekehrt. Und dass in der Pubertät der Aufstand gegen die geltenden ästhetischen Vorstellungen der Eltern und somit auch gegen deren Ordnungssinn geprobt wird, ist mehr als normal. Auch ist der Ordnungssinn nicht geschlechtsspezifisch. Ordentliche Männer sind genauso häufig anzutreffen wie ordentliche Frauen. Dass manche Frauen dazu tendieren, ihren Männern die Habseligkeiten hinterherzuräumen, ist ihr eigenes Vergnügen.

Ordnungstricks

Ordnung ist Ansichtssache. Das Auge hat die Tendenz, klare Strukturen erkennen zu wollen. Alles, was sich dem entgegenstellt, wird als chaotisch oder unordentlich empfunden. Also überlisten Sie Ihre Optik mit diesen Tricks. Was erscheint unserem Auge als ordentlich? Zum einen Übersichtlichkeit: ein Haufen ungefalteter Handtücher wirkt unübersichtlich; gefal-

Ordnungstricks

tet und aufgereiht wirken sie ordentlich. Auch 90°-Winkel werden als ordentlich empfunden. Legen Sie die Papiere und Stifte im rechten Winkel und parallel zueinander auf den Schreibtisch, und schon sieht das Ganze ordentlicher aus. Das menschliche Auge sucht Struktur, an der kann es sich orientieren. Durcheinander dagegen ist verwirrend!

P wie Probleme

Pampern

Der Begriff ist von der gleichnamigen Windel abgeleitet und bedeutet, jemanden in Windeln zu wickeln, ihm die gleiche Aufmerksamkeit und Pflege wie einem Kleinkind zu schenken, obwohl der- oder diejenige längst erwachsen ist. Zum Pampern gehören immer zwei: einer, der sich unselbstständig verhält und bedient werden will, und einer, der selbstlos bedient. Meist gelingt es Männern mit ihrem Verhalten an den Pflegeinstinkt der Frauen zu appellieren! Sie brauchen nur fluchend und genervt am Kopierer zu stehen und schon kommt eine Frau und fragt sie, was denn das Problem sei. Frauen scheinen schlecht gelaunte, genervte Männer schlecht ertragen zu können, ohne dass das genetisch verankerte weibliche »Es-allen-schön-und-recht-machen-Wollen«-Gen zum Vorschein kommt. Warten Sie doch mal, bis er um Hilfe bittet, und halten Sie sich raus! Lassen Sie ihn machen! Er wird die Butter schon von alleine im Kühlschrank finden! Lassen Sie ihm Zeit und vor allem, rennen Sie nicht gleich hin, um ihm zu helfen! Er findet sich in dieser Situation alleine zurecht! Er ist schon groß genug! Sie müssen es aushalten, nicht immer ungefragt Ihre Dienste zur Verfügung zu stellen. Achten Sie lieber auf sich selbst, und tun Sie sich etwas Gutes!

Papier

Mindestens so viel Papier, wie jeden Tag ins Büro flattert, sollte jeden Tag das Büro auch wieder verlassen. Papier zu verwalten und Projekte und Ergebnisse zu »Papier« zu bringen ist der Hauptbestandteil der Büroarbeit selbst. Ob es sich hierbei um eine öffentliche Verwaltung, eine Organisation, ein Planungsbüro oder ein Heimbüro handelt, ist egal: Der meiste Müll, der anfällt, ist Papier. Jeden Morgen sorgt der Posteingang für neuen Nachschub. Die Faxe laufen Tag und Nacht ein. Alles wird geöffnet und den Projekten entsprechend sortiert. In größeren Büros werden die Papiere entweder an denjenigen weitergegeben,

> So viel Papier, wie jeden Tag hereinkommt,
> so viel fliegt auch jeden Tag wieder raus!

den sie betreffen, oder in kleineren Büros gleich erledigt oder abgelegt. Die größte Ablage ist die Ablage P wie Papierkorb. Noch während Sie die Post lesen, kann alles, womit Sie momentan nichts anfangen können, gleich weggeworfen werden. Das Motto: »Vielleicht brauche ich das später noch mal...«, gilt sicher nicht für die Sonderangebote unterschiedlicher Anbieter. Sollte man sie später wirklich wieder brauchen, so findet sich bestimmt ein entsprechender Anbieter. Und außerdem kann man gerade bei Werbesendungen mit einer gewissen Regelmäßigkeit weiterer Sendungen rechnen. Werfen Sie jeden Tag so viel Papier wie möglich weg. Sie haben wenig Zeit und wollen die Informationen später lesen? Wenn das nicht sofort passiert, sinkt die Wahrscheinlichkeit, dass Sie es überhaupt noch lesen, von Stunde zu Stunde ab. Also können Sie sich gleich davon trennen. Im Übrigen muss man ja auch nicht alles wissen!

Papierkorb

Wie der Mülleimer in der Küche gehört der Papierkorb im Büro mit zu den wichtigsten Utensilien! Ob Müll oder Papiermüll: Wenn der Eimer voll ist, muss er geleert werden. Bevorzugen Sie kleine Papierkörbe, und trennen Sie sich täglich von diesem Ballast. Das tägliche Entleeren sorgt dafür, dass Sie nicht aus lauter Langeweile doch noch die alten Unterlagen aus dem Papierkorb retten – nach dem Motto: »Vielleicht brauch ich's ja doch noch!«

Papierloses Büro

Man hoffte, dass durch den PC weniger Papier im Büro anfallen würde. Eine Fehleinschätzung! Eigentlich haben wir alle Daten im PC, alle Infos auf der Festplatte – wer braucht da noch Papier? Die Faxe gehen direkt auf den PC, die Post wird elektronisch versandt. Aber die Realität sieht anders aus. Proportional mit der allgemeinen Verbreitung der PCs nimmt der Papierverbrauch stetig zu. Informationen werden schneller produziert und ausgetauscht, und es werden auch mehr Informationen produziert als früher. Dokumentiert werden sie meistens noch immer auf beiden Ebenen: papierlos im PC und als Papierdokument. Anscheinend ist es in manchen Firmen sogar üblich, die eingehenden E-Mails auszudrucken und per Hauspost in Papierform zu verschicken! Die Einführung eines neuen Mediums löst nicht zwangsläufig ein altes Medium ab. Selbst das Fax ist im Zeitalter des Internets noch aktuell. Also versuchen Sie, Ihrem Ideal vom papierlosen Büro täglich näherzukommen. Es wäre doch schön, wenn man nur mit einem kleinen Laptop an jedem Ort dieser Welt auskommen könnte!

Partnerschaft

Die meisten Probleme in Partnerschaften sind hausgemacht. Entrümpeln Sie doch mal Ihre Partnerschaft, indem Sie bei Ihren übertriebenen Erwartungen an Ihren Partner anfangen! Ändern Sie Ihre Betrachtungsweise: Sehen Sie weniger die

> **Mit Ihren Vorstellungen und Gedanken gestalten Sie Ihr Leben.**

Defizite Ihres Partners als vielmehr seine oder ihre Qualitäten. Nehmen Sie sich mehr Zeit für Gespräche und weniger für Vorwürfe und sinnlose Diskussionen. Pflegen Sie den Menschen, der Ihnen wirklich wichtig ist, das ist Ihr Schatz!

PC

Was für die Entsorgung des Papiers im Büro gilt, lässt sich auch auf den PC übertragen: Dieser muss von Zeit zu Zeit entrümpelt werden. Irgendwann ist er voll, irgendwann

P wie Probleme

streikt die Festplatte. Das Löschen alter Dateien kann ein Bestandteil des normalen Alltags werden. Die → E-Mails, die hereinkommen, werden, wenn sie erledigt und gelesen sind, gleich gelöscht oder in der entsprechenden Datei gespeichert. Einmal jährlich ist auch hier »Großputz« angesagt. Ich habe die Hälfte meiner Daten entsorgt. All das, was ich lange nicht gebraucht habe, kann auch hier genauso gut verschwinden. Die Gefahren, die durch eingeschleppte Viren bestehen, sind uns alle bekannt. Darum sollte man sich genau überlegen, was man sich ins »Haus« holt, bzw. welche angehängten Dateien irgendwelcher E-Mails man überhaupt öffnet. Ich öffne grundsätzlich keine »Attatched Files« von Absendern, die mir nicht bekannt sind. Ich habe nichts bestellt, also muss ich auch nicht alles annehmen. Ungelesen werden sie gelöscht. Ist es wirklich etwas Dringendes (und das war bisher noch nie der Fall), dann wird sich der Absender wieder melden. Falls Sie es alleine nicht schaffen, Ihren PC von Altlasten zu befreien, dann lassen Sie sich beraten. Inzwischen gibt es nämlich professionelle Computer-Entrümpler, die sich nicht nur um die Organisation Ihrer Dateien, sondern auch um die Entsorgung überflüssiger Inhalte kümmern.

Perfektion

Der Druck, auf allen Gebieten und in jeder Situation perfekt zu sein, kommt nur zu einem kleinen Teil von außen, der Großteil ist hausgemacht. Die Standards geben wir selbst vor! Und dabei sollen wir immer noch schön locker und lässig bleiben! Wie oft betrachten wir uns selbst als Rabenmütter,

Rabentöchter oder unvollkommene und somit weniger liebenswerte Partnerinnen. Perfektionisten sind die schlimmsten Kritiker ihrer selbst. Nicht die anderen, sondern sie selbst bauen sich einen enormen Druck auf! Diesen können auch nur sie selbst wieder abbauen: Sich Mühe zu geben reicht völlig! Alleine die Absicht zählt! Sind Sie nicht die beste Partnerin, die Sie momentan sein können? Vielleicht sind ja andere bes-

> **Perfektion ist Ansichtssache! Jeder ist so perfekt, wie er ist – mitsamt den kleinen Fehlern!**

ser, aber Sie sind gut so, wie Sie sind, und das ist vollkommen in Ordnung! Also seien Sie einfach netter zu sich, nachsichtiger in der eigenen Beurteilung, und betrachten Sie sich nicht immer nur hinsichtlich Ihrer Defizite. Geben Sie einfach nur Ihr Bestes, dann sind Sie perfekt! Wer selbst Perfektionist ist, erwartet meist auch zu viel von seinen Mitmenschen und überlastet sie oft damit. Auch hier helfen Nachsicht, Humor und Leichtigkeit und die Fähigkeit, auch einmal loszulassen. (→ Delegieren)

Pflege

Neue Dinge, die zu uns ins Haus kommen, brauchen einen eigenen Platz, Zuwendung und Pflege. Was wir schön finden, pflegen wir auch gern. Ihm widmen wir gern unsere Zeit und erfreuen uns am Ergebnis. Geputzte Schuhe, gereinigte Kleidung, polierte Möbel, die gehegt und gepflegt werden, altern

P wie Probleme

schöner und entkommen somit dem Müll. Dass man die Dinge pflegt, setzt voraus, dass sie hochwertig sind und dass man sie mag. Mag man seine Schuhe, dann cremt man sie gerne ein; mag man sein Auto, dann wäscht und poliert man es gern. Über die Langlebigkeit eines Produkts entscheidet also nicht zuletzt der emotionale Bezug, den man zu ihm hat, denn der garantiert die persönliche Zuwendung, die sich in guter Pflege äußert. Das ist der beste Schutz davor, dass die Dinge schnell verwahrlosen und somit zu Gerümpel verkommen.

Pinnwände

Pinnwände sind ursprünglich dazu da, die alltäglichen Notizen wie Einkaufszettel, Reinigungsquittungen und Kassenbons für kurze Zeit in unmittelbarer Reichweite zu haben. Der Prospekt des Pizza-Lieferanten hängt dort neben einem neuen Rezept für Mousse au Chocolat und dem Durchschlag des Heizungsablesers. Aber sie entwickeln eine Eigendynamik, sie wachsen langsam zu und werden so gut wie nie aktualisiert. Es kommt immer nur Neues dazu, aber die alte Information wird nicht entsorgt, und so wird die Pinnwand als Informationsträger unbrauchbar. Sie dient dann oft nur als Deponie für Zettel, die man sich nicht wegzuwerfen traut: alte Quittungen, Telefonnummern, die man nicht mehr braucht, Postkarten, die man nicht gleich wegwerfen will. Pinnwände sind nur dann brauchbar, wenn sie ständig aktualisiert werden: die alten, überholten Informationen werden wöchentlich abgehängt, nur was aktuell ist, bleibt.

Wann haben Sie zuletzt auf eine Information von der Pinnwand zurückgegriffen? Sie können sich nicht erinnern? Dann verzichten Sie doch ganz auf diese Wand. Ästhetisch ist sie sowieso kein Gewinn.

Plastiktüten

Im Besenschrank, im Unterschrank der Spüle oder an anderen Plätzen rotten sie sich zusammen: Unmengen von Plastikeinkaufstüten. Obwohl man sie bezahlen muss und fast jeder versucht, sie beim Einkauf zu vermeiden, nehmen sie überhand. Vielleicht gerade weil sie Geld gekostet haben, hält man an ihnen fest. Bevor Sie an Ihr Tütennest gehen, schätzen Sie einmal die Anzahl Ihrer Tüten. Sind es fünfzig oder doch nur zwanzig Stück? Wie viele brauchen Sie im Alltag, um Schuhe einzupacken oder sie mit zum Einkaufen zu nehmen etc.? Ich denke, dass zwanzig reichen werden. Jetzt zählen Sie Ihren vorhandenen Bestand. Um wie viele Tüten haben Sie sich verschätzt? Behalten Sie die sieben besten und werfen Sie den Rest weg! Falten Sie eine schöne davon klein zusammen und stecken Sie diese in Ihre Handtasche. Somit können Sie beim nächsten Spontankauf von Lebensmitteln auf eine neue Tüte verzichten!

Platzmangel

Dass mehr Platz die Lösung aller Probleme ist, ist ein Irrtum. Ein weiterer Raum zieht nur automatisch mehr Gerümpel nach sich und führt nicht zwangsläufig zu weniger Besitz. Ganz im

P wie Probleme

Gegenteil! Wenn man mehr Platz hat, scheint sich die Notwendigkeit, sich von einigen Dingen zu trennen, zu erübrigen! Daher lösen weder größere Schränke noch größere Räume oder Wohnungen die Probleme.

Wenn Sie glauben, dass der Platzmangel das Problem für Ihr Gerümpel ist, dann sehen Sie sich doch einmal das Innere

> **Wenn Sie zu wenig Platz haben,**
> **dann haben Sie irgendetwas zu viel**

Ihrer Schränke an: Ich wette, es ist höchstens zur Hälfte ausgenutzt und davon brauchen Sie wiederum die Hälfte nicht mehr. Entrümpeln Sie daher Ihre Schränke und Regale, und verstauen Sie das, was draußen herumsteht und nach einem eigenen Platz schreit!

Porzellan

Porzellan ist ein wunderbares und angenehmes Material. Kein Mensch würde freiwillig lieber von Plastik- als von Porzellantellern essen. Dieses Material hat nur einen Nachteil: Es kann kaputtgehen. Aber das liegt in der Natur der Dinge, die es zu akzeptieren gilt. Somit reduziert sich ein Kaffeeservice meist im Laufe der Zeit ganz von alleine und übrig bleibt ein Sammelsurium von unterschiedlichen Tassen und Tellern im Küchenschrank. Sortieren Sie zunächst alles angeschlagene Porzellan aus: Alle Teller, die Macken haben und alle Tassen ohne Henkel sind ein Fall für den Müll! Falls Sie bereits morgens keine zwei passende Tassen für Ihren Frühstückstisch finden, dann sehen Sie doch mal in Ihrem Wohnzimmerschrank nach: Steht dort ein komplettes Service, das Sie nur dann auf den Tisch bringen, wenn Besucher kommen? Welch eine Verschwendung! Es braucht Platz und wird kaum benutzt! Also trennen Sie sich von Ihren Einzelteilen, ein Fall für die Kiste Nummer 2! Warten Sie nicht, bis diese Teile kaputtgehen, denn was kaputtgehen darf, weigert sich erfolgreich! Gönnen Sie sich Ihre eigenen schönen Dinge und speisen Sie täglich von einem schönen Geschirr. Das sollten Sie sich selbst und das sollte Ihnen Ihre Familie wert sein!

Prinzipien

Wie wäre es, wenn wir unsere Unarten, schlechten Angewohnheiten und Macken entrümpeln könnten? Zweifellos braucht jeder Mensch bestimmte Werte als Gerüst für sein Leben. Prinzipien sind dabei die kleinen Querstreben, die das ganze stabilisieren, die man aber auch mal austauschen kann, ohne dass die gesamte Statik darunter leidet! Prinzipien können einen ebenso stützen wie auch einengen. Sie können einem wertvolle Erfahrungen vorenthalten. In bestimmten Phasen des Lebens mag es wichtig und vernünftig sein, beispielsweise das Prinzip zu haben, keinen Alkohol zu trinken. Aber falls sich die Lebensumstände ändern, müssen sich auch die Prinzipien ändern können. Man missachtet ja nicht gleich die Zehn Gebote, nur weil man in seinem Leben neue Prioritäten setzt.

Das Leben ist Wandel, und in verschiedenen Lebensphasen wandeln sich eben auch die Anforderungen. Verabschieden Sie sich gegebenenfalls von alten Prinzipien oder Entscheidungen, die Sie momentan blockieren und nichts bringen! Prinzipien können Sie, falls diese Sie behindern, jederzeit verändern oder abschaffen! Dass Sie sich nun anders entscheiden, bedeutet nicht, dass Sie früher eine falsche Entscheidung getroffen haben. Damals waren die Zeiten eben anders. In Ihr heutiges Leben passen heutige Entscheidungen und auch andere Meinungen. Die alten wird man am besten dadurch los, dass man nicht mehr an ihnen festhält! Dann verflüchtigen sie sich auch langsam von allein.

Prioritäten

Es liegt allein an Ihnen: Sie können die Prioritäten Ihres Lebens zu jedem Zeitpunkt verändern. Sie können Ihren Fernseher abschalten und sich mit Ihren Freunden verabreden! Nehmen Sie Ihren normalen Tagesablauf einmal genau unter die Lupe: Was tun Sie, und was ist Ihnen hiervon wirklich wich-

> Setzen Sie neue Prioritäten in Ihrem Leben!
> Was und wer ist Ihnen wirklich wichtig?

tig? Was wollen Sie wirklich vom Leben? Worauf könnten Sie gut und gern verzichten? Welche Aktivitäten machen Ihnen Spaß und sind Ihnen wichtig? Was tun Sie nur ungern oder wo gehen Sie nur sehr widerwillig hin? All diese Fragen münden am Ende in eine sehr banale Frage: Was brauche ich wirklich zum Glücklichsein? Oft ist jedoch der umgekehrte Weg leichter: Was brauche ich sicher nicht? Was raubt mir Zeit und Energie? Was macht mich unglücklich? Wer sich diese Fragen nicht stellt, braucht sich nicht zu wundern, wenn er am eigenen Leben vorbeilebt.

Ohne Prioritäten geht es also nicht. Man muss sich entweder für das eine oder das andere entscheiden. Das funktioniert ganz einfach, wenn ich mein Ziel vor Augen habe. Und das lautet beispielsweise: Das Wochenende ist auch zur Erholung da, darum möchte ich an einem Tag ausschlafen. Schon allein die Aussicht auf diesen »freien« Tag im Kalender entlastet mich und nimmt mir den inneren Druck.

Probleme

Kennen Sie jemanden, der keine Probleme hat? Wohl kaum! Wer kein Problem hat, ist entweder nicht ganz bei Trost oder bereits erleuchtet! Wir haben Probleme mit den Handwerkern, den unkollegialen Mitarbeitern, den nörgelnden Kunden, Probleme mit den schlechten Schulnoten der Kinder, mit dem verständnislosen Partner oder Nachbarn.

Probleme sind Phänomene des Lebens, die einen stören, behindern, blockieren. Sie haben die Fähigkeit, sich überall und jederzeit einzuschleichen – wie Termiten scheinen sie unser Lebensglück zu untergraben. Sie sind auf jedem Gebiet zu Hause: verstecken sich in nicht funktionierenden Geräten als technische, in der Familie als zwischenmenschliche, bei der Koordination von Terminen als organisatorische Herausforderungen. Allen gemeinsam ist, dass man gut und gerne auf sie verzichten könnte! Sie sind gleichermaßen ungeliebt wie vertraut und scheinen immer von außen in unser Leben zu treten.

P wie Probleme

Aber was ist ein Problem? Im Grunde entsteht es, wenn der Ist-Zustand (ich habe kein Geld) nicht mit dem Soll-Zustand (ich muss meine Rechnungen bezahlen) übereinstimmt. Diese Diskrepanz führt zu dem Zustand, den wir als problematisch empfinden. Als Erstes gilt es, den Ist-Zustand zu betrachten und ihn zu akzeptieren, um dann eine mögliche Lösung zu finden.

Manche Probleme wollen jedoch nicht gelöst werden, sondern dienen als nachhaltiges Gesprächsthema, denn ohne sie gäbe es oft keine Berührungspunkte. Haben Sie auch schon einmal versucht, einer Freundin beim Lösen Ihres Problems behilflich zu sein und nach stundenlangen Gesprächen festgestellt, dass jeder, aber auch wirklich jeder Vorschlag abgelehnt, verworfen oder gar nicht beachtet wurde? Als ob gar keine Lösung angestrebt, sondern das Problem wie ein geliebtes kleines Schoßhündchen gefüttert, gehegt und gepflegt wird und dadurch prächtig gedeiht! Über Probleme sprechen muss nicht zwangsläufig zu einer Reduzierung des Problems führen. Ganz im Gegenteil. Über das »Füttern« mit Energie und Aufmerksamkeit kann aus Lappalien eine ausgewachsene Krise entstehen.

Probleme können aber auch durchaus ihr Gutes haben: Sie bringen Anerkennung der Umgebung (»Also wie du das mit diesem Kerl aushältst!«), sind wie Mauern und Wände, hinter denen wir uns verstecken können (»Tut mir leid, dass aus uns beiden nichts wird, aber mit Frauen habe ich ein Problem.«). Sie sind gute Gründe, um etwas nicht tun zu müssen (»Ich würde ja gerne einen Ausflug ins Grüne mit dir machen, aber du weißt, meine Grasallergie ...«) oder den anderen kontrollieren zu können (»Du kannst aber auch gerne alleine fahren, ich bin dir überhaupt nicht böse ...«).

Probleme anderer

Wer von uns ist nicht Spezialist für die Probleme anderer! Wie leicht lassen sich diese doch im Gegensatz zu unseren eigenen lösen! Wie schnell haben wir hier gute Tipps parat! Und diese meist noch ungefragt! Wir wissen genau, welcher Weg für ihn der kürzeste und welche Entscheidung für sie die beste ist. Wir erkennen die Gründe hinter den Problemen anderer genau und kommentieren sie ungefragt: »Ihre Ehe wäre nicht schiefgegangen, wenn ...«, und unsere Kommentare beweisen, dass wir uns gründlich ins Thema eingearbeitet haben.

Doch mit welchem Recht mischen wir uns, oft nur gedanklich, in das Leben unserer Mitmenschen ein? Vielleicht ist es die eigene Betriebsblindheit, vor der wir in unserem Leben bereits kapituliert haben und uns dafür scheinbare »Erfolgserlebnisse« woanders herholen? Hinter unserer »Hilfsbereitschaft« und Sensibilität steckt meist normaler Voyeurismus! Dass wir dabei das Terrain unserer Mitmenschen betreten, über die Zäune in den Nachbargarten klettern, ist uns oft nicht bewusst. Wir betreten, ohne anzuklopfen, fremde Schlafzimmer. Wir haben dort nichts, aber auch gar nichts verloren! Dazu vergeuden wir noch unsere wertvolle Zeit und Energien, die wir für uns selbst gebrauchen könnten! Wir haben selbst genügend Angelegenheiten in Ordnung zu bringen, also sollten wir uns um unsere eigenen Dinge kümmern. Es versteht sich von alleine, dass wir hilfsbereit sind und unseren Freunden helfen, falls sie uns darum bitten. Aber eben nur falls. Sich im Vorfeld die Sorgen anderer zu machen, ist vergeudete Zeit! Trauen wir doch mal zur Abwechslung unseren Freunden zu, dass sie ihre Probleme auch selbst regeln

P wie Probleme

können! Wir stehen einfach nur unterstützend zur Seite, sind da, falls sie uns brauchen, das allein genügt oft.

Probleme lösen

Was immer Sie für ein Problem haben, nur Sie alleine haben die Wahl: Sie können es mästen, Sie können es ignorieren, Sie können es aber auch lösen. Wenn es Sie wirklich in Ihrem

> Probleme kann man nicht loswerden. Man kann sie nur lösen oder loslassen. In dem Moment, in dem ich etwas loslasse, erledigt es sich meist von selbst!

Glück stört, behindert und blockiert und Sie sicher sind, dass Sie es scheinbar nicht brauchen, dann: weg damit! Probleme zu lösen heißt, sich zu fragen:

Ist es überhaupt ein Problem?

Ist es mein Problem?

Lässt es sich lösen?

Falls ja: wie? Wie sieht der erste Schritt in Richtung Lösung aus?

Falls nein: Was ist dann zu tun?

Auf diese lösungsorientierte Art und Weise kommt man mit wenig Energie schnell ans Ziel. Aber nur, wenn man auch dorthin will! Falls man Probleme mit dem Wetter hat und es einem zu heiß ist, so kann man am Wetter sicher nichts ändern. Dieses Problem ist keines, es ist eine »Tatsache« und diese lässt sich nicht verändern. Die Energien diesbezüglich würden hier vollkommen unnötig verpuffen! Wenn mein Partner nicht meiner Meinung ist, so kann das vielleicht zu meinem Problem werden, aber von der Definition her ist es eine Tatsache. Verändern lässt sich hier nichts, außer meiner inneren Haltung. Sich nach dem Warum, Wieso und Weshalb zu fragen und Ursachenforschung zu betreiben, hilft hier nicht weiter. Wenn das Problem nicht zu lösen ist, dann lässt man es am besten unbeachtet (oder sucht sich ein Neues)!

Produktfasten

Sie haben sicher genügend Lebensmittel in Ihrem Kühlschrank, um zwei Tage lang nicht zu verhungern. Auch wenn er scheinbar leer ist, finden Sie bestimmt noch etwas in Ihrer Vorratskammer und seien es nur Nudeln mit Sauce. Ebenso sieht es in unserem Kleiderschrank aus: Wenn ich mir ein Jahr lang keine neuen Kleidungsstücke kaufen würde, würde ich diese Zeit angezogen überleben. Die meisten von uns haben mehr als genug. Also müsste ein Tag in der Woche ohne einzukaufen möglich sein. Wir hinterfragen unsere Gewohnheiten kaum. Der tägliche Einkauf, ständig irgendwo Geld auszugeben, ist ein ganz selbstverständlicher Akt.

Durchbrechen Sie diese Gewohnheit, und entscheiden Sie sich für einen Produkt-Fastentag während der Woche. Er dient der Entschlackung Ihres Haushalts und ist eine Möglichkeit, sich zu einem bewussten Umgang mit Geld und den Produkten, die Sie dafür kaufen, zu erziehen. Und es geht ganz einfach: Bestimmen Sie einen Tag in der Woche, viel-

P wie Probleme

leicht den Mittwoch, an dem Sie sowieso lange arbeiten und abends noch beim Sport sind, zu Ihrem »Produkt-Fastentag«. An diesem Tag wird kein Geld ausgegeben. (Natürlich dürfen Sie die Fahrkarte zu Ihrer Arbeitsstelle lösen, keine Frage!) An diesem Tag nehmen Sie sich Ihr Essen von zu Hause mit. Vielleicht einen Apfel und zwei Bananen, und schon ist die-

**Probleme laufen nicht weg!
Sie lassen sich also morgen auch noch lösen!**

ser Tag auch Ihr Obsttag. An diesem Tag wird nichts gekauft. Auch nicht mal schnell im Vorbeigehen noch ein Eis oder ein paar Strümpfe. Nichts! Lassen Sie am besten Ihr Geld gleich zu Hause. Sie werden feststellen, dass das nicht einfach ist!

Von einem Tag in der Woche ausgehend, können Sie Ihre »Fastenzeit« beliebig ausdehnen. Setzen Sie sich konkrete Ziele: Eine Woche lang keine Kleidung einzukaufen, kann für jemanden, der in der Stadt arbeitet und den ständigen Versuchungen ausgesetzt ist, der erste Schritt weg von Spontankäufen sein. Einen Monat lang keine Schuhe zu kaufen, wäre beispielsweise für jemanden mit einem Schuhtick schon mal ein Schritt in die richtige Richtung.

Programme

Falls Sie sich und Ihr Leben verändern wollen, dann entsorgen Sie Ihre alten Programme! Innere und äußere Regeln und übernommene Werte bestimmen unser Leben. Moralvorstellungen bestimmen, was gut und böse ist, was eine Frau tun und was sie lassen soll, wie der ideale Vater sein sollte etc. Eine Vielzahl an »Programmen« haben wir verinnerlicht und oft ohne nachzudenken zu unseren eigenen Überzeugungen gemacht. Diese wiederum können aus alten, vererbten Mustern stammen. Aus dem Muster: »Man kann anderen nicht trauen«, entsteht die Überzeugung, alles alleine machen zu müssen. Und von da aus ist es nur noch ein Katzensprung zu der Überzeugung: »Mir hilft ja doch keiner.« Falls ich davon überzeugt bin, frage ich natürlich auch niemanden und somit hilft mir auch keiner. Damit ist meine Überzeugung wieder bestätigt. Ganz schnell ist man von dieser Überzeugung bei dem Gefühl, ein Opfer der Umstände oder der anderen zu sein.

Eine alte Überzeugung bindet uns nicht nur energetisch, sondern lähmt uns auch psychisch und physisch. Sie verselbstständigt sich, erzeugt im Gehirn neue Bilder, und plötzlich werden aus den Mitmenschen Feinde, die einem nicht helfen wollen. Negative Überzeugungen wirken wie »sich selbst erfüllende Prophezeiungen« – sie ziehen genau das an, was man eigentlich loswerden will!

Prospekte

Geschäftsleute und Firmen werden von bunten Prospekten und Katalogen geradezu überflutet, und eh man es sich versieht, erstickt man in einem Berg Papier. Für meine Projekte brauche ich jede Menge dieser Hochglanzprospekte und Kataloge. Um nicht im Papier zu ersticken, und da sich die Produktprogramme sowieso ständig ändern, versuche ich, so

P wie Probleme

wenig Papier wie nötig und so viel Internet-Informationen
wie möglich zu haben. Außerdem gilt auch hier: Kommt ein
neuer Katalog ins Haus, fliegt dafür der vom Vorjahr raus!

Provisorium

Hängt bei Ihnen seit Jahren irgendwo in der Wohnung eine
Glühbirne an der Decke, die darauf wartet, gegen eine richtige
Leuchte ausgetauscht zu werden? »So lange, bis was Richtiges
kommt?« Stehen wackelige Regale »übergangsweise« herum,
bis man einmal Zeit hat, sich nach einem »richtigen« Schrank
umzusehen? Diese Art von provisorischen Lösungen haben

> Sie alleine sind der Produzent
> Ihres schlechten Gewissens, also haben auch
> Sie die Macht, es wieder abzuschaffen!

eines gemeinsam: Sie halten ewig! Man gewöhnt sich an deren
Anblick, entschuldigt sich manchmal bei Gästen für die Decke
über der schäbigen Couch, aber ansonsten hat man sich so an
sie gewöhnt, dass man sie schon gar nicht mehr bemerkt. Hier
gibt es nur eine Lösung: Entweder man erklärt diese Proviso-
rien zum Dauerzustand und steht dazu: »Die nackte Glühbirne ist hip und passt hierher«, denn vielleicht ist die seit Jahren
dauernde »Übergangslösung« bei näherem Hinsehen doch ak-
zeptabel? Oder Sie ändern die Situation sofort, denn nichts ist
dauerhafter als ein Provisorium!

Putzen

Eine der ersten Maßnahmen gegen Unordnung ist das Entrümpeln. Daran kommt keiner vorbei! Je weniger Dinge und Möbel im Raum stehen, desto weniger muss aufgeräumt und sauber gemacht werden. Die zweite Maßnahme ist gerade für diejenigen, die es mit der Ordnung nicht so genau nehmen und ungern putzen, zu empfehlen: Engagieren Sie eine Putzfrau, die mindestens wöchentlich zu einem festgesetzten Zeitpunkt kommt. Zum einen entlastet sie Sie, indem sie Ihnen die unangenehme Arbeit des Putzens abnimmt, und zum anderen zwingt sie Sie dazu, mindestens jede Woche aufzuräumen. Denn es kann nicht geputzt werden, bevor nicht auf dem Fußboden alles frei ist und die Kleidung im Schrank hängt. Durch den wöchentlichen Termin wird sichergestellt, dass bis dahin Ordnung herrschen muss. Kümmert man sich dagegen selbst um seine Wohnung, so kann man sowohl das Aufräumen als auch das Saubermachen wochenlang vor sich her schieben. Falls Sie mit Ihrem Partner zusammenleben, ist eine Putzfrau schon aus beziehungstechnischen Gründen empfehlenswert. Die langen Diskussionen, wer wie viel zur Hausarbeit beiträgt und wie viel Schmutz verursacht, gehören dann der Vergangenheit an. Haben Sie Kinder? Dann teilen Sie sich die Hausarbeit. Machen Sie einen Plan, wer in welcher Woche was putzt. Wechseln Sie sich mit dem Sauberhalten von Bad, WC, Treppenhaus, Wohnzimmer und Küche ab, denn die Räume, die von allen benutzt werden, können auch abwechselnd von allen geputzt werden!

Q wie Quasselstrippe

Quasselstrippe

Was tut man gegen ewig lange Gespräche am Telefon, auf dem Flur oder zu Hause? Wie entkommt man diesen Quasselstrippen? Zum einen laden Sie sie am besten nicht zu sich nach Hause ein, denn im Zweifelsfall gibt es für Sie kein Entkommen. Falls Sie sich verabreden, am besten nur auf einen Kaffee. Begrenzen Sie Ihre Treffen, indem Sie klarmachen: Ich habe genau eine halbe Stunde Zeit. Klarheit ist hier der beste Rat. Auch am Telefon gilt: Grenzen Sie Ihre Zeit ein: »Ich kann zehn Minuten mit dir re-

> Jeder hat das Recht auf seine eigenen Probleme,
> also Finger weg von den Problemen anderer!

den.« Punkt. Ohne Rechtfertigung! Denken Sie daran: Der- oder diejenige, der oder die Sie in Grund und Boden redet, ist kaum an Ihnen interessiert. Es sind egoistisch handelnde und von sich redende Menschen, die anderen wenig Respekt entgegenbringen. Aus diesem Grund müssen Sie gut für sich sorgen. Ihre Zeit ist kostbar, Ihr Leben kurz. Also begrenzen Sie Ihre Zeit, die Sie mit ungeliebten Quasselstrippen verbringen. Im Zweifelsfall hilft nur eins: Auflegen. → Klatsch und Tratsch → Fasse dich kurz!

R wie Rumpelkammer

Räuchern

Die reinigenden Werkzeuge, die hier zum Einsatz kommen, sind nicht Besen und Staubsauger, sondern Feuer und Rauch. Aber nur ganz besonderer Rauch: Getrocknete Pflanzenteile oder aromatische Harze werden verbrannt oder über einer Kohle verglüht. Feuer gilt seit jeher als etwas Heiliges, es ist reine Energie und wird in vielen Kulturen mit dem Großen Geist in Verbindung gebracht. Feuer symbolisiert von jeher die Verbindung zwischen dem Weltlichen und dem Göttlichen und ist Basis zahlreicher Rituale. Das Anzünden von Kerzen stellt die einfachste Art des Dankens dar, ist aber auch dazu geeignet, Räume zu reinigen.

Bei sehr starken emotionalen Rückständen wie dicker Luft nach Streitereien, Krankheiten oder dramatischen Vorgeschichten genügt das Anzünden einer Kerze allerdings nicht mehr. Hier ist das Räuchern eine sehr wirkungsvolle Technik, Räume atmosphärisch zu reinigen. Der Rauch verbreitet dabei seine eigenen Schwingungen und die freigesetzten Duftmo-

> Alles ist Energie, die Dinge genauso wie Worte und Gedanken. Alles beeinflusst unser Wohlbefinden.

R wie Rumpelkammer

leküle beeinflussen auch unsere Stimmungen und Gefühle, unsere Träume und Visionen.

Interessanterweise entwickeln bestimmte Pflanzenstoffe wie beispielsweise der → Weihrauch beim Räuchern desinfizierende Eigenschaften. Nicht nur deshalb ist das Räuchern ideal dazu geeignet, um Räume zu reinigen. Traditionell wurde schon immer in den Räumen, in denen sich viele Menschen trafen, geräuchert: So neutralisierte man in den antiken Tempeln die Energien mit Rauch oder lud sie positiv auf. Menschliche Gefühle wie Trauer, Angst oder Streit hinterlassen energetische »Fingerabdrücke« in den Räumen und wirken negativ auf ihre Bewohner. Durch Rauch werden diese Schwingungen neutralisiert. Bevor Sie anfangen, auf eigene Faust zu räuchern, befolgen Sie die Anweisungen in den entsprechenden Büchern dazu ganz genau, oder lassen Sie sich das Räuchern von einem Experten erklären. Feuer ist nicht ungefährlich!

Räucherstäbchen

Räucherstäbchen riechen gut und dienen der Atmosphäre eines Raumes, dem Aufladen mit neuen Energien. Sie bestehen aus pulverisierten Pflanzenteilen, die mit einem Bindemittel vermischt werden. Hinzu kommt ein Brennzusatz aus gemahlener Kohle oder Salpeter. Diese Mischung wird zu kleinen Stäbchen geformt und getrocknet. Das Abbrennen eines einzelnen Räucherstäbchens hat keine reinigende Wirkung auf den Raum. Sie versuchen ja auch nicht eine verschmutzte Wohnung mit einem Puderpinsel zu reinigen. In chinesischen Tempeln werden Räucherstäbchen als Rauchopfer bündelweise angezündet und abgebrannt. Die Qualität der Räucherstäbchen ist recht unterschiedlich. Manche riechen sehr künstlich und bestehen aus synthetischen Substanzen. Die wirklich guten Qualitäten erkennt man daran, dass die in Stäbchenform gepressten Substanzen keinen Holzkern haben. Sie unterscheiden sich auch preislich. Am feinsten und teuersten sind die japanischen Räucherstäbchen aus reinen Substanzen ohne synthetische Stoffe. Sie verbreiten einen angenehmen Duft. Machen Sie aus dem Anzünden des Stäbchens ein kleines Ritual, verbinden Sie den Rauch mit positiven Gedanken, und lassen Sie diese mit dem Rauch in den Himmel aufsteigen.

Raumklärung

Die Raumklärung geht über das Putzen hinaus, da die Räume von energetischem Schmutz gereinigt werden. Auch der kann wie dichte Spinnweben im Raum hängen, sich klebrig und dick anfühlen. Alte Auseinandersetzungen, die Fingerabdrücke der Vormieter, können hier die Ursache sein. Diese Art der Reinigung ist die »Klärung« und erst danach erscheint ein Raum in Licht und Klarheit. Zusammen mit dem Hausputz schafft die Raumklärung erst die Voraussetzung für Harmonie im Haus. Im Prozess des Reinigens und Klärens von Räumen sind alle vier Elemente vereint: Geputzt wird mit Wasser, unterstützt von den besonderen Reinigungseigenschaften des Salzes. Mithilfe des Feuers werden pflanzliche Stoffe verbrannt, diese reinigen die Atmosphäre über ihre Düfte. Gelöst im Element der Luft unterstützen die Düfte vor allem das Aufladen der Räume mit neuen Energien.

R wie Rumpelkammer

Im Normalfall könnte ein Raum alljährlich ein- bis zweimal geklärt werden. Eine Raumklärung beseitigt energetischen Müll und Energieblockaden. Klärung ist immer dann nötig, wenn sich ein Raum von menschlichen Energien verschmutzt anfühlt. Das kann nach einer hitzigen Besprechung in einem Konferenzraum sein oder im eigenen Büro, wenn man Kundenbesuch hatte. Vielleicht haben Sie das schon instinktiv gemacht: Haben Sie schon einmal die Fenster aufgerissen, um frische Luft hereinzulassen, nachdem ein Kunde Ihr Büro verlassen hat? Das wäre eine sanfte Art der Klärung. Sie können ebenso trommeln, klatschen oder laute Musik machen. Auch hierdurch wird die Schwingung eines Raumes verändert und es kann klärende Wirkung haben.

Rechte Winkel

Wenn Sie Ihre Möbel im Winkel von 90° zueinander ausrichten, dann entsteht ein geordneter Eindruck im Raum. Das geschieht ebenso, wenn Sie die Möbel oder Dinge parallel zu einer Wand oder Kante ausrichten. Der Trick mit dem rechten Winkel hilft, in ein unordentliches Umfeld allein durch das geradlinige Anordnen die Illusion von → Ordnung und somit Ruhe zu bringen. Das Auge kommt zur Ruhe, das Chaos wird scheinbar kleiner und der Geist beruhigt sich. Wenden Sie diese Methode auch in Ihren Schränken an: Gestapelte Handtücher und Pullover lassen die Dinge wertvoller erscheinen. Nicht zusammengelegt und wild durcheinander erscheinen selbst die schönsten Kleidungsstücke wie Müll.

Recycling

Schon beim Kauf sollte man die spätere Entsorgung des Gegenstands mit in Betracht ziehen. Ist er Sondermüll oder kann er recycelt werden? (Allerdings müssten wir dann alles aus Microfasern meiden, da dieses Material zum Sondermüll gehört!) Wenn Sie etwas wegwerfen, dann stellen Sie sicher, dass die Dinge möglichst wieder in den Stoffkreislauf zurückgeführt werden können. Pflanzlicher Müll kommt am besten auf den Kompost und wird dort zu Erde. Altglas wird wieder eingeschmolzen, ebenso wie die PET-Flaschen, aus denen sogar Fleece-Stoffe entstehen. Trotz dieser Recyclingsmöglichkeit ziehe ich Mehrwegflaschen aus Glas vor, die beim Hersteller bis zu fünfzigmal gespült, gefüllt und wieder verkauft werden.

Meine persönliche Definition von Recycling ist die, die noch funktionierenden Dinge, von denen ich mich trenne, weiterzugeben. Noch intakte Kleidungsstücke verschenke ich an Freundinnen, falls diese sie wirklich haben wollen (sie dürfen offen »Nein« sagen!). Die Kleidungsstücke aus den Kleidersäcken, die nicht wieder zum Einsatz kommen, landen im Reißwolf und werden, ebenso wie eingestampfte Bücher, zu Dämmmaterialien verarbeitet. Da inszeniere ich doch lieber mein persönliches Recycling, indem ich die Bücher, die ich nicht mehr lesen werde, weitergebe.

R wie Rumpelkammer

Renovieren

Beim Einzug in ein neues Haus sollte man dieses – so weit es geht – renovieren. Beginnen Sie mit dem Fußboden. Schon allein vom hygienischen Standpunkt aus sollte man einen vorhandenen Teppichboden unbedingt austauschen, auch wenn er scheinbar vollkommen in Ordnung ist: Was solch ein Teppich alles aufgesaugt hat, kann man ihm meistens nicht ansehen. Ein anderer Fußboden sollte auf alle Fälle gut geputzt werden. Alte Dielen kann man abschleifen und neu versiegeln. Am besten entfernen Sie auch die Tapeten und tapezieren die Wände neu, denn auch in den Tapeten lagern sich selbstverständlich Schmutz- und Geruchsstoffe ab. Falls Sie nicht neu tapezieren wollen, können Sie zumindest die Wände und Decken vor dem Streichen feucht reinigen, ebenso wie alle Holzbalken und Holzverkleidungen.

Tauschen Sie vor Ihrem Einzug auch das Toilettenbecken aus, Sie werden sehen, dass Sie sich mit einem neuen Becken weitaus wohler fühlen!

Reparaturen

Ein angeschmortes Kabel am Wasserkocher, defekte Schalter an der Schreibtischleuchte können richtig gefährlich werden. Vermeiden Sie daher defekte Geräte und Gegenstände in Ihrer Umgebung! Lassen Sie sie, falls möglich, reparieren. Packen Sie sie in die Kiste »Reparatur«, und bringen Sie sie weg. Falls es keine Möglichkeit der Reparatur gibt, wie beispielsweise bei den neuen elektronischen Geräten, verschenken Sie sie an

> Haben Sie ein defektes Teil innerhalb
> einer Woche nicht repariert, so geben Sie
> es zur Reparatur, oder werfen Sie es weg.

jemanden, der damit noch was anfangen kann. Falls die Kiste
»Reparaturen« nach einem halben Jahr immer noch bei Ihnen
im Keller steht und die Dinge noch nicht wieder in Ordnung
gebracht wurden, zeigt das, dass Sie auch auf sie verzichten
können, also: weg damit!

Reserve

Es gibt Menschen, die immer im Reservemodus leben. Sie haben jede Menge Toilettenpapier und Seife im Haus, besitzen
von allen lebensnotwendigen Dingen mindestens zwei. Sie
haben vielleicht auch sonst im Leben das Gefühl, zu kurz zu
kommen oder übersehen zu werden. Hier fehlt es am Urver-
trauen, dass das, was man braucht, auch immer da sein wird.
Die Sorge vor Mangel scheint das Leben zu überschatten,
sodass die momentane Fülle oft gar nicht genossen werden
kann.

Aber was soll schon passieren? Wenn mal etwas aus- oder
kaputtgeht, lebt es sich vorübergehend auch ohne. Es geht
sogar einmal ohne Toilettenpapier! Bringen Sie sich selbst
mal »an den Rand«, und machen Sie die Erfahrung, dass Ihnen etwas ausgeht. Sie werden es überleben!

Reue

Oft werde ich gefragt: »Was mache ich denn, wenn ich etwas wegwerfe und mir das hinterher leidtut?« Diese Fragen werden meistens von ➜ Hortern gestellt. Die benutzen das »Es könnte mir ja leidtun« als Vorwand, sich nicht von ihrem Krempel trennen zu müssen. Diejenigen, die in ihren Entscheidungen klar sind und dazu stehen, kennen das Thema der späten Reue nicht, denn was vorbei ist, ist vorbei. Wer sich allerdings schon im Vorfeld Stress mit dem »Ich könnte es bereuen« macht, sollte tunlichst die Finger davon lassen. Dann bleibt alles beim Alten, und das ist für diese Spezies meist das Beste!

Reviere

Falls Ihre Familienangehörigen mit all ihren Dingen zu viel Platz in Ihrer Wohnung einnehmen, sich ungebremst überall ausdehnen, ist es wichtig, ihnen Grenzen zu zeigen und

> Horter brauchen Reviere, ansonsten dehnen Sie sich unbegrenzt aus! Definieren Sie das Revier Ihres Partners bzw. Ihrer Mitbewohner.

Reviere zu definieren, die besagen: »bis hierher und nicht weiter«. Wie in Besitz genommenes Land durch eingeschlagene Pflöcke als Eigentum gekennzeichnet wird, so können Sie in Ihrer Wohnung diese Pflöcke »verbal« einschlagen. »Die rechte Seite des Schranks gehört mir, da haben deine Sachen nichts zu suchen!« Markieren Sie auf diese Weise Räume, die tabu für Kinderspielzeug (vielleicht auch nur nach sechs Uhr abends) sind. Definieren Sie Zonen, in denen kein Papier herumliegt und Wände, die gemeinsam oder getrennt gestaltet werden können. Ansonsten dehnen sich die besonders besitzergreifenden Mitbewohner überall in Ihrer Wohnung bis hinein in die Schränke aus!

Rumpelkammer

Ein Abstellraum fürs Bügelbrett und den Staubsauger, einen Hauswirtschaftsraum für die Schmutzwäsche: Glücklich, wer eine kleine Rumpelkammer hat, in der all das steht, was man momentan nicht notwendig braucht – Tür zu und keiner sieht es! Wichtig ist nur, dass auch Rumpelkammern entrümpelt werden, denn ansonsten wachsen sie bis zur Decke zu! Irgendwann kann man diesen Raum dann nicht einmal mehr betreten, ohne dass einem die Dinge wie aus einem vollgestopften Schrank entgegenfallen.

S wie Schlamperei

Salz

Salz ist ein Produkt, das tief aus der Erde oder aus dem Meer gewonnen wird. Von jeher gilt es als wertvoll. Daher rührt auch die Bedeutung, dass das Umwerfen des Salzfasses auf dem Tisch Streit bedeutet. Salz ist ein wichtiger Bestandteil bei Ritualen. So schenkt man auch heute noch zum Einzug in ein neues Heim Brot und Salz. Eine Prise Salz über die linke Schulter geworfen sollte das Unglück fernhalten. Sie kennen

Gerümpel ist geschäftsschädigend.

sicher die magische Wirkung des Salzes, Rotweinflecken zu verhindern. In getrocknetem Zustand kann das Salz entfernt werden, die rote Farbe des Rotweins ist gebunden. Früher war Salz auch Arznei und Heilmittel. Es wirkt antiseptisch und hat die Fähigkeit zu konservieren. Das Salz besitzt aber auch die Eigenschaft, Negatives zu reinigen und zu neutralisieren. Es bindet Energien, es saugt sie geradezu auf. Deshalb eignet sich das Salzwasser für jede Art der Grundreinigung. Sie können dazu entweder reines Meersalz oder Steinsalz ohne Jodzusatz benutzen.

Salz

Zur energetischen Raumklärung wird das Salz pur, ohne Wasser, eingesetzt. Zerkleinern Sie es dazu in einem Mörser, und geben Sie es in eine Schüssel. Von der Eingangstür aus gehen Sie im Uhrzeigersinn an der Wand entlang durch den Raum. Dabei streuen Sie das Salz mit Ihrer Hand gleichmäßig auf den Boden und besonders in die Ecken und Winkel. Setzen Sie den Kreis nach innen fort, bis der gesamte Fußboden mit einer feinen Schicht Salz bedeckt ist. Stellen Sie sich dabei vor, wie das Salz alles aufsaugt, was den Raum verunreinigt. Danach können Sie das Salz zusammenfegen oder mit dem Staubsauger aufnehmen. Bitte werfen Sie den Staubsaugerbeutel danach gleich weg. Sollten Sie beim Einzug in Ihre neue Wohnung aus welchem Grund auch immer einen gebrauchten Teppichboden übernehmen müssen, so empfiehlt sich in diesem Fall zusätzlich eine Salzreinigung.

Im Schlafzimmer kann Salz die Einflüsse negativer Träume neutralisieren. Sie schlafen schlecht? Streuen Sie um Ihr Bett herum einen Schutzkreis aus Salz, der Sie nachts vor negativen Einflüssen schützen soll. Auf diese Weise soll man von den Gedanken und Gefühlen anderer geschützt sein. Probieren Sie es doch einfach einmal aus! Auch Antiquitäten und gebrauchte Möbel kann man mit Salz reinigen. Bitte verwenden Sie hierbei kein Salzwasser, sondern streuen Sie nur die Innenräume der Schränke und Schubladen bis in den letzten Winkel hinein mit Salz aus. Danach saugen oder fegen Sie es heraus und entsorgen das verschmutzte Salz.

Schäbiges

Bei anderen sticht uns das Schäbige und Abgenutzte sofort ins Auge. Die durchgesessenen Stühle im Restaurant, aus deren Polsterstoffen schon die Fäden hängen und die noch dazu abgeschabt und verblasst sind, fallen uns viel eher auf als die Dinge in unserem eigenen Zuhause. Mit Schäbigem wird Armut und Desinteresse assoziiert. Wenn der Restaurantbesitzer schon an den Möbeln spart, wie wird er dann wohl in der Küche wirtschaften? Eins ist sicher: Auch wenn er eine exzellente Küche hat, so ist ihm das Wohlbefinden seiner Gäste nicht so wichtig.

Ein »schäbiger« Eindruck kann auch durch mangelnde → Pflege entstehen. Ist ein Kleidungsstück zerknittert oder fleckig, so sieht es ungepflegt aus, obwohl es vielleicht nagelneu ist. Schäbig werden die Dinge auch durch den Gebrauch, sie → altern. Im Laufe der Jahre sind die Hemdkragen nun einmal abgestoßen, ebenso wie die Manschetten eines Hemdes. Dann hat es seine Dienste geleistet und darf weggeworfen werden. Um das Schäbige im Vorfeld zu vermeiden, sollte man sich beim Kauf fragen: »Wie wird es wohl in fünf bis zehn Jahren aussehen?« Dass gute Qualität in den meisten Fällen auch ihren Preis hat, ist keine Frage.

Scham

Gerümpel und Unordnung erzeugen Scham. Man schämt sich, weil man anscheinend unfähig ist, seinen Haushalt im Griff zu haben. Wer sich schämt, lädt keinen Besuch ein. Somit kann zu viel Gerümpel im Haus langfristig zur sozialen

> **Wenn Sie sich vor anderen wegen
> Ihres Gerümpels schämen, ist es höchste Zeit,
> den Container zu bestellen!**

Isolation führen. Vielleicht haben Sie Bekannte, die Sie seit Jahren kennen und deren Wohnung Sie noch niemals gesehen haben? Es muss nicht immer Unhöflichkeit sein, wenn man nicht eingeladen wird. Es könnte auch sein, dass derjenige ein Gerümpelproblem hat.

Schatzkiste

Die Dinge, die uns wirklich ans Herz gewachsen sind und von denen wir uns nicht trennen wollen, sollten wir auch an einem entsprechenden Ort aufbewahren. Die Liebesbriefe aus der Schulzeit, Muscheln aus dem ersten gemeinsamen Urlaub, ein Stein aus dem Grand Canyon, eine schöne gepresste Blüte, ein Poesiealbum, ganz besondere Fotos, ein Schmuckstück der Urgroßmutter – das alles sind Schätze, die in eine Schatzkiste gehören. So haben sie ihren eigenen Ort, liegen nicht wahllos verstreut herum, müssen nicht abgestaubt werden und gehen auch nicht verloren.

In Regalen sind diese Dinge nur störende Staubfänger, in der Schatzkiste erhalten sie jedoch ihre wahre Bedeutung. Wichtig ist, dass jeder Mensch seine eigene Schatzkiste besitzt, in die ihm keiner hineinredet und in der auch kein anderer etwas verloren hat. Was in der Schatzkiste landet, ist wirklich wertvoll, jedenfalls für Sie persönlich. Beim Sortieren

S wie Schlamperei

merkt man ganz schnell selbst, woran das Herz hängt, und oft landen Dinge, die einem scheinbar wichtig waren, nach kurzer Überlegung nicht in der Schatzkiste, sondern im Container. Die Schatzkiste, in der Ihre privaten Schätze ruhen, kann so groß sein wie eine Truhe, in der man einen Piratenschatz vermutet. Vielleicht ist es eine Kiste aus Holz, verziert und mit handgeschmiedeten Scharnieren und Schlössern versehen? Vielleicht ist Ihre Schatzkiste auch nur eine bunte Blechdose, in der einmal Nürnberger Lebkuchen verpackt waren? Denken Sie daran: Es ist Ihre ganz persönliche, ganz geheime Kiste – vielleicht sollte sie daher verschließbar sein?

Scheinbare Prinzen

Bevor wir uns einen Geschirrspüler kaufen, lesen wir Prüfberichte, informieren uns über Preise und Leistungen und wissen so ziemlich genau, was das Gerät können soll. Auch jede Urlaubsreise ist bis ins Detail geplant. Aber bei der Wahl ihrer Männer versagt frau oft hoffnungslos! (Wie das bei Männern im umgekehrten Fall ist, entzieht sich meiner Kenntnis.) Frau scheint oft an einem scheinbaren Prinzen hängen zu bleiben und hält ihn für das Exemplar, das sie sich wünscht. Hier gilt es zunächst, einen kühlen Kopf zu bewahren und den Mann objektiv zu prüfen. Aber wo sind hier unsere Prüfberichte und Checklisten? Sie würden Zeit und Enttäuschungen sparen. Mit manchen Männern lassen wir uns auf Höhenflüge ein, steigen in den Flieger und springen dann plötzlich ab, ohne geprüft zu haben, ob wir auch tatsächlich einen Fallschirm tragen!

Gehen Sie bei einem neuen Bewerber daher lieber systematisch vor, und zwar von außen nach innen: Schauen Sie sich die Schuhe an – wer sie nicht pflegt, pflegt auch den Rest nicht. Weiter geht es mit der Unterwäsche. Im Rausch der ersten hormongesteuerten Nächte achtet frau wenig auf die gemusterten Unterhemden oder die Unterhosen im klassischen Feinripp.

Lassen Sie nicht jeden in Ihr Haus und erst recht nicht in Ihr Leben!

Nach ein paar Jahren Ehe kann uns jedoch allein dieser Anblick frigide machen! Nehmen Sie also das männliche Exemplar vor Ihrer Nase genau unter die Lupe. Man muss wissen, dass man nur das bekommt, was man sieht – verändert werden kann hier nichts mehr. Hier geht nur »love it or leave it«.

Scheune

Wenn Sie keine eigene Scheune haben, dann können Sie sich glücklich schätzen, denn dann haben Sie ein Problem weniger. In den meisten Scheunen oder Speichern ist kein Platz für Romantik wie in den alten Spielfilmen. Dort zaubern die Menschen aus wunderschönen Truhen die Schätze ihrer Kindheit. Ein altes Schaukelpferd erzählt Geschichten, das Hochzeitskleid der Großmutter ruht in der Truhe. In der Realität sind die alten Kleidungsstücke muffig und schimmelig. Die Schätze sind der Müll von gestern und: Müll bleibt Müll. Wer bei der Hausauflösung infolge eines Erbes wirklich auf einen Schatz trifft, der hat sechs Richtige im Lotto. Ein Speicher im obersten Geschoss eines Hauses (in manchen Gegenden nennt man ihn auch »Bühne«) voller Gerümpel über den eigenen Räumen wirkt auf unser Wohlbefinden nicht gerade »erleichternd«. Die Last ist für empfindsame Seelen deutlich spürbar und darum muss ein Speicher möglichst leer sein. Vollgestopfte Speicher stehen für Blockaden auf einer höheren Ebene, beispielsweise in Ihrer Selbstverwirklichung. Der Ballast »lastet« schwer auf einem, die Last ist durch alle Etagen spürbar.

Schlafzimmer

Das Schlafzimmer ist der wichtigste Raum in Ihrer Wohnung oder Ihrem Haus – hier hat Gerümpel keinen Platz! Hier erholen sich Körper, Geist und Seele, hier verbringen Sie die meiste Zeit des Tages. Diesem Raum sollte daher Ihre ganz besondere Liebe und Aufmerksamkeit gelten! Fühlen Sie sich hier rundum wohl? Falls nicht: raus mit allem, was Sie stört! Bilder oder Objekte, die eine negative Ausstrahlung haben, gehören hier genauso wenig hin wie Bügelbrett und Bügelwäsche. Ihr Bett sollte tipptopp in Ordnung sein, die → Bettwäsche sauber und neuwertig. Wer hier im Sperrmüll haust, der zeigt, dass er sich selbst nichts Wert ist! Abgenutztes und Schäbiges hat im Schlafzimmer nichts verloren. Alter Krempel wie Möbel und Bettwäsche aus Erbbeständen oder vom Sperrmüll tun Ihnen nicht gut, wirken aber vor allem im Schlafzimmer schwächend auf Ihren Organismus ein.

Das Schlafzimmer sollte eher sparsam als zu üppig eingerichtet sein. Eine gewisse Leere im Raum befähigt auch den Geist dazu, hier Ruhe zu finden. Der gesamte Raum sollte eine Atmosphäre von Frieden und Ruhe ausstrahlen. Wenn Sie alleine leben und sich einen Partner oder eine Partnerin wünschen, dann legen Sie sich doch schon einmal ein zweites Kopfkissen in Ihr Bett! Und gestalten Sie den Raum so, dass er oder sie jederzeit willkommen wäre und sie sich dieses Raumes nicht schämen müssen! Wenn Sie an Schlafstörungen leiden, dann ist es wichtig, das Schlafzimmer mit möglichst wenig Dingen zu möblieren. Meistens wird der Fehler gemacht, irgendetwas zu kaufen. Verzichten Sie auf scheinbare Problemlöser wie Rosenquarz, andere Steine oder Wasserfallposter und Spiegel. Die erste Regel bei Schlafstörungen ist die, auf alles außer dem Bett zu verzichten. Alles ist Energie, jeder Stein, jedes Bild. Vermeiden Sie alles, was Unruhe in den Raum bringt, dazu kann auch bunte, gemusterte Bettwäsche zählen.

Schlamperei

Ein unaufgeräumter Schreibtisch lässt von außen nicht gerade auf hochwertige Arbeit schließen. Falls Sie im Restaurant zufällig einen Blick in eine völlig chaotische und unübersichtliche Küche erhaschen würden, hätten Sie ja auch kein Vertrauen mehr in die Qualität des Essens! Äußere Schlamperei wird zwangsläufig mit innerer in Verbindung gebracht. Oft zeigen sich hier Probleme mit der eigenen Wertschätzung. Wie soll denn bitte ein anderer Ihre Arbeit schätzen, wenn Sie selbst sie gering schätzen? Ob handwerkliche Arbeit, Schularbeit oder wissenschaftliche Arbeit: Die Schlamperei ist allgegenwärtig, und kaum ein Mensch scheint es mehr als Teil seiner Arbeitspflicht zu betrachten, was er tut, auch gut zu tun. Nach dem Motto: »Die anderen werden es schon nicht merken«, wird überall geschlampt und geschludert. In Unternehmen kann man sich ja in einer großen Gruppe verstecken, sodass oft nicht mehr nachzuvollziehen ist, wer welche Schraube einzudrehen, nachzuziehen oder zu überprüfen vergessen hat. In großen Produktionsabläufen leidet die Eigenverantwortung ebenso wie im übersichtlichen Handwerk.

Schlamperei wird auch über die Kleidung eines Menschen nach außen transportiert. Der schlampig-legere Lässiglook und ausgelatschte Gesundheitssandalen sind nicht gerade die Kleidung, mit der man sich selbst oder andere wertschätzt. Machen Sie deshalb Schluss mit der ständigen Schlabbermode! Seien Sie sich selbst etwas wert, und kleiden Sie sich auch zu Hause, nur für sich selbst, schön und angemessen. Stellen Sie sich jeden Morgen vor, auch wenn Sie das Haus nicht verlassen, Sie bekämen heute hohen Besuch. Indem Sie sich selbst achten, wird auch die Achtung vor anderen, den Dingen und der Arbeit gegenüber zunehmen.

Schmutz

Schmutz ist zunächst nichts anderes als Materie am falschen Ort! Es gibt keinen zwangsläufigen Zusammenhang zwischen Schmutz und Gerümpel. Haushalte mit wenig Dingen können genauso sauber oder verdreckt sein wie Haushalte mit zu viel davon. Allerdings wirken Räume mit viel Gerümpel immer schmutziger als leere. Der Mensch scheint mit unübersichtlicher Unordnung sofort auch Schmutz zu assoziieren. Wer darauf Wert legt, dass es sauber aussieht oder weniger putzen möchte, sollte die Dinge reduzieren. Ein leeres Regalbrett ist leichter zu entstauben als ein Brett mit reichlich Nippes. Gerümpel kostet nicht nur Geld in der Anschaffung, sondern auch Zeit und Energie beim Abstauben.

Schnäppchen

Wir haben zu viel und doch nicht das Richtige. Vielleicht lassen wir uns von Schnäppchen blenden und kaufen zum Beispiel ein Kleidungsstück, weil es billig ist, und nicht, weil es uns wirklich gefällt. Danach hängt es unbenutzt im Schrank herum. Spontan- oder Frustkäufe bestimmen unser tägliches Kaufverhalten. Viel zu spät stellen wir uns die Frage, wozu und ob wir das Stück wirklich brauchen. Macht es Sinn? Stimmt die Qualität? Wie wichtig ist es uns wirklich? Und: »Brauche ich das wirklich?«

Entscheiden Sie sich, wenn Sie etwas brauchen, für ein qualitativ hochwertiges Produkt, das nicht schon nach ein paar Wochen Lebensdauer auseinanderfällt. Entscheiden Sie sich für Geräte, die den Kundendienst beinhalten und zur Not reparabel sind: Ein billiges Fahrrad aus dem Kaufhaus wird in den Fahrradwerkstätten meist nicht zur Reparatur angenommen.

Schnäppchenjagd

Einen günstigen »Fang« gemacht zu haben, ein Sonderangebot »geschossen« zu haben, entspricht unserem archaischen Jagdinstinkt – allerdings jagen die Schnäppchenjäger unter uns zumeist Unnützes – etwa preiswertes Geschirr, obwohl man schon über genügend Geschirr verfügt. Schnäppchen haben eine gewisse Eigendynamik. Da kaufen durchaus intelligente Menschen plötzlich Dinge, die sie nie im Leben brauchen werden – nur aufgrund des scheinbaren Preisvorteils. Die Freude liegt

> **Vermeiden Sie Schnäppchenmärkte und Schlussverkäufe, wenn Sie dafür »anfällig« sind!**

primär darin, wie viel man gespart hat. Aber was nützt mir etwas Billiges, wenn ich es überhaupt nicht brauche? »Erleichtert es mein Leben? Nimmt es mir Arbeit ab? Brauche ich es wirklich?«, sind die Fragen, die man sich auf einen Zettel notieren und ins Portemonnaie stecken sollte. Diesen Zettel zückt man, bevor es ans Zahlen geht. Und überlegen Sie vor einem Kauf immer: »Welches alte Teil verlässt mein Haus, wenn ich jetzt mit diesem neuen heimkomme?« Falls Sie darauf keine Antwort haben, bleibt das Neue, was immer es ist, im Laden.

Schnickschnack

Die kleinen Porzellanfiguren auf der Anrichte, die Schildkröte aus Jade, eine kleine Kristallkugel, jeder hat in seiner Umgebung irgendetwas, das man nicht genau definieren kann. Oft weiß man gar nicht mehr so genau, wie diese Dinge den Weg ins Haus gefunden haben. War der Stein ein Geschenk oder hat man ihn vom letzten Urlaub? Dieses Windspiel, warum es hier hängt? Keine Ahnung! Der Traumfänger? Nun ja. Überall zwischen den Büchern verstreut stehen Bären herum. Bären aus Holz, Bären aus Ton, Stoffbären. Nein, eine Sammlung soll das nicht sein. Die sind da, einfach nur so, weil sie süß sind, lautet oft die Antwort. Schnickschnack erfreut die Menschen, dient der Dekoration Ihrer unmittelbaren Umgebung. Die Frage ist nur: Wann habe ich diese Stücke zuletzt bewusst wahrgenommen? Und haben sie noch eine Bedeutung in meinem gegenwärtigen Leben? Wenn sie noch von Bedeutung sind, dann spricht nichts gegen ihre Gegenwart. Wenn sie jedoch seit Jahr und Tag dort stehen, eigentlich keine Bedeutung mehr haben und dazu noch stören, müsste auch der Schnickschnack Stück für Stück aussortiert werden. Also stellen Sie jedem Stück die drei Fragen: »Brauche ich dich wirklich?« Nein. »Erleichterst du mein Leben?« Nein. »Machst du mich glücklich?« Falls ja, ist es ein Fall für die Schatzkiste, falls nein, für den Flohmarkt.

Schöne Dinge

Was für den einen entbehrlich und nutzlos ist, ist für den anderen wertvoll und schön. Wir brauchen die sogenannten »schönen Dinge« nicht wirklich, sie haben vielleicht auch keinen »Gebrauchswert«. Sie »können« nichts wirklich, außer dass wir uns an ihnen erfreuen. Aber auch das kann man als »erweiterte Gebrauchsfunktion« sehen. Sie erzeugen in uns positive Gefühle, wir erfreuen uns an dem Bild an der Wand, an einer kleinen Figur auf dem Sims, dem Foto auf dem Schreibtisch. Wir nehmen den Stein gerne in die Hand, weil er unserer Hand schmeichelt. Diese Dinge erfreuen unsere Sinne und erzeugen gute Gefühle in uns. Sie geben uns Kraft: So ist das Kreuz als

S wie Schlamperei

Glaubenssymbol ein aufgeladener Gegenstand. Ebenso können Amulette und Talismane als Glückssymbol durchaus auch einen »Gebrauchswert« haben. Wir glauben daran, dass sie uns Glück bringen, und somit stehen diese Dinge für besondere Energien. Ein Herz, das als Schmuckstück getragen wird oder als Bildmotiv die Wand schmückt, kann ebenso für Liebe wie für Intuition oder partnerschaftliches Glück stehen. Es stärkt seinen Träger bzw. seine Trägerin und berührt sein oder ihr Herz.

Doch auch diese schönen Dinge sind dem Wandel unterworfen. Sie gefallen uns eine Zeit lang, danach nehmen wir sie vielleicht überhaupt nicht mehr wahr. Entrümpeln Sie deshalb regelmäßig Ihre Räume, und überprüfen Sie, welche Dinge wirklich noch Ihr Herz berühren. Hegen und pflegen Sie diese Schätze!

Schonen

Welche Dinge benutzen Sie selten oder so gut wie nie, nur um sie zu »schonen«, damit sie scheinbar länger halten? Das kostbare Porzellanservice? Die neuen Schuhe? Manche Dinge schonen wir »zu Tode«, nämlich so lange, bis wir keine Lust mehr haben, sie zu benutzen! Die »Schondeckchen-Kultur« unserer Vorfahren war Puffer zwischen Blumenvasen und dem Möbel, Puffer zwischen Mensch und Möbel. Schonbezüge im Auto sollen die Originalbezüge vor Abnutzung schützen. Diesen Dingen möchte man das Altern ersparen, sie vor der Abnutzung schützen, indem man sie nicht benutzt. Paradox! Wozu ist ein Sessel da, wenn man sich nicht draufsetzen darf? Wozu eine Tasse, wenn man nicht aus ihr trinken und sich an ihr erfreuen darf? Falls sie dabei kaputtgeht, hat diese Tasse wenigstens »gelebt« und wird nicht nach Jahren der Schonung völlig unbenutzt und intakt zum Gerümpel! Hinter unserer Absicht, die Dinge zu schonen, steht der Versuch, die Zeit anzuhalten und die natürliche Alterung zu unterbinden, doch das wird uns kaum gelingen!

Schränke

Schränke kosten Geld, brauchen Platz und nehmen oft noch den besten Platz im Raum ein. Für sie werden Häuser gebaut, um sie herum wird möbliert. Keine Frage, Kleider brauchen Schränke. Bücher brauchen Regale. Aber die Schränke lösen nicht unsere Probleme mit dem Zuviel an Dingen, denn je mehr Schränke Sie haben, desto mehr Dinge ziehen diese nach sich. Oder haben Sie jemals einen leeren Schrank gesehen, der auf seinen Inhalt wartet? Schränke entwickeln ein Eigenleben: Sie brauchen Platz im Haus, man muss ihnen ei-

> Schränke lösen keine Platzprobleme!
> Kaufen Sie sich keine zusätzlichen Schränke,
> sondern entrümpeln Sie lieber!

nen Raum geben und dieser Raum geht auf Kosten der dort lebenden Menschen. Wir brauchen Häuser, damit wir unsere Dinge in Schränken unterbringen und oft sind sie uns wichtiger als die Menschen selbst.

Die Dinge nehmen so viel Platz ein, wie wir ihnen geben.

S wie Schlamperei

Wenn Sie mehr Platz zur Verfügung haben und deshalb neue Schränke kaufen, dann wird auch dieser neue Platz in wenigen Wochen wieder zu wenig sein. Es liegt also nicht an den fehlenden Schränken, dass wir keinen Platz haben, sondern daran, dass wir zu viele Dinge haben! Entrümpeln Sie zunächst das Innere Ihrer Schränke. Was hatten Sie seit einem Jahr nicht in der Hand? Reduzieren Sie den Inhalt mindestens um die Hälfte! Dann wird Platz für die Dinge außerhalb Ihrer Schränke, die immer im Weg herumstehen!

Schrankwand

Im bäuerlichen Haushalt kam man noch mit einzelnen Truhen aus. Heute laufen die Schränke von Wand zu Wand bis hinauf an die Decke. Manche Wände sind nur dazu da, dass die Schränke aufgestellt werden können. Die sogenannten ungebrochenen oder starken Wände, das sind diejenigen ohne Fenster und Türen, dienen im Wohn- wie im Schlafzimmer den Schränken. Es gibt kaum ein Wohnzimmer, das ohne diese »Schrankwand« auskommt. In diesem oft maßgeschneiderten Einbaumöbel ist der Fernseher untergebracht. In dieser Schrankwand stehen Porzellan und Gläser, welche in der Küche keinen Platz finden. In der Schrankwand steht das Geschirr, das man nicht alle Tage braucht. Das »gute« Service, das nur am Sonntag oder bei Besuch benutzt wird, gibt es heute fast noch in jedem Haushalt. Ebenso wie die »guten« Gläser, die zu schade sind, um sie jeden Tag zu benutzen. Hier findet sich das 24-teilige Service, das man wirklich nur einmal im Jahr für den ganz großen Besuch braucht. In der Schrankwand sind Spiele verstaut und Knabberzeug für den Fernsehabend genauso wie die Fotoalben und Dinge, die die ganze Familie betreffen.

Die Schubladen der Schrankwand sind mit Krimskrams gefüllt. Wann haben Sie den das letzte Mal gebraucht? Finden sich hier Kerzenstummel von Weihnachten, die Sie vielleicht irgendwann wieder einschmelzen wollen? Oder etwa alte Batterien, die inzwischen schon halb leer sind? Oder vielleicht noch Steine aus dem letzten Urlaub? Und was steht in den offenen Regalen Ihrer Schrankwand? Entrümpeln Sie, indem Sie jedes einzelne Teil in die Hand nehmen und sich fragen, ob und wozu Sie dieses noch brauchen. Wann haben Sie es zuletzt gebraucht? Vor Jahren? Dann ist die Chance, dass Sie es in den nächsten Jahren brauchen werden, ebenso gering.

Schreibtisch

Sind Sie ein → Kraterarbeiter, der sich durch einen Berg von Papieren wühlen muss? Verbringen Sie mehr Zeit damit, die Vorgänge auf Ihrem Schreibtisch unter Stapeln von Papier zu suchen, als sie dann abzuarbeiten? Falls Ihr Schreibtisch überquillt, sollten Sie also zunächst Ihre Arbeitsweise analysieren: Eine »Umstrukturierung« könnte hier helfen. Freunde, die in der Verwaltung arbeiten, professionelle Ordnungsspezialisten und entsprechende Bücher können Ordnung in das kreative Chaos bringen. Aber zunächst sollten Sie herausfinden, mit welchen Hilfsmitteln Sie am liebsten arbeiten. Vielleicht sind Sie der →»Hängeregister-Typ«: Auch diese sind schnell zugänglich. Oder liegen Ihnen → Ordner mehr, und Sie legen alles gleich fein säuberlich gelocht ab? Denken Sie

S wie Schlamperei

daran: Ein halb leerer Schreibtisch befreit von Druck und Suchzwang, ein überquellender Schreibtisch dagegen seufzt schon am Morgen: »Das ist mir alles zu viel ...«

Leere auf dem Schreibtisch gewährleistet auch einen gewissen gedanklichen Freiraum. Falls Sie die Oberfläche Ihres Schreibtischs unter den Papierstapeln nicht mehr erkennen können, so ist es dringend an der Zeit, sich einen ➜ Min Tang anzulegen. Im Chinesischen bedeutet dieser Begriff »Teich« und bezeichnet eine freie Fläche, in diesem Fall auf Ihrem Schreibtisch. Sie muss gar nicht groß sein – wenn ein DIN-A4-Blatt Platz darauf findet, dann genügt das vollkommen. Auf dieser gut sichtbaren Fläche sollten Sie nichts ablegen, denn sie erinnert Sie täglich daran, dass Sie alles tun müssen, um Ihren Ballast zu verkleinern und jeden Tag so viel wie möglich wegwerfen sollten, um mehr Freiräume zu gewinnen. Nur wenn eine gewisse Leere da ist, kann überhaupt Neues in Form von Ideen und Gedanken nachkommen.

Schreibtisch entrümpeln

Eine effektive Methode, den Schreibtisch zu entrümpeln, beginnt damit, ihn völlig leer zu räumen. Legen Sie alles, was sich auf Ihrem Schreibtisch befindet, zunächst auf den Boden. Dann nehmen Sie einen Lappen und reinigen die Oberfläche Ihres Tisches. Vielleicht nehmen Sie dabei die Schreibtischplatte zum ersten Mal bewusst wahr. So, jetzt setzen Sie sich an Ihren leeren Schreibtisch und genießen die Aussicht! Stellen Sie sich vor, Sie hätten tatsächlich alles erledigt und säßen jetzt an Ihrem Schreibtisch! Fühlt sich das nicht gut an?

Konservieren Sie dieses Gefühl der Erleichterung und Leere.
Weiter geht es dann mit der ➜ Vier-Stapel-Methode!

Schubladen

Schubladen oder genauer deren Inhalt sind oft unbekanntes
Terrain. Wenn Sie auf die Frage: »Was befindet sich in dieser
Schublade?«, keine konkrete Antwort haben, dann haben Sie
deren Inhalt schon lange nicht mehr gebraucht. Dinge, die
Sie tagtäglich brauchen wie Besteck und Werkzeug, haben
dort ihren Platz. Aber nehmen Sie sich doch mal jede Schublade vor: Welche »Schätze« treten da zutage? Alte Batterien,
ein Walkman, der seit über einem Jahr nicht mehr gebraucht
wurde, daneben veralteter Modeschmuck. Eine Sonnenbrille,
die Sie seit zwei Jahren nicht mehr aufgesetzt haben, weil
sie damals schon unbequem war. Aber irgendwie ist sie noch
wie neu. Eigentlich ➜ Zu schade zum Wegwerfen! Daneben
liegen Streichholzschachteln, die man dort nicht sucht, falls
man mal Feuer braucht.

Schubladen ziehen wie magisch allerlei Schnickschnack an,
den man nicht findet, wenn man danach sucht. Also reduzieren Sie Ihre Schubladen im Haus und im Büro! Erfahrungsgemäß reicht eine am Schreibtisch völlig aus! Entrümpeln Sie
großzügig nach dem Prinzip ➜ »Ein Jahr lang nicht benutzt«,
und weisen Sie danach Ihren Schubladen »Gebiete« zu: Besteck in die eine, Nähzeug in die andere, Schuhputzutensilien
in die dritte. Vermeiden Sie eine Vermischung der Bereiche,
ansonsten entstehen gleich wieder kleine Deponien!

S wie Schlamperei

Schuhe

Schuhe sind der wichtigste Bestandteil eines Outfits. Ihr Zustand und ihre Pflege zeigt, was wir uns selbst wert sind. Absätze sollten nicht abgelatscht und das Leder nicht vergammelt sein. Die Schuhe, an denen man hängt, pflegt man am liebsten. Auch hier zeigt sich, dass gute Qualität schöner altert. Achten Sie auf Ihre Schuhe, immerhin treten wir sie täglich mit Füßen.

Neben dem reinen Gebrauchsobjekt sind Schuhe für viele Frauen begehrte »Beute«. Sie verlieben sich in ein Modell, müssen es unbedingt besitzen, auch wenn sie es selten tragen werden. Um Ihren Schuhtick unter Kontrolle zu kriegen, ist es

> **Auch bei Schuhen gilt: Sobald ein neues Paar ins Haus kommt, fliegt dafür ein altes raus.**

wichtig, dass Sie nur Schuhe kaufen, die jetzt schon gut passen und bequem sind. Wenn sie diese erst »einlaufen« sollten, um sie überhaupt tragen zu können, dann werden Sie sie kaum anziehen. Sie sollten bei der Anprobe bereits darüber nachdenken, welches alte Paar Sie dafür opfern werden. Und stellen Sie die → Drei magischen Fragen! Wenn Sie wenigstens die letzte mit »Ja« beantworten können, dann viel Spaß mit Ihrem neuen Paar!

Schuldgefühle

Schuldgefühle entstehen in uns aufgrund unserer eigenen Vorstellungen, ein guter Mensch sein zu müssen und es jedem recht machen zu müssen. Mit diesen Gefühlen verdienen ganze Wirtschaftszweige ihr Geld: Wir sind schlechte Mütter, wenn wir nicht mit Weichspüler waschen, schlechte Ehefrauen, wenn wir keinen italienischen Kaffee kochen, schlechte Mitmenschen, wenn wir der Stiftung zur Rettung einheimischer Fledermäuse nichts spenden.

Die meisten Schuldgefühle sind mal wieder selbst gemacht! Sie entstehen in uns, und nur wir können sie auch wieder beseitigen: »Ich müsste mehr Verständnis für meine Kinder haben...; geduldiger mit meinem Chef sein...; netter zu meinen Nachbarn...; besser in der Schule...« Wer von uns kennt sie nicht, die Selbstvorwürfe, die wie eine Schallplatte mit Sprung in unserem Kopf herumleiern? Aber Tatsache ist nun einmal: Der Mensch ist gut und böse, nett und unfreundlich, geduldig und zickig in einem. Wie es Tag und Nacht gibt und wir nicht nur die eine Seite der Medaille haben können, wie wir Sommer und Winter akzeptieren müssen, so sollten wir die Polarität in uns auch endlich einmal akzeptieren. Immer nur »gut« sein zu wollen führt zu einem selbst gemachten Druck, dem keiner standhält! Wünschen Sie nicht manchmal einem anderen die Pest an den Hals? Könnten Sie nicht ab und zu jemanden vors Schienbein treten? Falls nein, sind Sie vielleicht schon erleuchtet, oder Sie leben nur halb. Diese einseitig »guten« Menschen, die ihre negativen Seiten nicht leben, treffen komischerweise im Leben auf streitsüchtige Nachbarn, aggressive Partner oder hinterhältige Kolle-

S wie Schlamperei

gen. Machen Sie deshalb Schluss mit den Gewissensbissen und Schuldgefühlen! Akzeptieren Sie sich selbst, mit all Ihren Ecken und Kanten!

Schwarzseher

Mit ihren Ängsten und Befürchtungen machen die permanenten Schwarzseher sich nicht nur selbst das Leben schwer, sondern ziehen uns auch gleich noch mit runter. Sie sehen hinter jedem Menschen einen potenziellen Betrüger, vermuten immer nur das Schlimmste. Für diese Sorte Menschen ist das Glas halb leer, während es für uns halb voll ist. Wenn es

> Lassen Sie sich nicht von Schwarzsehern die Laune verderben!

uns gut geht, sind wir den Einwänden und Schwarzmalereien einigermaßen gewachsen. Wenn es uns jedoch schlecht geht, sind sie die totalen Runterzieher.

Hier gibt es nur eins: Meiden Sie in Krisensituationen die Nähe dieser Spezies! Gehen Sie auf Distanz! Lassen Sie die negativen Schwingungen anderer nicht an sich heran! Ich stelle mir bei solchen Gelegenheiten immer vor, dass ich eine gelbe Regenjacke anziehe, an der alles Negative wie Regen abperlt!

Schwiegermutter

Manches kann man nicht verändern und manches wird man noch weniger los. Das einzig Veränderbare ist die eigene Einstellung! Wer heiratet, bekommt sie gratis dazu: Die manchmal »schwierige« Mutter. Sie macht vor allem Schwiegertöchtern zu schaffen. Betrachten Sie sie als einen Ihrer »Schätze«, denn ohne Ihre Schwiegermutter hätten Sie heute nicht Ihren Partner an Ihrer Seite!

Schwingung

Alles ist Energie, jedes Ding in unserer Umgebung hat seine ganz eigene energetische Schwingung. Manches bereichert unsere Wohnung und unser Leben, anderes schwächt uns. Entwickeln Sie mehr Sensibilität für die Schwingung oder Ausstrahlung der Dinge, und prüfen Sie gut, was oder wen Sie in Ihr Haus und in Ihr Leben lassen. Nicht jedes Souvenir aus einem fernen Land tut Ihrer Wohnung gut. Rituelle Gegenstände aus fremden Kulturen müssen nicht unbedingt unsere Wohnzimmer schmücken. Die Dinge, an denen Ihr Herz hängt, die Sie persönlich schön finden, heben das Schwingungsniveau in Ihren Räumen an. Gerümpel, eine Ansammlung alter, lange nicht gebrauchter und verstaubter Dinge hingegen blockiert die Energien.

S wie Schlamperei

Selbstblockaden

»Wenn meine Eltern damals…«; »Wenn mein Chef nicht wäre«
…Wenn die anderen nicht wären, dann ginge es uns scheinbar
so viel besser! Wenn der Ehemann nicht ständig Ansprüche
stellen würde, wenn die Mutter nicht ständig kränkeln würde, die Kinder nicht unsere volle Aufmerksamkeit bräuchten,
ja was würden wir da alles tun können! »Ich würde ja gerne
wieder studieren, aber ich habe ja drei Kinder zu versorgen«;

> **Enttarnen Sie Ihre Selbstblockaden,**
> **und entsorgen Sie diese!**

»Wenn mein Chef nicht gegen mich wäre, dann hätte ich schon
längst Karriere gemacht«; »Wenn ich nicht schwanger geworden wäre, hätte ich jetzt einen Hochschulabschluss«.

Wir suchen die Gründe, etwas nicht machen zu müssen,
meistens im Außen, aber sie liegen in uns selbst! Wer sonst,
außer wir selbst, sind verantwortlich für das eigene Leben,
sowohl im Privaten als auch im Beruf?

Was für die einen Hindernisse sind, sind für die anderen Herausforderungen: Also machen Sie sich keine Sorgen! Was Sie
wirklich und von ganzem Herzen erreichen wollen, das können Sie auch erreichen! Die Steine legen wir uns selbst in den
Weg! Wer sabotiert uns denn? Wer hält uns fest? Keiner, außer
wir selbst! Wir lassen uns die Steine in den Weg legen und legen noch größere Brocken dazu! In dem Moment, in dem wir
das begriffen haben, können wir aktiv die eigene Verantwortung für unser Fortkommen übernehmen. Es bringt uns keinen

Schritt weiter, andere für die eigene Stagnation verantwortlich zu machen. In dem Moment, in dem wir handeln und jeder seine eigenen Fehler macht, ist jeder auch frei, das zu tun, was er will. Wir brauchen dann auch keine Schuldigen mehr zu suchen, die uns zu Opfern machen! Und wir sind auch nicht länger das Opfer der Umstände, unserer schlimmen Kindheit, des schlechten Schulsystems, des ungerechten Chefs. Aus dieser inneren Haltung heraus entsteht die Möglichkeit, dass wir unser Leben jederzeit selbst verändern können! Erkennen Sie Ihre Blockade, und entfernen Sie sie aus Ihrem Leben! Stellen Sie sich zwischendurch immer wieder folgende Fragen:

Wer oder was blockiert mich?

Blockiere ich mich mal wieder selbst?

Wie kann ich mich stärken?

Wer oder was kann mich bei meinem Vorhaben unterstützen?

Selbstdarstellung

Handtaschen, Armbanduhren, Autos, Möbel – die Dinge haben nicht nur eine Gebrauchsfunktion. Sie sind für uns auch Symbole und Mittel der Selbstdarstellung. Das Auto beispielsweise ist Gebrauchsobjekt und Statussymbol zugleich. Es zeigt unseren Mitmenschen, wie erfolgreich wir im Leben sind. Oder vielleicht auch nur, wie erfolgreich wir gerne wären. Einrichtungsgegenstände sind ebenfalls sowohl nützlich als auch repräsentativ. Jeder Stuhl muss dem Sitzen dienen, aber wie er gestaltet ist, ist recht unterschiedlich. Ist er ein Statussymbol? Ist er einfach nur »schön«? Oder ist er ein Erbstück? Erinnert

S wie Schlamperei

er uns an eine bessere Zeit? Ist er ein Relikt aus unserer Kindheit? Mit bestimmten Dingen verbinden wir Erinnerungen und Erlebnisse, dadurch werden Sie für uns »wertvoll«. Der Teddy auf dem Sofa ist vielleicht ein Teil Ihrer Kindheit. Er erzählt eine Geschichte, er ist Teil Ihrer selbst erlebten Zeit. Auch das ist ein Teil Ihrer Selbstdarstellung. Ebenso sind Andenken, die wir von Urlaubsreisen mitbringen, Teil unserer Selbstdarstellung. Sie zeigen, wo wir waren, welche Reisen wir uns leisten konnten. Manche Dinge werden nicht gekauft, weil man Freude daran hat, sie werden unter dem Kalkül angeschafft, unsere Mitmenschen zu beeindrucken. Schauen Sie sich in Ihrer Umgebung um: Welche Dinge sind reine Selbstdarstellung? Was wollen Sie wem damit beweisen? An welchem dieser Dinge hängt Ihr Herz tatsächlich?

Selbstunterschätzung

Wer würde sich nicht gerne von seiner Selbstunterschätzung verabschieden? Die eigene Über- und die Unterschätzung sind nur zwei Seiten ein- und derselben Medaille, die den Namen »falsche Selbsteinschätzung« trägt. Diejenigen, die sich überschätzen, schweben über den Dingen, und diejenigen, die sich unterschätzen, kommen aus ihrem Kellerloch nicht heraus. Dass jeder von uns schon etwas geleistet hat, zeigt das bisherige Leben. Es ist also nicht die fehlende Leistung, die hier blockiert, sondern die eigene Sichtweise, die diese eigene Leistung nicht anerkennt. Machen Sie sich eine Liste all der Dinge, die Sie im Leben schon erreicht haben, und all dessen, was Sie beherrschen! Machen Sie eine Tabelle mit drei Spalten:

Hand, Herz und Kopf. Schreiben Sie darunter Ihre eigenen Fähigkeiten, die Sie diesen Körperteilen zuordnen. Unter »Hand« kommt all das, was Sie manuell beherrschen. Sie können bestimmt schreiben, gärtnern, kochen, was auch immer. Ihr Or-

> **Schauen Sie Ihren Zweifeln in die Augen!**
> **Dann können Sie sich von selbst auflösen!**

ganisationstalent oder Ihr Talent zur Streitkultur gehört unter die Rubrik »Kopf« und Ihre emotionalen, intuitiven Fähigkeiten fallen in die Rubrik »Herz«. Erweitern Sie Ihre Liste ständig, und hängen Sie diese gut sichtbar für sich selbst auf!

Selbstzweifel

Ich kenne dieses Gefühl nur zu gut. Die inneren Selbstzweifel, die einem zuflüstern: »Das kannst du nicht!«, nenne ich »die kleinen Monster«. Ich stelle mir kleine Monster vor, die es sich auf meiner Schulter gemütlich machen, sich mit ihren kleinen Fingern so richtig an mich krallen und mir – während ich am Schreibtisch sitze – ins Ohr flüstern: »Du kannst doch überhaupt nicht schreiben, das liest sich ja wie erste Klasse Grundschule...«, oder: »Du kannst überhaupt nicht zeichnen, was soll denn das Gekrakel?« Bei meinem ersten Buch waren diese Selbstzweifel ganz besonders groß, und so habe ich mir eine Technik ausgedacht, mit der ich die Monster einfangen konnte: Ich nahm zwei kleine Plastik-Monster (gibt es im Spielwarenladen zu kaufen) und packte beide in eine kleine

Schachtel. Diese verschnürte ich gut und stellte diese Schachtel sichtbar vor mich – neben meinen PC. Jedes Mal, wenn sich diese kleinen Monster wieder regten, wusste und sah ich, dass sie eingesperrt sind und nichts mehr zu melden haben. Diese Schachtel stand ein gutes Jahr lang auf meinem Schreibtisch, und nun brauche ich sie schon lange nicht mehr!

Sich jeden Schuh anziehen

Oft sind wir geradezu gierig nach den Problemen anderer oder wir bekommen sie von unseren Mitmenschen »untergeschoben«, ohne dass wir es bewusst bemerken. Manch einer hat ein regelrechtes Talent, uns seine eigenen Probleme wie ein Paar alte Schuhe vor die Füße zu stellen. Und was machen wir: Wir ziehen sie an, obwohl sie uns nicht gehören und meist noch nicht einmal passen! Beispielsweise rief mich ein Freund an, den ich mit anderen Freunden zusammen zum

> Distanzieren Sie sich von Problemen,
> die Ihnen nicht gehören.

Essen eingeladen hatte. Es gäbe da ein Problem, er könne an diesem Abend nicht kommen, ob ich meine Essenseinladung nicht verlegen wolle? Ich erkannte die Schuhe, die er mir hinstellte und zog sie nicht an. Sein Problem ist nicht mein Problem. Ich hätte aus Hilfsbereitschaft, Harmoniesucht oder Dummheit in diese Falle tappen, mir diesen Schuh anziehen und sein Problem zu meinem machen können, herumtelefonieren und den Termin verlegen können, mit dem Ergebnis, dass bestimmt ein anderer meiner Freunde an dem neuen Termin nicht kommen könnte. Und ich hätte den organisatorischen Aufwand gehabt. Aber es war eben nicht mein Problem, dass er nicht kommen konnte, so leid es mir tat.

Erkennen Sie die Schuhe, die man Ihnen hinstellt und die nicht Ihre sind! Entscheiden Sie bewusst, ob Sie sich diese Schuhe anziehen wollen, oder lassen Sie sie ganz einfach stehen!

Sicherheit

Der Mensch sammelt, weil ihm die Dinge scheinbare Sicherheit geben. Dinge wegzuwerfen, hieße sich in Unsicherheit zu begeben, und das macht vielen Angst. Wir haben Angst, alte Situationen zu verlassen. Das Alte ist vielleicht nicht unbedingt das, was wir uns wünschen, aber es erscheint uns sicher. Mit allem Neuen jedoch ist immer ein großes Maß an Unsicherheit verbunden. Darum halten wir an den Dingen fest, ebenso wie an Situationen. Der alte Job ist vielleicht nervig und stressig, aber wer weiß, ob der nächste Job nicht vielleicht noch schlimmer wird?

Um eine bekannte Situation zu verlassen, braucht der Mensch Mut. Er braucht den Mut, um seine ganz normale Angst zu überwinden. Zum Mut muss man manchmal gezwungen werden. Wenn sich eine Situation aufgrund äußerer, nicht selbst gewählter Umstände verändert, kommt zunächst Panik auf. Der Mensch erkennt jedoch, dass er auch die neue Situation meistert, und daraus entsteht Mut. Wenn jemand oft umgezogen ist, seine Situation mehrmals verändert hat, weiß er, dass er an jedem neuen Ort glücklich werden kann. Jemand, der sich niemals aus seiner alten Umgebung gelöst hat, wird bezüglich eines Ortswechsels viel ängstlicher sein. Die Sicherheit, die uns die Orte oder Dinge scheinbar versprechen, gibt es nicht. Sie ist eine Illusion. Sicherheit gibt es nur in einem selbst, als ein Gefühl. Wer sich seiner selbst nicht sicher ist, sich unsicher fühlt, wird dieses Defizit immer mit Dingen auffüllen wollen. Und er wird es niemals schaffen.

Sichtweise

Gibt es eine Sichtweise, die Sie gerne entsorgen würden? Beispielsweise das Glas als halb leer statt als halb voll zu betrachten? Immer gleich das Schlimmste zu erwarten? Sich selbst als eine Anzahl an Defiziten zu betrachten? Ändern Sie doch einfach mal Ihre Sichtweise! Steigen Sie auf einen Stuhl oder machen Sie einen Kopfstand – wechseln Sie auf jeden Fall einmal Ihre Perspektive! Betrachten Sie Ihre Mitmenschen mal aus einem anderen Blickwinkel. Betrachten Sie Ihren langjährigen Partner durch verliebte Augen! Sie haben es selbst in der Hand, ob Sie an einem sonnigen Tag die Wärme genießen können oder ob Sie schon wieder das nächste Gewitter befürchten!

Sinnloses

Welche sinnlosen Dinge besitzen Sie? Dinge, die scheinbar keinen Zweck erfüllen, die seit Jahren irgendwo herumstehen und nur Platz wegnehmen? Falls Ihr Herz nicht daran hängt: weg damit! Falls es sich um einen Schatz handelt, an dem Sie hängen, ohne das Warum zu kennen, behalten Sie es! Denn gerade die scheinbar »sinnlosen« Dinge bereiten uns oft Freude. Es muss ja nicht immer alles sinnvoll und zweckgebunden sein. Natürlich könnte ich das Buch an meinem alten Laptop ebenso schreiben, aber es musste jetzt ein neuer her, obwohl es eigentlich

Nehmen Sie kein Gerümpel von anderen an.

keinen »Sinn« macht. Aber mit dem kleinen neuen Teil macht das Schreiben doppelt so viel Spaß! Wie wäre es, jeden Tag mal etwas scheinbar »Sinnloses« zu tun? Ein Bad zu nehmen, auch wenn man nicht schmutzig ist. Einen Umweg zu nehmen, statt immer aus Gewohnheit dieselbe Strecke zu fahren?

Ski

Skier stehen stellvertretend für andere nur saisonal benutzte Dinge. In allen Fällen stellt sich die Frage: Wie oft brauchen wir die Dinge und wozu? Auch Ihre alte Skiausrüstung lässt sich noch gebrauchen, aber wann sind Sie zuletzt damit gefahren? Sind sie noch benutzbar, oder stellen sie ein Sicherheitsrisiko dar? Materialien ermüden und altern, Kunststoffe werden brüchig und porös. Gerade die Dinge, die selten benutzt werden, die eventuell auch mal zwei Jahre lang unbenutzt irgendwo herumstehen, sollten Sie sich einmal unter dem Sicherheitsaspekt ansehen. Im Zweifelsfall: weg damit!

S wie Schlamperei

Bevor Sie sich eine neue Ausrüstung kaufen, stellen Sie sich die Frage, ob es zum Kauf Alternativen gibt. Wie wäre es mit Mieten? Dabei hat man den Vorteil, immer das Neueste zu haben. Dabei werden die Probleme der Aufbewahrung und des Transports gleich mit gelöst. Und außerdem kann sich die Mietlösung durchaus als die wirtschaftlichere und auch die praktischere erweisen.

Socken

Wie viele einzelne Socken besitzen Sie? Keine? Dann gratuliere ich Ihnen! Es gibt aber Haushalte, und da gehört meiner dazu, in denen einzelne Socken auf wundersame Art verschwinden und sich sozusagen von alleine entsorgen. Sie werden entweder von der Waschmaschine »gefressen« oder ein Sockengott holt sich seine Opfer. Die übrig gebliebenen einzelnen Socken werden so lange aufgehoben, bis das Gegenstück wieder auftaucht. Und das kann dauern, falls es überhaupt passiert. Hier hilft nur eines: Werfen Sie die einzelnen Socken weg, und kaufen Sie sich zwanzig Paare gleicher Farbe, sodass sie untereinander kombinierbar sind!

Sollte

Zu den äußeren Umständen, die wir gerne ändern würden, zählen auch unsere Mitmenschen. So vieles wäre anscheinend einfacher, wenn die anderen oder der Partner sich ändern würde. Aus dieser Spekulation heraus entstehen Anforderungen an den anderen, und die Sätze mit »sollte« sind austauschbar: »Sie sollte mehr Sport treiben«; »Er sollte nicht zu spät kommen«; »Er sollte mehr schlafen«; »Sie sollte weniger ausgehen«; »Wir sollten uns dringend mehr unterhalten«. Jeder Satz mit »sollte« ist ein illusionärer Satz – er entspricht nicht der Realität. Fakt ist, dass die Menschen zu spät kommen, lügen, zu viel essen, zu wenig Sport treiben etc. Sie tun, was sie tun müssen, und wir können sie nicht ändern. Wir vergeuden unsere Gedanken an Tatsachen, die sich unserer Kontrolle entziehen, also können wir auch gleich aufhören uns weitere Gedanken zu machen. Sie sind vergeudete Energie!

Die Grundlage für Veränderungen jeglicher Art liegt bei jedem selbst. Nicht der andere, sondern man selbst muss sich verändern, dann tut sich auch etwas beim anderen. Und für den Umgang mit den scheinbaren Problemen des anderen gibt es das chinesische Sprichwort: »Willst du das Geschehen der Welt verändern, dann bringe zunächst Ordnung ins eigene Leben.«

Sonderangebote

Die Frage, die man sich beim Kauf eines jeden Produkts stellen sollte, ist: »Brauche ich das wirklich?« Was nützt mir das scheinbare → Schnäppchen von drei Zuckerschnecken zum Preis von einer, wenn ich nur eine essen möchte? Gerade hier lauert nämlich die Gefahr: Man kauft mehr, isst mehr oder wirft mehr weg. Daher sollten Sie gar nicht erst mehr kaufen, als Sie unbedingt brauchen! Und vor allen Dingen: Gehen Sie nicht in den Supermarkt, wenn Sie hungrig sind! Das führt zu »Hamsterkäufen« nicht unter zehntausend Kalorien. Wenn

S wie Schlamperei

Sie – wie ich – zu Heißhungerattacken tendieren, dann ist es am besten, Sie essen vor dem Einkauf eine Kleinigkeit. Dann ist die Gefahr gebannt.

Sonntag

Ein grauer, regnerischer Sonntag ist der ideale Tag zum Entrümpeln! Wenn alle Mitbewohner im Haus sind und Sie mit gutem Beispiel vorangehen, dann können Sie hoffen, dass Ihre Aktivitäten ansteckend wirken. Haben Sie genügend Kartons und Mülltüten, Altkleidersäcke und Kisten bereit? Dann kann es losgehen! Überfordern Sie sich jedoch nicht, denn der Sonn-

> **Entrümpeln Sie am Sonntag,**
> **wenn der Rest der Familie im Haus ist.**

tag sollte auch noch der Erholung dienen. Entrümpeln Sie eine Kommode, und dekorieren Sie danach die leere Fläche. Oder sortieren Sie doch einfach mal Ihre Schätze, sichten Sie Ihre Fotokartons. Danach genießen Sie Ihre Ordnung, gönnen sich eine Belohnung, indem Sie eine Flasche Prosecco köpfen oder sich und Ihrer Familie in einer anderen Form etwas Gutes tun!

Sorgen

Worüber machen Sie sich heute schon wieder Sorgen – um Ihr Aussehen, Ihren Arbeitsplatz oder Ihre Aktien? Sie haben

Sorgen

keine Sorgen? Ein Blick in die Tagespresse genügt, um auch
Sie mit möglichen Sorgen auszustatten: Eine Grippewelle ist
im Anmarsch und ein hartnäckiger Virus scheint unser aller
Verdauungssystem zu gefährden! Das »Sich-Sorgen-Machen«
an sich ist schon ein Virus. Er dringt in unseren Körper ein,
infiziert unser Gemüt, macht uns vielleicht sogar körperlich
krank oder schwächt uns zumindest.

Wenn wir in der Lage sind, uns um das Wetter am Wochenende genauso zu sorgen wie um den neuen Nachbarn, der
demnächst einzieht (»Hoffentlich spielt er nicht Klavier oder
hat schreiende Kinder!«), wenn wir also unentwegt Sorgen produzieren können, dann können wir diese Produktion ebenso
selbst wieder einstellen. Also »ent-sorgen« wir doch einfach
(zumindest einen Teil) unserer Sorgen! Sorgen Sie sich nicht
um Dinge, die in weiter Zukunft liegen. Lassen Sie die Sorgen
ganz dicht herankommen und begrüßen Sie Ihre Sorge mit:
»Hallo, da bist du ja wieder. Schön, dass du auch mal wieder
vorbeischaust. Aber du kannst auch gerne gleich wieder gehen.« Sie darf sein und sie darf gehen. Dagegen anzukämpfen
nützt nichts. Was nützt, ist mehr Gelassenheit nach dem Motto: »Es kommt eh alles, wie es kommen muss.« Die Dinge, die
uns nicht betreffen, haben wir sowieso nicht unter Kontrolle. Wir können nur aus unserem Leben das Beste machen und
beispielsweise auch unsere Arbeit wirklich gut machen. Falls
dann eines Tages doch die Kündigung drohen sollte, dann hat
man wenigstens das Gefühl, das Beste gegeben zu haben.

Sorgen zu vermeiden bedeutet auch »Vorsorge« zu betreiben, sich gesund zu ernähren, etwas für den Körper zu tun,
um sich keine Sorgen vor Krankheiten machen zu müssen.
Wer sich um vieles sorgt, bezieht oft die Sicherheit aus den

Dingen, mit denen er sich umgibt. Besorgte Menschen haben lieber ein paar Konserven mehr im Küchenschrank, denn »man kann ja nie wissen...«, sie werden lieber nichts wegwer-

> **Machen Sie sich weniger Sorgen um andere und kümmern Sie sich zur Abwechslung mal um sich selbst!**

fen, denn »wer weiß schon, was noch kommt«. Daher ist das »Entsorgen« die erste Maßnahme!

Space-Clearing

Es ist für die meisten von uns schmerzhaft, sich von den Dingen zu trennen. Aber nur das Loslassen alter Dinge macht Platz für Neues im Leben! Das Loslassen, sprich Wegwerfen, ist nur ein Teil des gesamten Prozesses des »Space-Clearings«. Das Wort ist zusammengesetzt aus dem Englischen »Space« = Raum oder Platz im Sinne von freier Platz und »Clearing«. »Clear« bedeutet klar, rein. »Clearing« bedeutet also entsprechend Reinigung, Entrümpelung, Ausverkauf, aber auch Klärung. Beide Begriffe zusammen ergeben die Raumklärung. Eine deutsche Entsprechung des Begriffs »Space-Clearing« gibt es nicht. Ich habe ihn aus dem Englischen übernommen, weil er den gesamten Prozess von der Entrümpelung über die Reinigung und die energetische Klärung von Räumen oder Situationen bis hin zur Aufladung von Räumlichkeiten umfasst und als Einheit begreift.

Ebenso wie beim Entrümpeln von Räumen ist es das Ziel

eines mentalen Space-Clearings, in der Zukunft Freiräume zu schaffen und Klarheit ins Leben zu bringen. Bei einem »aufgeräumten« Innenleben ist jedes Ding, jede Person an seinem Platz. Dabei kommt keiner an den Fragen vorbei: »Was brauche ich wirklich im Leben, um glücklich zu sein, und worauf kann ich gut und gern verzichten? Was blockiert mich, und was stärkt mich?« Es ist an der Zeit zu bilanzieren, die Dinge zu sichten, die Aktivitäten, Personen und Probleme zu sortieren, den Aufwand zu senken und Belastendes loszulassen. Die innere Ordnung, also Klarheit im Sinne von Klärung der eigenen Ziele und Absichten, ist die Voraussetzung für Erfolg. Wer im Leben neue Impulse erwartet, der muss sich von Altem trennen und Prioritäten setzen! Das Leben zu enttrümpeln bedeutet, aktiv zu werden und endlich Platz für das Neue zu machen, was auch immer da kommen mag. Space-Clearing ist ein magischer Prozess!

Spaß

In unserer Kultur ist es fast anrüchig, wenn die Arbeit Spaß macht. Vielleicht ist das der Grund, warum fast jeder jammert und fast keiner gesteht, dass ihm seine Arbeit Freude macht. Ich habe Spaß daran zu schreiben, zu sehen, wie mein Buch entsteht, wie es langsam wächst. Ich sage nicht, dass das immer leicht ist. »Es macht Spaß« wird oft verwechselt mit »es geht ganz leicht«. Der Weg des geringsten Aufwands, wenn alles rund läuft, gleicht einer leeren Autobahn, auf der der Verkehr fließt. Diese entlangzurasen kann eine Weile lang Spaß machen. Aber genauso viel Freude kann eine Fahrt auf

S wie Schlamperei

einer sich durch schöne Landschaft schlängelnden, holprigen
schmalen Straße machen. Man muss hier mehr aufpassen,
kann aber die schöne Umgebung genießen und freut sich am
Ende, dass man es geschafft hat. Herausforderungen zu bewältigen, Probleme zu lösen gehört zum Spaß dazu.

Falls Ihnen die Arbeit keinen Spaß macht, keine Anerkennung bringt und keine Herausforderung darstellt, sollten Sie
sich überlegen, was Sie verändern könnten. Sie können kün-

> **Es ist nicht so wichtig, was man macht,
> sondern wie man es macht.**

digen, sich eine neue Stelle suchen oder Ihre Einstellung so
verändern, dass Ihnen Ihre jetzige Tätigkeit Spaß macht. Egal,
ob man im Haushalt arbeitet oder an anderer Stelle, es ist
nicht so wichtig, was man macht, sondern wie man es macht.
Tun Sie es mit Freude, und es wird Ihnen Freude machen. Die
Haltung ist entscheidend! Hinterfragen Sie alles, was keinen
Spaß macht. Ändern Sie die Situation, oder verändern Sie
Ihre Haltung! (→ Falscher Job)

Spenden

Spenden Sie doch die Dinge, die Sie aus Ihrem Leben aus-
mustern, und die noch wirklich funktionsfähig sind, entsprechenden gemeinnützigen Organisationen. Altkleiderspenden
nimmt das Rote Kreuz entgegen, Bücherspenden können an
Gefängnis- oder Krankenhaus-Bibliotheken gehen, Möbel und

Spiegel

Haushaltsgeräte an örtliche Wirtschaftshilfen. Im Branchen-
buch oder über soziale Einrichtungen finden Sie bestimmt die
richtigen Adressaten. Aber benutzen Sie diese Adressen nicht
zur Entsorgung Ihres unbrauchbaren Mülls!

Sperrmüll

Sie gehen gern auf Flohmärkte oder auch durch die Straßen,
wenn der Sperrmüll sich angekündigt hat? Keine Frage, da gibt
es immer noch etwas zu holen, das man gebrauchen kann. Nur
sollten Sie sich fragen, wozu Sie es wirklich gebrauchen können und wo es bei Ihnen landen soll. Sie wissen es noch nicht
so genau und haben eigentlich auch gar keinen Platz? Dann:
Finger weg! So kommt nur neues Gerümpel ins Haus.

Spiegel

Zum Gerümpel zählen zweifellos Spiegel, die aus dem Hausrat
anderer stammen. Spiegel haben in allen Kulturen über ihre
reine Gebrauchsfunktion hinaus einen mystischen Aspekt. Man
sagt, sie hätten alles gespeichert, was sie jemals gesehen haben.
Derartige »Speichermedien« sollte man nicht in seiner Wohnung haben. Kauft man sich diese auf dem Flohmarkt oder
beim Antiquitätenhändler, dann geht es in den meisten Fällen sowieso nur um den Rahmen. Gegen diesen spricht nichts.
Man behandelt ihn am besten wie eine ➜ Antiquität. Man reinigt ihn, räuchert ihn ab (➜ Räuchern) und lässt sich dann
vom Glaser einen nagelneuen Spiegel einsetzen.

S wie Schlamperei

Sportausrüstungen

Viele Sportarten versprechen zunächst mehr Spaß. Aber auch Sport ist Wettkampf und Statussymbol. Sportausrüstungen zeigen, welche Hobbys man hat, aber nicht unbedingt, welchen man nachgeht. So stehen Golfausrüstungen dekorativ im Flur herum, und die Schläger warten auf ihren Einsatz. Wir haben die Gewissheit: »Wenn ich wollte, könnte ich ja ...« So werden auf Verdacht Dinge angeschafft, weil man glaubt: »Wenn ich das habe und wenn es Geld gekostet hat, dann benutze ich es auch.« Falsch gedacht! Wenn Sie Ihre Sportgeräte seit über einem Jahr nicht benutzt haben, dann sinkt die Wahrscheinlichkeit dramatisch, dass Sie sie jemals wieder benutzen werden. Darum: weg damit. Verabschieden Sie sich von der Ausrüstung, verkaufen Sie sie, falls möglich, und gehen Sie in sich. Was wollten Sie mit diesem Sport erreichen? Mehr Fitness? Dann reichen ein paar Laufschuhe. Gesellschaftliches Beisammensein? Dann laden Sie doch mal wieder Ihre Freunde zum Essen ein. Naturgenuss? Dann fah-

Tun Sie das, was Sie tun, von Herzen oder gar nicht.

ren Sie doch einfach einmal so in die Berge oder ans Meer, und entscheiden Sie kurzfristig, was Sie dort machen. Auch nur am Meer zu sitzen kann Spaß machen. Das Surfbrett war ja sowieso nur die Deko auf dem Autodach! (→ Ski)

Statussymbole

Ob Autos, Schmuck, Handtaschen oder Kleidung: Die Dinge, mit denen wir uns schmücken, zeigen, wer wir sind und auch wer wir gerne wären. Sie dienen unserer Selbstinszenierung und -stilisierung. Selbst wer sich schlampig kleidet, inszeniert sich, indem er zeigt, dass er scheinbar keinen Wert auf gesellschaftliche Akzeptanz legt. Statussymbole sind dafür da, unseren gesellschaftlichen Status und unsere finanziellen Möglichkeiten auszudrücken. Die meisten Dinge haben über ihre reine Gebrauchsfunktion hinaus auch noch eine Statusfunktion. Ansonsten könnten wir uns alle uniform kleiden und müssten uns morgens nicht überlegen, was wir anziehen werden. Diese Statusobjekte geben uns auf der einen Seite Sicherheit. Wir fühlen uns wohl in dieser speziellen Art der Kleidung, der Kaschmirpullover schmeichelt unserer Haut. Somit stärken sie uns.

Aber nicht nur die Dinge zeigen unsere Werte, Haltungen und unseren Status. Auch das, was wir tun und die Art und Weise, wie wir es tun. Reiseziele, Hobbys und Vorlieben geben ebenso wie der Porsche in der Garage Auskunft darüber, wie weit wir es im Leben gebracht haben. Die Pfeffermühle mit Peugeot-Mahlwerk in der Küche zeigt, dass wir Qualität zu schätzen wissen und daher – zumindest auf einem gewissen Gebiet – über Bildung verfügen. Sie drückt aber auch aus, dass unsere Küche einen professionellen Standard hat und somit lässt sie auf eine gewisse Qualität der Kochkunst schließen. Es wird allerdings dann peinlich, wenn die teure Mühle nur billige Tütensuppen pfeffern darf!

Diese Symbole kosten Geld – oft so viel, dass es manchmal die finanziellen Möglichkeiten übersteigt. Also schuften

S wie Schlamperei

wir und leisten Überstunden ab, um unseren materiellen Zielen näherzukommen – nur um scheinbar »dazuzugehören«. Schauen Sie sich doch einmal in Ihrer Umgebung um: Mit welchen Statussymbolen umgeben Sie sich? Aus welchem Grund haben Sie sich die Dinge angeschafft? Brauchen Sie sie wirklich? Gefallen sie Ihnen wirklich oder sind Sie nur Mittel zum Zweck? Was würde mit Ihrem Selbstwertgefühl passieren, wenn Sie auf sie verzichten müssten? Sind Sie bereit, dafür x-Stunden zu arbeiten? Berechnen Sie auf Grund Ihres persönlichen Einkommens Ihren Stundensatz. Und zwar netto. Dann können Sie sich bei jedem Gegenstand, den Sie sich anschaffen wollen, auch diese Frage stellen: Lohnt es sich, dass ich dafür x Stunden arbeite?

Staubfänger

Die Dinge, die den Staub anziehen und schlecht gereinigt werden können wie beispielsweise Dekorationen im Raum, wirken auf die Atmosphäre eines Hauses nicht immer positiv. Erinnern Sie sich noch an die Mode in italienischen Restaurants, entlang der Decke Fischernetze aufzuhängen und darin künstliche Fische zu dekorieren? Im Laufe der Jahre waren die Fischernetze von Spinnweben durchwoben und hingen unappetitlich dicht über dem Essen, das auf den Tischen darunter serviert wurde. Auch erzeugt alles, was in irgendeiner Weise vertrocknet und verdörrt ist wie die Sträuße von Trockenblumen, eine stagnierende und statische Atmosphäre. Getrocknete Pflanzen sind so unendlich haltbar, dass man sie oft Jahrzehnte im Raum hat. Mit einem Strauß getrockneter Pflanzen verschenkt man sozu-

Steine

sagen bereits »Müll«. Der oder die Beschenkte hat ein schlechtes Gewissen, wenn sie diesen überaus »haltbaren« Strauß wegwirft. Mit frischen Schnittblumen hat man wenigstens ein Geschenk, an dem man sich kurz, aber intensiv erfreut.

Steine

Auch Steine gehören zu der Rubrik → Staubfänger oder → Beutestücke. Ein Stein aus Machu Picchu, ein schöner Kiesel aus der Isar oder vom Nordatlantik – manche Menschen kommen mit einer riesigen »Beute« aus dem Urlaub zurück. Und das ist es tatsächlich: Beute! Oder haben Sie die Gegend um Erlaubnis gefragt, ob Sie den Stein mitnehmen dürfen?

> Fragen Sie sich immer wieder:
> Brauche ich das jetzt wirklich und wozu?

Das liest sich vielleicht seltsam, aber unter energetischen Gesichtspunkten ist es wichtig, zu fragen (als Antwort in sich hineinzuspüren) und zu hinterfragen, ob der Stein nicht lieber dort bleiben kann, wo er hingehört. Dort würde er nicht zum »Staubfänger« degradiert! Falls Sie sich dennoch entscheiden, ihn mitzunehmen, dann bedanken Sie sich dafür, und widmen Sie ihm einen besonderen Platz!

Stoffreste

Haben Sie irgendwo eine Kiste mit Stoffresten? Wenn Sie diese über ein Jahr lang nicht gebraucht haben: weg damit! Vielleicht gibt es auch noch seit Jahren zugeschnittene Stoffe, aus denen Sie sich ein Kleidungsstück nähen wollten, und dann in der puren Absicht stecken blieben? Der Stoff ist alt, der Schnitt inzwischen unmodern? In der Regel verlieren wir an den Dingen, die wir angefangen haben, nach drei Tagen das Interesse und die Chance, dass sie überhaupt zu Ende gebracht werden, sinkt von Tag zu Tag. Bleiben Sie daher am Ball! Wenn Sie einen Neuanfang Ihrer Karriere als Modedesignerin planen, dann trennen Sie sich zügig von Ihren alten Stoffresten, und kaufen Sie sich einen neuen Stoff, mit neuem Schnitt, der Sie motiviert, so schnell wie möglich fertig zu werden und das Kleid möglichst sofort zu tragen!

Strategien

Sie haben entrümpelt? Glückwunsch! Doch wenn Sie Ihre Strategien in Zukunft nicht ändern, dann sind Sie in wenigen Wochen wieder von Dingen überschwemmt. Die erste Strategie lautet: Wenn etwas Neues ins Haus kommt, geht dafür etwas Altes! Nur so können Sie den Kreis durchbrechen und dem Zuviel vorbeugen. Nach dieser Regel zu leben bedeutet, sich bereits vor dem Kauf eines neuen Gegenstandes darüber im Klaren zu sein, welches alte Teil dafür »das Zeitliche segnet«. Sie erwerben ein Paar Schuhe? Schon bei der Anprobe sollten Sie darüber nachdenken, welches alte Paar dafür geopfert wird. Sie kaufen sich neue Kaffeetassen? Dafür haben Sie bestimmt im Schrank einzelne, alte Becher stehen, von denen Sie sich jetzt endlich trennen können.

Kaufen Sie nur die Dinge, die Ihnen wirklich gefallen, die das Potenzial haben, zu Schätzen zu werden. Das setzt voraus, dass man der Qualität den Vorzug gegenüber der Quantität gibt.

Vermeiden Sie ➜ Schnäppchen und Fehlkäufe, indem Sie sich bei jedem Teil die ➜ Drei magischen Fragen stellen:

Brauche ich dich wirklich?

Erleichterst du mein Leben?

Machst du mich glücklich?

Stress

Wer nicht über Stress klagt, hat scheinbar nichts zu tun. Stress zu haben, ist in unserer Gesellschaft ein Statussymbol. Aber scheinbar würde jeder liebend gerne seinen Stress entsorgen. Also warum tun Sie es nicht? Stress ist Ansichtssache! Er hat weniger zu tun mit dem tatsächlichen Arbeitspensum als vielmehr mit dem Gefühl, dieses Pensum nicht zu schaffen oder zu versagen. Wenn sich die Akten stapeln und Termindruck entsteht, stellt sich bei den meisten Stress ein. Dieser wiederum erzeugt Lähmung – man weiß gar nicht, wo man anfangen soll, und tut erst einmal gar nichts. Es kommt zu einer Ausschüttung von Adrenalin, und dieses Fluchthormon signalisiert unserem Körper: »Nichts wie weg hier!« Wer kennt nicht den Wunsch, am liebsten davonzulaufen und alles stehen und liegen zu lassen! Allerdings wird die Arbeit davon auch nicht weniger! Landläufig herrscht die Meinung, dass Stress, sprich Druck, für

S wie Schlamperei

die Kreativität tödlich sei. Dem kann ich nicht zustimmen. Auch die Annahme, dass ein Künstler Muße braucht, ist ebenso fragwürdig. Welcher Künstler kann sich das denn leisten? Oft ist Geld ein gutes Antriebsmittel. Warum soll man denn kreativ sein und Bücher schreiben, wenn man in seinem Haus am Meer von

> **Der meiste Stress ist selbstgemacht.**
> **Nur Sie selbst können Ihn auch reduzieren!**

seinem Erbe leben könnte? Wer tut sich diesen Stress schon an? Es sei denn, man hat eine große innere Motivation. Diese setze ich als Grundlage voraus. Dazu kann ein gewisser Druck von außen verstärkend hinzukommen und sich positiv auswirken.

Der eine hat zu viel Stress, was zum »Burn-out-Syndrom«, dem Ausgebranntsein führt, der andere hat zu wenig Stress, was zum »Bore-out-Syndrom«, dem Langeweilesyndrom, führt. Wer ständig untertourig läuft, an einer Unterforderung der eigenen Fähigkeiten leidet, der ist langfristig wenig belastbar. Geist und Körper gewöhnen sich schnell an gewisse Heraus- und Unterforderungen. Erkennen Sie deshalb Ihre persönlichen Grenzen und Ihr Stresspotenzial. Schaffen Sie sich Techniken der Bewältigung und Entspannung, gehen Sie es ruhiger an, und denken Sie daran: Morgen ist auch noch ein Tag! In der Ruhe liegt wie immer die Kraft, schalten Sie einen Gang zurück, und Sie werden merken, dass es wie beim Autofahren ist: Wer seine Reise langsamer angeht und mit konstanter Geschwindigkeit fährt, der kommt nur wenige Minuten nach dem Raser an!

Suchen

Wonach haben Sie heute schon gesucht? Nach Ihren Autoschlüsseln? Ihrem Portemonnaie? Der Hundeleine? Nach nichts? Dann können Sie sich glücklich schätzen! Dann gehören Sie zu der seltenen Spezies derjenigen, die zumindest die Dingwelt im Griff hat. Entweder hat bei Ihnen alles seinen Platz, oder Sie haben einfach ein besseres Gedächtnis als der Rest der »Verleger«. Man kommt zur Tür herein, legt die Post irgendwo ab, darunter landet der Hausschlüssel, das Telefon klingelt, man nimmt ab und nach beendetem Gespräch kann man sich schon gar nicht mehr erinnern, wo man was abgelegt hat. Im Idealfall würde der Schlüssel sofort an das Schlüsselbrett gehängt werden, die Hundeleine an die Garderobe und das Portemonnaie in die Schublade darunter gelegt werden.

Jedem Teil seinen festen Platz zuzuweisen ist der Anfang eines ruhigeren Lebens. Geraten Sie in Panik, wenn Sie dringend das Haus verlassen wollen und Ihre Autoschlüssel nicht finden? Und haben Sie schon einmal nachgerechnet, wie viel Zeit der Mensch damit verliert, dass er irgendetwas sucht? Bei einer täglichen Sucherei von fünf Minuten sind das im Jahr 1825 Minuten, das entspricht gut 30 Stunden und somit fast einer Arbeitswoche. Ein Leben ohne ständiges Suchen würde fast einer Woche Urlaub entsprechen. Das nur zu Ihrer Motivation. Wenn Sie es jedenfalls satthaben, Ihre kostbare Zeit mit der nervenden Suche nach immer wieder den gleichen Dingen zu verbringen, dann weisen Sie eben diesen Dingen einen festen Platz zu.

T wie Teebeutel

Tabuzone

Wer dazu neigt, die Dinge zu horten, der braucht in jedem Raum eine »Tabuzone«, eine sichtbar leere Fläche. Im Feng Shui nennt man diesen Bereich ➜ Min Tang. Das kann im Wohnzimmer eine leere Fläche auf dem Fußboden sein – dort darf auch ein Teppich liegen, Sie dürfen auch darübergehen, aber auf diesen Platz sollten Sie kein einziges Möbelstück stellen. Die Tabuzone kann ebenso gut eine leere Fensterbank sein, auf der rein gar nichts steht, kein Blumentopf, kein Nippes, einfach nichts. Diese leere Tabuzone soll daran erinnern, dass im Raum und im Leben eine gewisse Leere herrschen muss. Denn nur dort, wo Leere ist, ist auch Platz für etwas Neues!

Tageszeitung

Liegt bei Ihnen heute noch irgendwo die Tageszeitung von gestern oder etwa von vorgestern herum? Damit lässt sich nur noch zweierlei anfangen: Man kann darin Fisch einpa-

Reduzieren Sie Ihren täglichen Kleinkram.

cken, oder man kann sie wegwerfen. Also weg damit, auch wenn Sie sie noch nicht gelesen haben, denn nichts ist langweiliger als die Zeitung von gestern!

Teebeutel

Wie viele Teebeutel oder unterschiedliche Teesorten sind in Ihrem Küchenschrank zu finden? Eine angefangene Packung Pfefferminztee oder Kamillentee vom letzten Jahr? Oder tummeln sich vielleicht noch Teesorten, die Sie gekauft haben, weil sich die Namen gesund oder verheißungsvoll anhörten wie »Erleuchtung« oder »Erwachen« oder »Innerer Friede«? Wie groß ist dann die Enttäuschung, wenn der Aufguss nach eingeschlafenen Füßen schmeckt! Also weg mit dem Zeug! Falls Sie mal wieder auf diese wohlklingenden Namen hereinfallen sollten oder etwas Neues ausprobieren wollen, nur zu! Aber werfen Sie die Packungen, die nicht Ihrem Geschmack entsprechen, gleich weg. Nur so schaffen Sie Platz in Ihrem Küchenschrank!

Termine

Kein Tag vergeht, an dem nicht telefonisch jemand einen Termin mit mir vereinbaren will, um mir bestimmte Produkte und Dienstleistungen zu verkaufen. Es fragen Versicherungen, Weinhändler, Anzeigenverkäufer oder Vertreter an. Mit diesen Terminen könnte ich locker meinen Tagesplaner füllen. Also stelle ich den Anrufern erst einmal die Frage, was sie konkret von mir wollen. Was soll besprochen werden? Wie lange

T wie Teebeutel

dauert der Termin? Oder lässt sich dieser geschäftliche Termin durch ein Telefonat ersetzen? Letzteres wird von mir bevorzugt, da es Zeit spart. Die Aussage: »Ich möchte Sie zunächst einmal kennenlernen«, mag zwar schmeichelhaft klingen, aber

> **Hinterfragen Sie den Sinn und Zweck von Terminen und Besprechungen, begrenzen Sie sie zeitlich und definieren Sie das Ziel!**

ich frage mich dann, ob ich das Gegenüber überhaupt kennenlernen möchte, und erbitte meinerseits Informationen über das Unternehmen. Vielleicht interessiert mich die Kooperation nicht, vielleicht bin ich ja auch der falsche Ansprechpartner.

Profis erkennt man nicht zuletzt daran, dass ihnen klar ist, was sie wann, wo und wie lange besprechen wollen.

Typen

Welche Beziehung haben Sie zu Ihren Dingen? Sind Sie ein ordentlicher oder unordentlicher Sammler? Sind Sie ein → Horter, → Wegwerfer oder → Messie? Mischtypen sind möglich!

Der Messie gestaltet seine Wohnung, indem er so gut wie nichts wegwirft, langfristig zu einer Deponie um. Ohne professionelle Hilfe wird er kaum Herr seines Chaos. Der ordentliche Sammler ist ein Pedant, dessen Sammlungen geordnet sind. Der unordentliche Sammler sammelt alles und weiß eigentlich nicht, wozu. Der Horter kann alles irgendwann noch einmal gebrauchen und wirft nur mit großer Überwindung

Typen

etwas weg. Er ist ständig unsicher, ob er es nicht hätte doch behalten sollen. Der »Wegwerfer« dagegen hat wenig Vorliebe für Altes und versucht, sein Leben von unnötigem Ballast zu befreien. Manchmal ist er mit dem Wegwerfen zu schnell bei der Sache, sodass er die Dinge danach vermisst. Generell vermeidet er Besitz, weil er sich nicht von materiellen Dingen abhängig machen möchte. Er ist eher Asket.

Worin unterscheiden sie sich nun? Sucht der Typ des Sammlers in den Dingen, mit denen er sich umgibt, Sicherheit im Leben, die er sich selbst nicht geben kann? Braucht er die Dinge, die ihn umgeben, als eine Art Stütze oder sogar als Krücke für sein schwaches Ego?

Wie schätzen Sie sich selbst ein? Halten Sie an Altem fest, aus Angst vor Neuem? Können Sie sich schlecht von den Dingen lösen, nicht loslassen? Auf einige mag das zutreffen, aber ich kenne durchaus auch Sammler, die mir ziemlich gesund vorkommen. Oder sind Sammler besonders stabile und treue Menschen – im Gegensatz zu den Wegwerfern, die oberflächlich sind und weder zu Objekten noch zu Menschen eine wahre Bindung eingehen können? Warum sind wir so unterschiedlich? Diese Frage führt zu nichts. Das Warum ist Schnee von gestern und hilft Ihnen nicht, sich zu verändern. Die Frage nach dem Wie ist konstruktiver und handlungsorientiert. Falls Sie sich entscheiden, dass Sie sich verändern wollen, dann müssen Sie sich nur noch folgende Fragen stellen:

Wie schaffe ich es, aus meinem Chaos herauszukommen?

Wie werde ich den ganzen Krempel los?

Wie kann ich mein Verhalten langfristig verändern?

Wie finde ich einen Anfang, mein Leben zu klären?

Wie kann ich vermeiden, dass sich Gerümpel ansammelt?

U wie Umziehen

Überzeugungen überprüfen

»Das wird bestimmt wieder Ärger geben...«, oder: »An Ostern ist immer schlechtes Wetter«, sind Überzeugungen, die weniger auf realen Erfahrungen basieren als auf Einbildung und Vorurteilen. Mit diesen beurteilen wir Situationen und Personen. Ob eine Überzeugung der Wirklichkeit standhält, muss immer wieder überprüft werden. Ansonsten blockiert man sich in der eigenen Erfahrung selbst. Die Aussage: »Ich kann mir schon vorstellen, wie es auf diesem Fest zugeht...«, hindert uns daran, die Erfahrung selbst zu machen. Das erspart uns zwar eine schlechte Erfahrung, aber genauso verhindert es eine neue und gute. Wir »behindern« uns somit selbst, indem wir uns von einem Teil des Lebens ausschließen. Wie würden Sie sich ohne Ihre blockierenden Überzeugungen fühlen? Was würden Sie dann plötzlich alles tun können? Sie würden in jedem Fall von der Veränderung profitieren und sich auf die neue Erfahrung freuen!

Uhren

Was für manche Frauen die Schuhsammlung ist, ist für manche Männer die Uhrensammlung. Um genau zu sein, handelt es sich dabei um Armbanduhren. Diese nehmen wenig Platz weg, sind meist in Schubladen untergebracht, stehen also nicht irgendwo im Weg herum. Ich kenne Männer, die heimlich Uhren sammeln, da ihre Frauen diese Leidenschaft aufgrund fehlenden Verständnisses nicht unterstützen. Eine Sammlung von Rennpferden ließe sich schlechter verheimlichen! Wenn Männer etwas sammeln, dann wissen Frauen wenigstens, was sie ihnen schenken können. Insofern sollte man diese übersichtlichen Sammlungen auch noch gebrauchstauglicher Objekte durchaus unterstützen.

Umziehen

Das Sprichwort: »Dreimal umgezogen ist so gut wie einmal abgebrannt«, zeigt treffend, wie hoch die Verlustquote bei einem Umzug ist. Für manch einen ist umziehen die einzige Art des Entrümpelns. Dann ist man gezwungen, jedes Ding einmal in die Hand zu nehmen und sich dabei zu fragen: »Brauche ich dich wirklich?« Jeder, der mehrere Male umgezogen ist und dies auch in Zukunft wieder vorhat, wird versuchen, seinen Ballast so klein wie möglich zu halten. Falls Sie jedoch zu den → Hortern gehören, so sehen Sie Ihren Umzug doch als Chance, sich von der Hälfte Ihres Besitzes zu trennen (mehr braucht man erfahrungsgemäß nicht) und einen relativ genügsamen Neustart an einem anderen Ort zu beginnen!

Umzugskartons

Umzugskartons sind dazu da, die Utensilien von A nach B zu transportieren. Am Zielort werden sie entleert und ihre Inhalte in Schränken verstaut. Für manche Menschen jedoch sind Umzugskartons ein Schrankersatz und stehen nach dem

> **Erledigen Sie die Dinge,
> die Sie ungern tun, möglichst als Erstes!**

Umzug noch wochenlang herum. Oft wandern sie dann in den Keller, wo sie mehrere Monate bis Jahre lagern. Spätestens in diesem Stadium kann man davon ausgehen, dass man den Inhalt der Kartons weder vermisst noch braucht und vielleicht auch gar nicht mehr kennt.

Hier gibt es zwei Möglichkeiten: Auspacken und nachschauen oder gleich den gesamten Karton unbesehen wegwerfen. Denn alles, was Sie ein Jahr lang nicht in der Hand hatten, werden Sie kaum im nächsten Jahr noch brauchen!

Unfreiwillige Sammlung

Nilpferde, Eulen, Ostereier, Gartenzwerge – die Liste der unfreiwilligen Sammlungen ist ebenso lang wie die der freiwilligen. Erstere haben nur irgendwann eine Eigendynamik entwickelt und sind scheinbar »wie von selbst« ins Haus gekommen. Eine Sammlung beginnt immer mit einem ersten Teil. Und falls sich ein zweites dazugesellt, vermehrt sie sich

Unordnung

dann von alleine auf wundersame Weise. Plötzlich bekommt man ein neues Teil geschenkt und auf das eine folgt ein weiteres. Wer diese Sammlung wann und warum begonnen hat, ist nach Jahren nicht mehr nachzuvollziehen. Falls Sie genug von dieser Sammlung haben, ziehen Sie die Notbremse. Verkünden Sie offiziell das Ende Ihrer Sammlung. Entfernen Sie sie aus Ihrer Umgebung, verkaufen Sie sie vielleicht, oder schenken Sie sie weiter. Denken Sie daran: Sie sollten Ihre Dinge im Griff haben und nicht die Dinge Sie.

Unordnung

Herumliegende Dinge, Chaos auf dem Boden und Schreibtisch – Unordnung entsteht scheinbar von alleine, wenn man ihr nicht entgegenwirkt. In dem Moment, in dem keine klaren Strukturen mehr zu erkennen sind, wenn die Blätter und Stifte nicht rechtwinklig zum Tischrand ausgerichtet sind, nimmt das Auge keine Struktur mehr wahr und bewertet diesen Zustand als unordentlich. Unordnung entsteht also im Auge des Betrachters und ist somit Ansichtssache. Mit Schmutz hat Unordnung zunächst nichts zu tun, denn die Räume können frisch geputzt, der ➜ Fußboden kann völlig sauber sein, aber sobald viel herumliegt und leere Flächen fehlen, entsteht ein unaufgeräumter Eindruck. Manche Unordnung versteckt sich in Schränken. Rein äußerlich mag die Wohnung wunderbar aufgeräumt erscheinen, kaum öffnet man aber einen Schrank, fällt einem alles entgegen. Wie definieren Sie Unordnung? Wann fühlen Sie sich nicht mehr wohl?

U wie Umziehen

Unter dem Bett

Versteckte Deponien lauern überall, auch unter den Betten. Dabei ist diese Fläche besonders wichtig. Immerhin schlafen Sie darüber und alles, was sich im Schlafzimmer befindet, wirkt sich auf die Qualität Ihres Schlafes aus. Auch das, was Sie nicht sehen. Es schwingt dennoch. Also entfernen Sie die Staubfänger unter dem Bett, die alten Decken, die Gästematratzen, die Winterkleidung. Dieser Ort ist kein Stauraum, sondern ein Teil Ihres → Schlafzimmers!

Unterwäsche

Meist entzieht sich die Unterwäsche den Blicken anderer und wird daher auch von vielen Trägern nicht ernst genommen. Nach dem Motto: »Das seh ja nur ich«, lassen sich viele Menschen gehen und tragen verschossene Wäsche, vergilbte Unterhemden und ausgeleierte Schlüpfer. Diese vergammelte Wäsche spricht Bände: Sie zeigt den Selbstwert, das Verhältnis des Trägers sich selbst gegenüber. Während die Oberbekleidung die Schnittstelle zwischen Mensch und Umwelt ist, ist die Unterwäsche die Schnittstelle zwischen sich selbst und dem eigenen Selbstwert. Was Sie hier tragen, tun Sie nur für sich (und vielleicht auch für Ihren Partner). Gerade in einer Partnerschaft wirkt schäbige Unterwäsche nicht nur negativ auf einen selbst, sondern zeigt auch Missachtung dem Partner gegenüber. Gönnen Sie sich selbst schöne Wäsche. Sie werden sehen, es wirkt sich positiv auf Ihre Laune aus!

Unzufriedenheit

Um es gleich vorwegzunehmen: Die Unzufriedenheit und das Genörgel unserer Mitmenschen können wir nicht verändern! Für die eigene Zufriedenheit ist jeder selbst verantwortlich! Aber was können Sie tun, um Ihre Unzufriedenheit loszuwerden? Nehmen Sie sich Zeit für sich selbst. Zeit, über die Gründe Ihrer Unzufriedenheit nachzudenken, Zeit sich selbst etwas Gutes zu tun. Vielleicht kümmern Sie sich ja mehr um die anderen als um sich selbst? Vielleicht sind Sie zu selbstlos und erlauben den anderen, ständig Ihre Grenzen zu überschreiten? Wenn Sie gut mit sich selbst umgehen, Ihre Grenzen definieren, Nein sagen, dann können Sie sich auch wieder von ganzem Herzen um andere kümmern. Ansonsten schaffen Sie

> Was man tun will, sollte man innerhalb der nächsten drei Tage beginnen. Die Wahrscheinlichkeit, dass man es danach noch beginnt, sinkt nämlich von Stunde zu Stunde.

sich selbst ein Defizit und fühlen sich von anderen ausgenutzt, obwohl nur Sie selbst sich ausnutzen! Unzufriedenheit ist destruktiv und tut Ihnen nicht gut. Unzufriedenheit isoliert langfristig! Wer will sich denn schon mit einem Miesepeter verabreden? Tun Sie deshalb etwas für sich und für Ihre Seele! Ihre eigene Wertschätzung ist die Grundlage Ihres Glücks. Wie kann man Wertschätzung von seiner Umgebung erwarten, wenn man sich selbst nicht wertschätzt? Kleidung beispielsweise sagt viel über die eigene Wertschätzung aus und transportiert sie auch

U wie Umziehen

nach außen. Wenn ich mich schlampig kleide, mir selbst nichts wert bin, wie will ich dann von anderen Wertschätzung erfahren? Also gestalten Sie Ihre Zufriedenheit, indem Sie im Außen beginnen. Das ist die beste Grundlage dafür, zufrieden in sich selbst zu ruhen und dies auch auf andere auszustrahlen.

Urlaubsstress

Urlaub ist eine Zeit der Erholung und Regeneration vom Alltag. Als Gegenpol zu den fremdbestimmten Terminen und Zeitabläufen soll der Urlaub frei von Zwängen gestaltet sein. Freizeit bedeutet freie Zeit, unverplant und ohne Verpflichtungen. Doch wir planen unseren Urlaub oft genauso streng durch wie eine Arbeitswoche: Abflug dann und dann, gebuchte Ausflüge, festgelegte Abendveranstaltungen. Der Ort der Termine wird nur ans andere Ende der Welt verlegt. Zusätzlichen Stress erzeugen die → Erwartungen, die man im Urlaub an seinen Reisepartner und an die Erlebnisse vor Ort hat. Es soll eine unvergessliche Zeit werden, es muss perfekt sein. Allein schon diese Erwartungen erzeugen → Stress. Hinzu kommt die Reiseroute: Ärger im Flugzeug, ein stürmischer Flug oder ein endloser Stau auf der Autobahn und schon ist der Erholungseffekt auf dem Rückweg gleich wieder zunichte gemacht.

Welcher Urlaub macht Ihnen am wenigsten Stress? Muss es immer die große Route sein oder reicht nicht auch mal eine Woche an der Nordsee – ohne Programm und ohne Erlebniszwang? Wie wäre es mit kleinen Erholungswochenenden statt eines langen Jahresurlaubs?

V wie Visionen

Vampire

Kennen Sie auch Leute, die sich immer nur dann melden, wenn sie irgendetwas brauchen? Die Sie als eine Art »Mülldeponie« für ihre Probleme betrachten und sich nur bei Ihnen melden, wenn es ihnen schlecht geht? Wie kleine Vampire saugen uns diese Mitmenschen energetisch aus, halten uns

> Gehen Sie keine neuen Verpflichtungen oder Verbindlichkeiten ein, ehe nicht eine alte aufgegeben wird!

stundenlang am Telefon fest und überschütten uns mit ihren Problemen; anschließend fühlt man sich selbst vollkommen ausgelaugt und »leer gesaugt«.

Keine Frage, dass man Freunden oder Familienangehörigen hilft, wenn sie in Not sind oder Probleme haben. Was diese Art der Hilfe auszeichnet, ist die Gegenseitigkeit. Jeder von uns braucht gute Freunde, die man mitten in der Nacht anrufen kann. Aber die »Vampire« schwächen uns. Auch hier gilt: Was uns guttut, stärkt uns, was uns aber schwächt, das sollten wir meiden und loslassen. Ich bin dazu übergegangen, diese Menschen aus meinem Bekanntenkreis »auszusor-

V wie Visionen

tieren«. Meiner Ansicht nach ist das Leben zu schön und zu kurz, um es mit Nervensägen zu teilen, die uns einen großen Teil unserer Energie rauben.

Verabschieden

Jedes Aussortieren und Wegwerfen ist ein Akt des ➜ Loslassens. Und wer kennt nicht das schlechte Gewissen, das sich einstellt, wenn man sich von einem Teil trennt, das eigentlich noch gut ist? Es tut manchmal fast weh, ein Kleidungsstück in den Altkleidersack zu stecken, nur weil man es lange nicht anhatte. Hier hilft ein Dialog mit dem Gegenstand. Verabschieden Sie sich von ihm, bedanken Sie sich für die guten Dienste, die er Ihnen geleistet hat. Sie werden sehen, damit schaffen Sie sich beim Entrümpeln ein besseres Gefühl! (➜ Danken)

Vergangenheit

Die Vergangenheit ist vorbei, sie lässt sich nicht mehr verändern. Reue bezüglich scheinbar falscher Entscheidungen und verpasster Chancen ist sinnlos! Es gilt die vergangene Zeit zu schätzen und loszulassen. Denn: Wer nichts Altes loslässt, der kann auch nichts Neues erwarten. Wer energetisch immer noch in der Vergangenheit lebt und an sie gebunden ist, an dem geht die Gegenwart vorbei. Sie ist die einzig reale Zeit! Die Zukunft ist noch nicht, die Vergangenheit nicht mehr, also genießen Sie den jetzigen Moment. Leben Sie im ➜ Hier und Jetzt, denn das ist die einzige Realität!

Verhaltensmuster

Viele unserer Verhaltensmuster sind oft so alt, dass wir ihre Herkunft nicht einmal mehr erklären können! Es sind Prägungen aus frühkindlichen Zeiten, durch Eltern und Schule, sie sind sozusagen die »Software«, die unser weiteres Leben bestimmt. Ein Kind merkt sehr schnell, dass es dann gelobt wird, wenn es das tut, was der andere will. Und da wir unsere Eltern lieben und ihnen gefallen wollten, haben wir das getan, was sie von uns erwartet haben. Oft ohne uns darüber im Klaren zu sein, verbreiten wir diese Verhaltensmuster weiter und leben danach. Unüberlegt dahingesagte Sprüche wie: »Geld allein macht nicht glücklich«, oder auch: »Wer erfolgreich ist, bleibt allein«, spiegeln eine ganz bestimmte Einstellung zu den Grundlagen des Lebens wider. Je häufiger wir so etwas aussprechen, desto mehr gräbt es sich in unser Inneres ein.

Schluss damit! Überlegen Sie doch einmal: Soll dieses Muster Ihr weiteres Leben bestimmen? Schießen Sie sich damit vielleicht ein Eigentor? Sind Sie von Ihren eigenen Sprüchen wirklich überzeugt, oder geben Sie nur etwas weiter, was Sie selbst nie hinterfragt haben? Sie allein haben es in der Hand, Ihre alten Muster loszulassen und sie gegen neue einzutauschen. Solche Muster zu erkennen kann schmerzhaft sein, denn es tut weh, sich von Altem zu trennen. Die alten destruktiven Muster gegen neue, konstruktive zu ersetzen gelingt oft nur mit professioneller Hilfe. Suchen Sie zunächst einmal nach Ihren ganz persönlichen Mustern, immer wiederkehrenden Reaktionen, und kommen Sie sich selbst auf die Schliche! Beobachten Sie sich und Ihre ganz persönlichen »Strickmuster«. Die der anderen sind Ihnen sicher bekannt, aber die können Sie nun einmal nicht umstricken! Im Prinzip ist jeder Mensch in der Lage, sein Leben jederzeit neu zu gestalten, wenn er sich dazu entschließt. Sie können morgen kündigen und übermorgen auswandern – wenn Sie das wirklich wollen, wird sich ein Weg finden. Der einzige Haken daran ist, dass nur Sie allein es tun können! Ebenso können Sie auch von heute auf morgen Ihre Haltung verändern und die daraus entstehenden Konsequenzen tragen. Also weg mit den alten Mustern! Das Entrümpeln der Wohnung kann auch ein erster Auslöser sein, alte, überkommene Muster und Haltungen aufzugeben und sich für Neues zu öffnen.

Verpflichtungen

Welche Verpflichtungen bestimmen Ihr Leben? Natürlich müssen wir uns um unsere Kinder kümmern und einer Arbeit nachgehen. Aber wie sieht es mit Ihren gesellschaftlichen Verpflichtungen aus? Sind Sie wirklich freiwillig Vorsitzen-

> Fragen Sie sich vor jeder Verpflichtung:
> Muss ich das jetzt wirklich tun – und wozu?

der im Golfclub oder eher unfreiwillig? Anfangs hat es ja vielleicht sogar noch Spaß gemacht, aber in der Summe der Verpflichtungen und zusammen mit dem beruflichen Stress wird das einfach zu viel. Da hilft nur eins: weg damit!

Machen Sie zuerst eine Bestandsaufnahme: Listen Sie Ihre familiären und gesellschaftlichen Verpflichtungen sowie Ihre

Hobbys, Freizeit- und Urlaubsaktivitäten (aktive wie auch passive) auf, und stellen Sie sich bei jeder einzelnen die drei Fragen:

Brauche ich das wirklich?
Was bringt mir das?
Bereichert es mein Leben?

Ziehen Sie in Betracht, sich von bestimmten Verpflichtungen zu verabschieden. Und laden Sie sich in Zukunft keine neuen auf, ehe Sie nicht ein paar alte dafür aufgegeben haben!

Verschenken

Das Verschenken ist eine schöne Möglichkeit, die Dinge loszuwerden, für die Sie keine Notwendigkeit mehr haben. Geben Sie dem »Beglückten« jedoch die Möglichkeit, dass er Ihr Geschenk ablehnen kann. Sie haben einen alten Computer zu verschen-

> **Trennen Sie sich von den Dingen,
> die Ihnen heute nicht mehr gefallen**

ken? Fragen Sie vielleicht lieber, ob er oder sie jemanden kennt, der einen noch intakten Computer kostenlos haben möchte. Dann geben Sie Ihrem Gegenüber die Gelegenheit zu sagen: »Ja, ich!«, oder derjenige kann sich diskret zurückziehen.

Stellen Sie sicher, dass die Dinge, die Sie weiterverschenken, auch wirklich noch funktionsfähig sind. Wenn Sie niemanden kennen, dem Sie das edle Stück schenken könnten, dann geben Sie eine – meist kostenlose – Anzeige in entsprechenden Zeitungen auf, oder sehen Sie sich nach sozialen Einrichtungen um, die die Dinge entsprechend weiterleiten können.

Verstecktes Gerümpel

Gerümpel versteckt sich überall: in Handtaschen, im Handschuhfach, in den Schubladen. Gerade an geschlossenen Orten hält es sich ganz besonders lang. In offenen Regalen tritt es schneller in den sichtbaren Bereich und stört eher. Je größer jedoch die Behältnisse und je weiter entfernt, desto haltbarer und resistenter scheint es zu sein.

Darum entdecken Sie Ihre Verstecke! Enttarnen Sie scheinbar Nützliches, und werfen Sie es weg! Als Erstes könnten Sie mit Ihrer ➜ Handtasche beginnen, hier werden Sie immer fündig: alte Visitenkarten, Parfumpröbchen, nicht mehr schreibende Stifte. Am besten kippen Sie den Inhalt auf einen Tisch und packen nur noch wirklich funktionierende und sinnvolle Utensilien zurück in Ihre Tasche.

Verwandtschaft

Oft erfreut sie uns, oft wünschen wir sie weit weg: die Verwandtschaft. Doch eines ist sicher: Wir werden sie nicht los, denn sie gehört zu unserem Leben dazu! Hier hilft es nur, die Einstellung gegenüber den Verwandten, die man als nervig betrachtet, zu ändern: Sie sind unsere Schätze, sie sind langlebig und ein Teil unseres Lebens. Also akzeptieren Sie die

Situation, machen Sie das Beste daraus, und versuchen Sie nicht, etwas loszuwerden, was sich nicht loswerden lässt!

Verwelkte Blumen

Manch einer, der sich von gar nichts trennen kann, schafft es nicht einmal, verwelkte Blumen wegzuwerfen. Als Ausrede hört man dann: »Aber so haben Blumen doch eine spezielle Ästhetik.« Zum Leben, auch zu dem pflanzlichen, gehört eben der Tod dazu. Auch wenn dieser durch die Trocknung von Sträußen versucht wird aufzuhalten. Getrocknete Blumen sind → Staubfänger, daher: weg damit!

Vier-Stapel-Methode

Sie haben Ihren → Schreibtisch völlig leer geräumt? Dann geht's jetzt ans Aufräumen nach der Methode der vier Stapel:

Auf den Stapel Nummer 1 kommen die Vorgänge, die Sie sofort erledigen sollten, wie beispielsweise Rechnungen, die Sie bezahlen müssen, oder die Schreiben, die es zu erledigen gilt.

Der Stapel Nummer 2 steht für → »Delegieren«. Das sind zum Beispiel die Briefe, die Ihre Sekretärin für Sie schreibt.

Auf dem Stapel Nummer 3 landet die Ablage. Hier finden sich die bezahlten Rechnungen und Unterlagen, die ihren Weg in die Ordner und Archive noch gehen müssen.

Und als letztes finden Sie den Stapel Nummer 4 unter dem Tisch, bekannt auch als Papierkorb.

Legen Sie jedes Blatt einzeln auf einen der Stapel. Hoffentlich landet das meiste auf dem Stapel Nummer 4! Wenn Sie selbstständig sind und nichts delegieren können, dann fassen Sie Stapel 1 und 2 als einen zusammen.

Virtuelles Kistenpacken

Um Erlebnisse mit Personen, von denen Sie sich getrennt haben und die Sie aus Ihrem Leben »streichen« wollen, zu verarbeiten, gibt es eine wirkungsvolle Methode: das »Kistenpacken«. Visualisieren Sie in Ihrem Keller ein leeres Regal. Stellen Sie sich einfach vor, dass Sie auf eines der Regalbretter einen Karton stellen. In diesen Karton packen Sie drei Dinge, die Sie mit der betreffenden Person verbinden: etwa deren Socken, eine Schachtel Zigaretten ihrer Marke und eine CD. Jetzt schließen Sie in Gedanken den Karton und packen ihn in Papier ein. Welches Papier und welche Farbe oder Art von Schleife passt zu dieser Person? Vielleicht braunes Packpapier und darum herum eine dicke Kordel aus rotem Seil? Machen Sie einen Knoten, und stellen Sie in Gedanken Ihren Karton ins Regal zurück. So, das war's: Die »Beziehungskiste« ist entsorgt. Wenn Sie wieder an diese Person denken, dann denken Sie sofort an den Karton im Keller. Dort steht er, und dort kann sich jetzt jemand anderes mit ihm amüsieren. Sie sind damit fertig – und jedes Mal, wenn der Gedanke an diese Person auftaucht, ziehen Sie die Bremse: »Halt, er/sie ist doch im Keller in dem braunroten Karton verstaut.« Und irgendwann erledigt es sich von selbst. Das funktioniert übrigens nicht nur mit Personen, sondern auch mit ständig wiederkehrenden, unproduktiven Gedanken oder Problemen: einpacken und vergessen!

Visionen

Träume bleiben Träume, solange man sie nicht umsetzt. Träume, die außerhalb der Realität des eigenen Lebens liegen, sollte man »begraben«, ansonsten hindern sie uns an der Verwirklichung machbarer Projekte und Visionen! Sie hatten schon immer die Vision, nach Australien auswandern? Dann tun Sie es! Machen Sie den ersten Schritt. Oder reden Sie nur seit Jahren davon? Dann machen Sie endlich einen Haken dran, begra-

> Formulieren Sie Ihre Visionen! Wie sieht der erste Schritt in diese Richtung aus? Gehen Sie ihn noch heute!

ben Sie diese ➔ Absichtserklärungen, und reden Sie auch nicht mehr darüber. Dann werden Sie frei für etwas ganz Neues!

Träume, die man nicht mehr zum Leben bringt, von denen verabschiedet man sich am besten. Im Alter von vierzig noch eine Sportlerkarriere zu starten, ist vergebliche Mühe. Also konzentrieren Sie sich auf die Dinge, die sich in Ihrem Alter und mit Ihren speziellen Fähigkeiten realisieren lassen. Vielleicht macht Ihnen ja das Steppen Spaß! Also machen Sie das Tanzen zu Ihrem Hobby, aber wenden Sie sich beruflich anderen Zielen zu. Begraben Sie die Träume und entwickeln Sie Visionen! Diese müssen im Rahmen Ihrer persönlichen und beruflichen Möglichkeiten sein und unterscheiden sich von den Träumen durch ihre Machbarkeit. Visionen sollten so konkret wie möglich formuliert sein und Antworten auf die Fragen »Was will ich erreichen, wie will ich es erreichen und wie sieht der erste Schritt dazu aus?« beinhalten. Visionen sind umsetz-

V wie Visionen

bare Pläne. Also seien Sie konkret! Sagen Sie nicht nur: »Ich will schreiben«, sondern: »Ich will ein Buch schreiben.« Aus der Absicht »ich will« muss die Verpflichtung »ich werde« entstehen: »Ich werde ein Buch über das Leben auf Island schreiben.« Falls Sie Hilfe dabei brauchen, suchen Sie sich einen Coach. Aber tun Sie es bald, denn erfahrungsgemäß verpuffen alle guten → Vorsätze, wenn man sie nicht innerhalb von 72 Stunden angeht. Egal, wie klein die Schritte in diese Richtung sind: Eine lange Reise beginnt immer mit dem ersten Schritt!

Vollmond

Geht man nach dem Mondkalender, so ist der Neumond offenbar ein idealer Anlass zum Entrümpeln, während der Vollmond dafür eher ungeeignet ist. In meiner Praxis geht es darum, den richtigen Zeitpunkt zum Entrümpeln zu finden, und dieser ist immer jetzt sofort! Wer sich hinter irgendwelchen Kalendern versteckt, der sucht nur wieder eine Ausrede, nichts wegwerfen zu müssen!

Vorgehen

Statt endlich einmal mit dem Entrümpeln zu beginnen, halten sich einige noch mit der Diskussion über die richtige Methode auf. Egal, wo Sie beginnen und wie Sie vorgehen – die Hauptsache ist, dass Sie überhaupt einmal anfangen! Vielleicht fällt es Ihnen leichter, strukturiert vorzugehen, dann fangen Sie außen an! Vor Ihrem Haus oder vor Ihrer Wohnungstür. Entfernen Sie alles, was dort herumsteht: Bierkisten, Regenschirme, Schuhe, Altpapier.

Dann arbeiten Sie sich vom Flur her kommend durch alle Räume. Schritt für Schritt, von außen nach innen. Beginnen Sie gleich hinter Ihrer Eingangstür, und gehen Sie Raum für Raum im Uhrzeigersinn durch. So arbeitet man sich kreisförmig durch jeden Raum. Von links nach rechts, von unten nach oben immer an den Wänden entlang. Wie lange hängen diese Kinderzeichnungen schon? Die Kinder haben inzwischen den Führerschein gemacht? Dann wird es Zeit, diese Zeichnungen je nach Bedeutung in den Müll oder in die Schatzkiste zu geben. Auf diese Weise nehmen Sie sich Zimmer für Zimmer vor. Falls Sie ein Haus besitzen, beginnen Sie auf der Ebene Ihres Wohnbereichs. In den Keller gehen Sie später. Das Erfolgserlebnis ist nämlich viel größer, wenn Sie zunächst in Ihren Wohnräumen beginnen.

Vorgeschichte

Die Vorgeschichte eines Hauses kann für das Wohlbefinden der Bewohner von Interesse sein. Alles, was sich in einem Gemäuer abgespielt hat, wird von diesem gespeichert. Empfindliche Menschen nehmen diese Speicherungen wahr. Daher ist vor dem Kauf oder dem Mieten eines Hauses die Information über das, was sich im Haus in den letzten Jahren oder Jahrhunderten zugetragen hat, wichtig. Die Information sollte der Entscheidungsfindung dienen.

In jedem Fall sollten Häuser und Wohnungen, egal welche Geschichten sich damit verbinden, vor dem Einzug ausgeräu-

V wie Visionen

chert werden. Die Reinigung von Altenergien durch Rauch ist ein traditionelles Mittel, um neutrale Energien zu bekommen und positive Schwingungen ins Haus zu holen. (➜ Räuchern)

Vorräte

Das Horten und Sammeln liegt in der Natur des Menschen, der in Zeiten des Überflusses Vorräte für die Zeiten der Not anlegte. Das ist auch heute noch so: Auf den Feldern lagern die Rüben unter Erdhaufen, in den Silos lagert das Getreide für den Winter. Dieser Instinkt, für schlechte Zeiten zu sammeln, ist uns angeboren. Fehlgeleitet jedoch ist der Instinkt dann, wenn wir auch die Dinge, die wir nicht zum Überleben brauchen horten und sammeln. Ein Vorrat von zwei Eierpappkartons mag sinnvoll sein, zwanzig Schachteln auf dem Küchenschrank machen keinen Sinn. Die werden in den nächsten zehn Jahren nicht aufgebraucht werden. Vorratshaltung spricht auch für eine eher unsichere Einstellung dem Leben gegenüber. Man hat Angst, zu kurz zu kommen und denkt, dass das Leben mit Vorräten sicherer wird.

Vorsätze

Ab morgen werde ich abnehmen, ab übermorgen mit dem Rauchen aufhören und im nächsten Jahr einen Marathon laufen. Gute Vorsätze, das Leben zu verändern sind durchaus begrüßenswert. Falls aber der erste Schritt zur Verwirklichung der Vorsätze nicht innerhalb der nächsten magischen 72 Stunden passiert, wirken die Vorsätze eher destruktiv. Dann bleibt man in der guten Absicht und somit in der Theorie stecken! Überfordern Sie sich nicht mit guten Vorsätzen, gehen Sie die Veränderung Ihres Lebens ruhig an. Und nehmen Sie sich nur die Dinge vor, die wirklich eine Chance haben. Vor dem Marathonlauf könnte das Zwischenziel Halbmarathon liegen. Machen Sie kleine Schritte in die richtige Richtung, dann sind Sie auch weiterhin durch Ihre Erfolge motiviert!

Vorwürfe

Vorwürfe sind oft schon so Teil der Tagesordnung, dass sie weder vom »Werfenden« noch vom »Getroffenen« als solche wahrgenommen werden. Sie beginnen gerne mit »immer...« oder »ständig«. Vorwürfe sind eng verwandt mit einer Unterstellung, wie: »Du würdest es ja gar nicht merken, wenn ich mich ändern würde.« Das bedeutet im Klartext: »Du bist zu dämlich, Veränderungen wahrzunehmen.« Dann sind wir raus aus dem Vorwurf und bei der Unverschämtheit gelandet. Für manche ist das ein durchaus gewöhnlicher Kommunikationsstil, der sich im Laufe der Jahre eher verhärtet. »Wenn ich mal jemanden brauche, dann ist keiner da«, ist zunächst nur eine Feststellung, hinter der sich der Vorwurf: »Du hilfst mir nicht«, versteckt.

Das Verb »werfen«, das in Vorwurf steckt, zeigt die Tendenz: Wir werfen dem anderen etwas vor, vor die Füße. Treffen ihn, verletzen ihn vielleicht sogar. Wohin und mit welchen Worten werfen Sie selbst?

Vorwürfe machen den anderen klein, lassen ihn dumm

V wie Visionen

aussehen und ändern nichts, aber auch gar nichts. Stattdessen könnten Sie einfach einmal nichts sagen und auch keinen vorwurfsvollen Blick senden. Artikulieren Sie klar, was Ihnen nicht passt, und behalten Sie den Ball in Ihrer Hand. Statt: »Du verstehst mich nicht!«, könnte man die Formulierung: »Ich fühle mich nicht verstanden«, wählen, denn das trifft die Realität Ihrer Wahrnehmung.

W wie weniger ist mehr

Waffeleisen

Jeder interpretiert Ballast auf eigene Weise. Für den einen ist ein Waffeleisen ein notwendiges Haushaltsgerät, für den anderen ist es absolut überflüssig. Dieses Beispiel zeigt, dass keiner an seiner ganz persönlichen Definition von Gerümpel vorbeikommt. Was jemand braucht und was nicht, ist zunächst einmal Ansichtssache. Wenn wir andere beim Entrümpeln unterstützen wollen, müssen wir die Entscheidung, was dieser zum Leben braucht und welche Dinge ihn glücklich machen, ganz bei ihm lassen. Ich habe mir übrigens vor einem Jahr ein Waffeleisen angeschafft und es seitdem zweimal benutzt. Falls ich jemanden finde, der es nötiger hat als ich, werde ich es sofort verschenken. Falls nicht, landet es bei der nächsten Sperrmüllabfuhr auf dem großen Haufen.

Waffen

War früher eine Waffe ein unverzichtbarer Gegenstand, den wir zum Überleben brauchten, zum Jagen und Erlegen der Beute, so dient eine Waffe heutzutage in den wenigsten Fällen dem Schutz, sie ist vielmehr nur noch Schmuck oder Zeichen von Macht. Waffen, die als Dekoration an der Wand hängen oder auf einem Regal stehen, haben keine förderliche Wirkung auf eine harmonische oder friedliche Atmosphäre im Haus. Waffen wirken – ebenso wie Fotos oder Bilder, die aggressive Motive oder Gewalt darstellen – aggressiv auf die Besucher und auch auf die Bewohner. Waffen aller Art gehören in einen abschließbaren Schrank und der sollte auf keinen Fall im ➜ Schlafzimmer stehen!

Wartezeiten

Belastend ist das, was wir als störend empfinden. Für pünktliche Menschen sind das die Zeiten, in denen sie auf Ihre weniger pünktlichen Mitmenschen warten. Wie gerne könnten wir auf diese Unart verzichten! Bis dahin verbringen wir Minuten und Stunden in der Warteschleife, hören uns am Telefon Gedudel an, bevor wir durchgestellt werden und ärgern uns darüber. Beim Arzt zu warten, im Stau zu stehen, ist Teil des täglichen Lebens. Was hilft es, sich darüber zu ärgern? Wir können die Tatsache des Wartens nicht ändern, aber unsere Einstellung dazu. Betrachten Sie Wartezeiten als geschenkte Zeit. Freuen Sie sich über dieses unerwartete kleine Geschenk, und überlegen Sie sich, wie Sie am meisten davon haben. Ich selbst habe immer ein Buch bei mir, das ich dann weiterlesen kann – am besten einen spannenden Krimi, da kann die Wartezeit nicht lange genug dauern!

Warum

Warum hortet der eine, während der andere wegwirft? Warum kann ich mich so schwer von den Dingen trennen? Das sind Fragen, die, wenn überhaupt, nur unzulängliche Antworten kennen. Was bringt es mir, wenn ich wüsste, warum ich so viel horte? Würde mir die Erkenntnis helfen, weniger zu horten? Sicher nicht! Warum-Fragen führen immer in die Vergangenheit und suchen dort nach einem vernünftigen

> Lösungsorientiert zu denken heißt, nicht im Warum herumzuwühlen, sondern nach vorne zu sehen! Die Frage nach dem Wie führt direkt auf die Handlungsebene!

Grund. Selbst wenn es ihn gäbe, wäre er nicht hilfreich, denn die einzig produktiven Fragepronomen, die zu einer Lösung führen, sind »wie« oder »was«:

»Wie kann ich mein Haus aufräumen?«

»Was muss ich tun, damit es in Zukunft leerer bleibt?«

Das sind Fragen, die auf eine Handlungsebene führen und Lösungen bieten können.

W wie weniger ist mehr

Wegwerfer

Der Wegwerfer bildet den Gegenpol zum ➔ Horter. Beide unterscheiden sich weder durch ihr Alter noch durch ihr Geschlecht oder ihre gesellschaftliche Zugehörigkeit. Die Wegwerfer hängen weniger an den Dingen und gelten daher oft als oberflächlich und bindungsunfähig. Sicherlich haben sie keine so starke Objektbindung wie die Horter, suchen dafür aber auch nicht scheinbare Sicherheiten in den Dingen. Vielleicht sind die Wegwerfer im Geist auch so frei, dass sie das Materielle nicht brauchen und können deshalb flexibler und schneller auf Veränderungen reagieren, weil sie offen für Neues sind?

Wegwerfmentalität

Denjenigen, denen es leicht fällt zu entrümpeln, wird von den Hortern oft vorgeworfen, dass sie eine Wegwerfmentalität leben würden. Das Gegenteil ist der Fall. Wer leicht wegwirft, der wirft nicht unbedingt viel weg. Denn meist sind die Wegwerfer diejenigen, die weitaus weniger besitzen als die Horter und Sammler. Sie kaufen bewusster ein, vermeiden es, sich Gerümpel von morgen ins Haus zu holen und kaufen lieber langlebige Produkte als schnelle ➔ Schnäppchen. Gerümpel zu vermeiden bedeutet, dass man sich beim Kauf bereits überlegt, ob man das Produkt überhaupt braucht. Falls ja, sollte es nach den Kriterien der Langlebigkeit ausgewählt werden. »Wenn es mir nicht gefällt, werf ich es eben weg und hol mir was Neues«, ist eine Haltung, die eher von Menschen gelebt wird, denen es um eine schnelle Bedürfnisbefriedigung geht. Diese Haltung ist zweifellos im Sinne einer schnelllebigen Konsumgesellschaft, aber nicht im Sinne bewusst handelnder Menschen.

Weihrauch

Beim Aufladen von Räumen mit neuen Energien kommen auch feinstoffliche Harze wie beispielsweise Weihrauch zum Einsatz. Winzige Mengen, stecknadelkopfgroße Krümelchen, werden dabei auf einer glühenden Holzkohle verglimmt und entfalten somit ihr feines Aroma. Dieses nach feiner Zitrone riechende Baumharz wird aus den bis zu sechs Meter hohen Weihrauchbäumen gewonnen. Sie wachsen wild im arabischen Raum.

Zu Hause kann immer dann geräuchert werden, wenn man unangenehmen oder stressigen Besuch hatte. Man bezieht das Gästebett neu und kann dabei auch gleich das Gästezimmer ausräuchern. Ebenso lässt sich das Wohnzimmer klären, wenn der Besuch das Haus verlassen hat. Das → Räuchern mit Weihrauch eignet sich auch für Krankenzimmer, um die Luft im Raum zu klären. Selbst gebrauchte Möbel und Antiquitäten können gleich mit in den Rauch gestellt werden und somit von den Energien der Vorbesitzer gereinigt werden.

Rauch hat seit Menschengedenken religiöse und spirituelle Praktiken unterstützt. Der aufsteigende Rauch sollte die Verbindung zwischen Himmel und Erde herstellen: Er trägt die Gebete zum Himmel. Das Verbrennen von Räucherwerk hat durchaus direkte Auswirkungen physischer wie psychischer

W wie weniger ist mehr

Natur auf den Menschen: Die durch die Verbrennung freigesetzten Duftmoleküle beeinflussen auch unsere Stimmungen und Gefühle, unsere Träume und Visionen. Interessanterweise entwickeln bestimmte Pflanzenstoffe beim Räuchern desinfizierende Eigenschaften. Nicht nur deshalb ist das Räuchern ideal dazu geeignet, um Räume zu reinigen.

Bereits bei den alten Ägyptern war dieses wertvolle Harz bekannt und galt als »göttlicher Wohlgeruch«. Nachweislich verdoppelt Weihrauch die Akustik eines Raumes – in den großen Tempeln der Antike war das durchaus eine sinnvolle Nebenwirkung. Mit Weihrauch wurde früher bei großen Menschenansammlungen geräuchert und um sich vor ansteckenden Krankheiten zu schützen. Weihrauch wirkt balsamisch-narkotisch und ist ein starker atmosphärischer Reiniger, der für klare Atmosphäre sorgt. Er macht empfänglich für feinere Schwingungsmuster und könnte durchaus täglich zur Reinigung und zum Fernhalten von schädlichen Einflüssen eingesetzt werden.

Weniger ist mehr

Hinter diesem Leitsatz verbirgt sich ein Qualitätsbewusstsein, das statt Masse eher auf Klasse setzt. Er ist langfristig dazu geeignet, → Gerümpel zu vermeiden. Wer auf Qualität Wert legt, ist gern auch bereit, einen höheren Preis zu bezahlen. Statt vieler billiger Messer würde ein qualitativ hochwertiges im Haushalt reichen. Statt eines Haufens billiger T-Shirts, die beim Waschen die Form verlieren und übermorgen im Altkleidersack landen, ziehe ich wenige, aber dafür qualitativ hochwertige vor. Um Missverständnisse zu vermeiden: Qua-

> Sie allein sind der Schöpfer Ihrer Sorgen!
> Sie allein können Sie auch wieder entsorgen!

lität hat nicht unbedingt etwas mit der »richtigen« Marke und auch nicht immer mit einem hohen Preis zu tun. Qualität hat jedoch damit zu tun, dass man sich Schrankraum und somit Geld spart, wenn man statt dreier minderwertiger und ungeliebter Pullover nur ein Lieblingsstück besitzt.

Wenn

Jeder von uns hat schon einmal gedacht: »Wenn ich nur im Lotto gewinnen würde«; »Wenn ich eine Erbschaft machen würde«; »Wenn ich mehr Geld zur Verfügung hätte ...« Und was wäre dann? »Dann hätte ich keine finanziellen Probleme mehr; dann würde ich es meinem Chef zeigen; dann könnte ich meinen Kindern alles kaufen; dann hätte ich keine Magenschmerzen mehr; dann würde ich öfter in den Urlaub fahren; dann würde ich mir ein Haus bauen; dann hätte ich weniger Stress und wäre also vollkommen glücklich!« Wir suchen die Veränderung unserer gegenwärtigen Situation, die »Er-Lösung« von all unseren Problemen und die Erfüllung unserer Wünsche im Außen. Wir flüchten aus der Realität in illusionäre »Wenn«-Vorstellungen. Hier machen wir es uns gemütlich, hier können wir warten, bis ein Wunder geschieht, und uns solange ganz entspannt und tatenlos zurücklehnen.

Diese »Wenns« sind gedanklich auf die Zukunft gerichtet. Es sind Möglichkeitsformen, reine Spekulationen. Richtig kompliziert wird es dann, wenn sie auf die Vergangenheit angewendet werden: »Wenn ich dich vor zehn Jahren nicht geheiratet hätte...« Ja, was dann? Eben – man weiß es nicht, denn es ist ja anders gekommen. All dies ist also reine Spekulation! Und wenn lange genug spekuliert wird, dann kann der Geist irgendwann nicht mehr zwischen Fiktion und Realität unterscheiden. Bleiben Sie also lieber im → Hier und Jetzt, und versuchen Sie, die Fülle, die Sie bereits haben, zu erkennen und wertzuschätzen.

Wie innen, so außen

Räume sind ein Spiegel der Seele. Das äußere Erscheinungsbild von Räumen spiegelt die Befindlichkeiten der Bewohner oder Nutzer wider. Wie wir mit unserer Umgebung umgehen, ob sie uns wichtig ist oder nicht, sagt etwas über uns selbst aus. Ein Unternehmen, das sich in seinen Räumlichkeiten nach außen vollkommen unordentlich und chaotisch präsentiert, wird bei den Kunden nicht gerade auf viel Vertrauen stoßen. Wie kann eine solche Firma gute Arbeit leisten, wenn sie nach außen hin so chaotisch auftritt? Wie kann ein unordentliches Anwaltsbüro für eine korrekte Abwicklung der ihm anvertrauten Fälle sorgen? Wie kann ein Maler sauber arbeiten, wenn sein Auto ungeputzt ist und die Angestellten in bekleckerten Arbeitsanzügen erscheinen? Wie kann ein Unternehmen, das schäbig möbliert ist, für die neuesten Technologien stehen? Ein heruntergekommenes Erscheinungsbild der Räumlichkeiten wirkt sich kontraproduktiv auf die Motivation der Mitarbeiter aus, ein schönes Ambiente fördert dagegen die Identifikation der Mitarbeiter mit ihrem Unternehmen und steigert somit die Produktivität.

> **Ein Leben ohne Gerümpel erhöht Ihr Wohlbefinden!**

Menschen, die sich schlecht von ihrem Gerümpel trennen können, fühlen sich oft festgefahren und unbeweglich. Das ist kein Wunder, denn rein äußerlich stecken sie in altem Krempel fest. Hier könnte Ordnung in der äußeren Welt auch eine innere Ordnung zur Folge haben.

Wirtschaftshilfe

Noch intakte Möbelstücke nimmt Ihnen jeder Wirtschaftshof oder jede Wirtschaftshilfe ab. Kontaktieren Sie das Sozialamt Ihrer Stadt – dort gibt es die entsprechenden Adressen. Auch karitative Unternehmen wie das Rote Kreuz nehmen Ihnen die Möbel ab. Zeitungen wie »Sperrmüll« oder »Zweite Hand« veröffentlichen Ihre Annonce kostenlos unter der Rubrik »Verschenken«. Allerdings muss man dann damit rechnen, dass pausenlos das Telefon klingelt und einige Menschen durch Ihre Wohnung laufen. Falls Sie das nicht stört, ist das eine sinnvolle Methode, die Dinge loszuwerden. Beschreiben Sie die Gegenstände in der Anzeige möglichst genau, dann hält sich der Ansturm in Grenzen. Falls sich niemand melden sollte, können Sie die Sachen ja immer noch von der Müllabfuhr oder einer Entrümpelungsfirma abholen lassen – allerdings nicht immer kostenlos. Übrigens: Beim Neukauf und der Lieferung eines neuen Möbelstücks oder eines Elektrogeräts können Sie aber im Gegenzug die Mitnahme des alten Gegenstandes vereinbaren.

Wollmäuse

Schmutz und Gerümpel haben zunächst nichts miteinander zu tun. Allerdings ist eine vollgestellte Wohnung weitaus schwerer sauber zu halten als eine übersichtliche. Auf dem Boden herumfliegende Staubflusen, die sogenannten Wollmäuse, sind ein untrügliches Zeichen dafür, dass die Wohnung schmutzig ist und es vielleicht keinen Spaß macht, diese in Ordnung zu halten. Eine unsaubere und unordentliche Wohnung wiederum ist keine Grundlage, um sich wohlzufühlen. Manch einer flieht lieber vor seiner Wohnung und hält sich auswärts auf, statt die Grundlage für das Wohlbefinden in den eigenen vier Wänden zu schaffen: übersichtliche Räume und einen aufgeräumten Fußboden. Also machen Sie Jagd auf Ihre Wollmäuse!

Wünsche

Wenn Sie sich etwas Neues in Ihrem Leben wünschen, dann sollte dafür Platz vorhanden sein. Einen neuen Job bekomme ich nur, wenn ich bereit bin, mich von meinem alten zu trennen. Wenn ich mir ein neues Auto kaufe, muss dafür das alte gehen. Falls Sie sich etwas Neues in Ihrem Leben wünschen und noch nicht genau wissen, wie das aussehen soll, wäre der erste Schritt in eine andere Richtung eine gewisse Leere im

Wünsche

Raum und im Leben. Im ➜ Feng Shui ist es üblich, symbolisch für neue Wünsche im Raum eine leere Schale aufzustellen. Diese Schale muss vollkommen leer sein, denn nur die Leere kann sich füllen.

Wie viele Wünsche haben Sie? Vielleicht haben Sie zu viele, die einander entgegenarbeiten? Falls Sie sich mehr Ruhe und

> **Jeder muss sich seine Wünsche selbst erfüllen, dafür etwas tun und auch auf etwas verzichten!**

gleichzeitig mehr Abenteuer wünschen, dann sollten Sie sich entscheiden! Trennen Sie sich von einem, denn jeder Wunsch ist Energie und hat grundsätzlich die Tendenz, in Erfüllung zu gehen. Also passen Sie auf, was sie sich wünschen! Was wollen Sie wirklich haben, und sind Sie auch bereit, die Konsequenzen tragen? Wer sich einen Garten wünscht, der muss bereit sein, einen Teil seiner kostbaren Zeit für die Pflege zu opfern. Wer sich einen Hund wünscht, der muss mit ihm bei jedem Wetter Gassi gehen. Alle Wünsche haben ihren Preis! Prüfen Sie zunächst, ob Sie auch bereit sind, diesen Preis zu bezahlen. Falls nicht, verabschieden Sie sich von Ihrem Wunsch, und machen Sie Platz für einen anderen, der vielleicht besser in Ihr Leben passt!

W wie weniger ist mehr

Wu wei

Als Alternative zum ständigen und zum Teil blinden Aktionismus unserer westlichen Kultur, setzt die fernöstliche Philosophie auf »Wu wei«. Übersetzt bedeutet das so viel wie »Handeln durch Nichthandeln«. Das Handeln an sich wird als ein müheloser Akt, der mit geringem bis gar keinem Kraftaufwand zustande kommt, angesehen. Nach dieser Auffassung handelt es quasi von allein. Hier steht Leichtigkeit im Gegensatz zum blinden Aktionismus westlicher Prägung, Mühelosigkeit kontra Kraftaufwand. Ab und zu sollte man den Geschehnissen ihren Lauf lassen und darauf vertrauen, dass sich alles zum eigenen Besten entwickelt. Das setzt Vertrauen in den Lauf der Dinge voraus, denn sollte etwas mal nicht klappen, so ist auch nichts zu erzwingen. Zugegeben, diese Einstellung fällt uns kontrollwütigen Westlern überaus schwer und stellt unsere Geduld auf die Probe. Aber versuchen Sie es doch mit etwas mehr Wu wei auch in Ihrem Leben! Finden Sie Ihr eigenes Tempo, und lassen Sie sich nicht immer den Takt von den anderen vorgeben! Verlangsamen Sie bewusst Ihren hektischen Alltag, und genießen Sie ab und zu den Luxus der ganz persönlichen Entschleunigung.

Z wie zu viel

Zauberwort

Um Gerümpel zu vermeiden und sich nichts andrehen zu lassen, was man nicht will, hilft oft das kleine Zauberwort: »Nein«. Die Unfähigkeit vieler Frauen, Nein zu sagen, machen sich andere zunutze, um ihre alten Sachen loszuwerden. »Das Sofa ist doch noch gut, willst du es nicht haben?«, und schwupps, hat man schon wieder das Gerümpel anderer am Hals.

Aber auch bei den kleinen → Gefallen, die man seinen Mitmenschen ständig tun könnte, hilft dieses Zauberwort: »Nein, tut mir leid, heute nicht.« Oder einfach nur → »Nein.« Ohne wenn und aber. Denn das Nein braucht keine Rechtfertigung. Es steht für sich alleine. Warum man den Schrott anderer nicht haben will, warum man jetzt gerade nicht beim Umzug helfen kann, sollte nicht von Interesse sein. Ihre innere Haltung ist es. Und wenn diese ein Nein ist, dann stehen Sie dazu. Und denken Sie sich hinter diesem Wort einen Punkt!

Z wie zu viel

Zeiträuber

Bei Zeiträubern kann es sich um Menschen handeln, mit denen Sie auskommen müssen oder wollen. Im Gegensatz zu den Vampiren wollen Sie diese auch nicht loswerden. Vielleicht handelt es sich um durchaus liebenswerte Menschen, die Sie nur mit ihrer Art und Weise zur Weißglut treiben? Die Zeiträuber treten meist telefonisch in Erscheinung. Sie können einen

> Sie haben alle Zeit der Welt, jedenfalls für das, was Ihnen wichtig ist.

über Stunden hinweg in ein Gespräch verwickeln, aus dem man dann schlecht von alleine wieder herausfindet. Diese Räuber verstehen es auch, sich in Gespräche anderer hineinzudrängen und sich das zu nehmen, was sie brauchen. Ihnen fehlt es völlig an Taktgefühl und oft auch an Distanz. Hier hilft nur eins: Zeigen Sie ihnen ihre zeitlichen und räumlichen Grenzen: Jetzt nicht oder bis hierher und nicht weiter!

Zeitschriftenabonnement

Es spricht nichts gegen ein Abonnement, wenn die Zeitschrift oder Zeitung tatsächlich gelesen wird. Landet sie aber ungelesen auf einem Stapel weiterer ungelesener Exemplare, ist das Abo reine Geldverschwendung! Hier gibt es nur zwei Möglichkeiten: Entweder Sie haben die eine Zeitschrift gelesen, bis die neue ins Haus kommt, oder Sie bestellen Ihr Abo ab!

Zeitungsausschnitte

Sie sammeln Artikel zu einem bestimmten Thema, unter einem bestimmten Aspekt? Das kann nützlich sein, solange man beispielsweise wissenschaftlich an einem Thema arbeitet oder recherchiert und diese braucht. Haben Sie Jahre später jemals in Ihrer Sammlung nachgeschlagen und etwas darin nachgelesen? Wenn nicht, dann können Sie darauf verzichten! Wenn Ihre Recherche abgeschlossen ist, dann gibt es auch keinen Grund mehr, die Artikelsammlung beizubehalten. Im Zeitalter des Internets und der CD-ROMs gibt es auch keinen vernünftigen Grund, Fachzeitschriften zu horten, um darin mal etwas nachzuschlagen oder Ausschnitte zu sammeln. Mit den platzsparenden kleinen Datenträgern finden Sie das, falls Sie es einmal suchen werden, viel schneller. Und wenn man einmal etwas Bestimmtes aus einem Jahrgang sucht, ist die Möglichkeit, es zu finden, relativ gering. Die beste Quelle ist immer noch, jemanden zu kennen, der es weiß oder weiß, wo es steht.

Zettelwirtschaft

Sie kleben am Kühlschrank, innen an der Eingangstür, am PC: selbstklebende, meist gelbe Zettelchen, die das eigene löchrige Gedächtnis unterstützen sollen. Aber sie unterstützen dabei auf keinen Fall die Ästhetik des Raumes. Sie wirken verwirrend und schlampig! Meist überleben sie die Information. Welche Telefonnummer von wem da drauf steht? Wer erinnert sich noch daran? Aber der Zettel klebt so lange, bis er von alleine abfällt. Am besten, sie würden sich nach einigen Tagen von

Z wie zu viel

alleine verkompostieren! Aber da dies nicht geschieht, müssen Sie aktiv werden! Gehen Sie durch Ihre Wohnung und entsorgen Sie diese Zettel. Notieren Sie sich die Infos dort, wo Sie sie wiederfinden – in Ihrem PC oder im Adressbuch.

Ziele

Wer eine vollgestellte Wohnung hat, wer sich schlecht von seinen alten Sachen trennt, dem fehlt es oft an Dynamik im Leben. Und Dynamik ist die Voraussetzung dafür, dass neue Ziele entstehen können. Zielgerichtet zu denken bedeutet, die Vergangenheit gut sein zu lassen und die Aufmerksamkeit auf das eigene Leben und das Morgen zu richten. Wer nicht weiß, wohin er fahren will, der bleibt an jeder Kreuzung stehen und überlegt hin und her. Wer sich nicht entscheiden

> **Wenn Sie nicht Ihre eigenen Ziele leben,
> dann leben Sie fremdbestimmt!**

kann, der findet nur schwer seine Ziele. Wer viel Gerümpel hat, kann sich meistens schlecht entscheiden. Hier beißt sich die Katze in den Schwanz. Wenn Sie nicht Ihre eigenen Ziele leben, dann leben Sie fremdbestimmt! Wer sich nicht entscheiden kann, für den entscheidet meist ein anderer! Also nehmen Sie Ihre Ziele selbst in die Hand! Verfolgen Sie doch erst einmal das Ziel, Ihren Kleiderschrank zu entrümpeln und freuen Sie sich auf die Impulse, die sich daraus ergeben.

Zumüllen

Das Entrümpeln ist ein täglicher Prozess. Genauso wie Sie auch täglich Ihren Müll hinausbringen, da ansonsten Ihre Küche zu stinken anfängt, sollten Sie täglich Papier, Verpackungsmüll, Zettel, Zeitschriften und Defektes entsorgen. Ansonsten müllt man sich langsam und leise zu. Das Gerümpel schleicht sich quasi über Nacht ein und wächst langsam. Um sich daran zu erinnern, dass man jeden Tag so viel hinaus werfen muss, wie ins Haus kommt, sind die sogenannten »Tabuflächen« sinnvoll. Auf diese Art hat man ständig die Gefahr vor Augen, und irgendwann wird das ständige Entrümpeln eine genauso selbstverständliche Aktion wie das tägliche Zähneputzen.

Zu schade zum Wegwerfen

Warum soll man sich eigentlich von Dingen trennen, die noch vollkommen in Ordnung sind? Zwar hätte man gerne einen neuen Vorhangstoff, aber was soll mit dem alten Stoff passieren? Weil er zu schade zum Wegwerfen ist, bleibt er im Zweifelsfall genau da, wo er hängt. In dem Moment, in dem man eine neue »Heimat« für die alten Dinge findet, scheint es einfacher zu sein, sich von ihnen zu trennen. Wenn man weiß, dass ein anderer diese Dinge noch gebrauchen kann, dann gibt man sie lieber her. Ansonsten tut es einem oft in der Seele weh, Sachen wegzuwerfen, die sich nur visuell überholt haben, ohne wirklich kaputt zu sein.

Z wie zu viel

Zu viel

Die Toleranzen, was jeder Einzelne in der Wohnung und im Leben verträgt, sind glücklicherweise recht unterschiedlich. Der eine fühlt sich wohl, wenn Möbel dicht an dicht stehen und er sich dazwischen kuscheln kann. Der andere liebt die übersichtliche Leere und asketische Klarheit im Raum – ebenso ist es im Leben. Für den einen kann nicht genug passieren, er leistet locker mehreres gleichzeitig und fühlt sich erst richtig wohl, wenn er leicht überfordert ist. Andere sind überfor-

> **Alles, was Sie persönlich nicht mögen,**
> **hat in Ihrem Haus nichts zu suchen.**

dert, wenn sie zwei Termine am Tag in ihrem Kalender stehen haben. Egal – hier gibt es keine objektive Wahrheit. Zu viel ist das, was Sie persönlich als zu viel empfinden. Machen Sie doch einmal eine Liste Ihrer Aktivitäten, Termine, Verpflichtungen, Interessen und den Dingen, mit denen Sie sich den ganzen Tag über beschäftigen müssen. Falls Ihnen davon etwas zu viel ist, ist es Zeit zu bilanzieren. Listen Sie die Reihenfolge auf, die Ihnen wichtig ist, und streichen Sie all das, was Ihnen nicht gut tut und Ihrem Leben bzw. Ihren Zielen nicht dient! Übrig bleiben sollten in Ihrer Wohnung und in Ihrem Leben nur noch diejenigen Dinge, die Sie wirklich lieben!

Literaturempfehlungen

Arthur, Lowell J.: Das Geheimnis der Anziehung. Kirchzarten bei Freiburg: VAK Verlag 2003

Bamberger, Günter G.: Lösungsorientierte Beratung. Weinheim: Beltz 2001

Crescenzo, Luciano De: Die Kunst der Unordnung, München: Knaus 1997

Fischer, Theo: Wu wei. Die Lebenskunst des Tao. Hamburg: Rowohlt 1992

Fischer-Rizzi, Susanne: Botschaft an den Himmel. Anwendung, Wirkung und Geschichten von duftendem Räucherwerk. München: Hugendubel 1996

Jung, Mathias: Mut zum Ich. Auf der Suche nach dem Eigen-Sinn. München: dtv 2004

Kast, Bas: Revolution im Kopf. Die Zukunft des Gehirns. Berlin: BvT 2003

Kast, Bas: Die Liebe und wie sich Leidenschaft erklärt. Frankfurt a.M.: S. Fischer 2004

Kingston, Karen: Heilige Orte erschaffen mit Feng Shui. Ein Anleitungsbuch. München: Econ 2000

Linn, Denise: Die Magie des Wohnens. Ihr Zuhause als Ort der Kraft, der Kreativität und der Zuflucht. München: Goldmann 1996

Osho: Das Buch vom Ego. München. Heyne 2000

Literaturempfehlungen

Pease, Allan und Barbara: Warum Männer nicht zuhören und Frauen schlecht einparken. München: Ullstein 2000

Pohle, Rita: Lebensräume gestalten mit Feng Shui. München: Hugendubel 1998

Pohle, Rita: Weg damit! Entrümpeln befreit. Kreuzlingen/München: Hugendubel 2001

Pohle, Rita: Weg damit! Business ohne Ballast. Kreuzlingen/München: Hugendubel 2002

Pohle, Rita: Weg damit! Die Seele befreien. In sieben Wochen das Leben entrümpeln! Kreuzlingen/München: Hugendubel 2003

Pohle, Rita: Das Navigationssystem fürs Leben. Wie Sie Ihre Ziele finden und erreichen. Kreuzlingen/München: Hugendubel 2007

Riemann, Fritz: Die Grundformen der Angst. Eine tiefenpsychologische Studie. München: Reinhardt 1961

Roberts, Monty: Das Wissen der Pferde und was wir Menschen von ihnen lernen können. Bergisch-Gladbach: Lübbe 2000

Schäfer, Thomas: Was die Seele krank macht und was sie heilt. München: Knaur 1997

Seneca: Vom glücklichen Leben. Frankfurt am Main/Leipzig: Insel 1992

Ulsamer, Gabriele und Bertold: Spielregeln des Familienlebens. Anregungen nach dem Ansatz von Bert Hellinger. Freiburg: Herder 2000

Wilhelm, Richard (Hrsg.): I Ging. Das Buch der Wandlungen. München: Hugendubel 1996

Tannen, Deborah: Du kannst mich einfach nicht verstehen. Warum Männer und Frauen aneinander vorbeireden. Hamburg: Kabel 1990

Register

Ablage 17 ff.
Abnehmen 19 f.
Abschied 20
Absichtserklärungen 21
Affären 45
Altar 30
Alter(n) 30 ff.
Angst 35 f.
Anrufbeantworter 36
Antiquitäten 38
Ärger 23 ff.
Aufräumen 41 f.
Auto 46

Bachblüten 47 f.
Backofen 49
Balkon 50
Bekleidung 16, 33, 233, 256, 280
Bett 53f., 232, 280
Beziehungen 55–59, 136
Blechdosen 61
Briefe 64 f.
Bücher 65 ff.
Büro 67 f.

CDs 69
Chaos 166

Defektes 74

Denkmuster 63
Drei-Kisten-Methode 76 f.

Ebay 80
Eifersucht 83
Einkaufen 85 f.
E-Mails 86
Entscheidungen 89 f.
Erb-/Erinnerungsstücke 90 ff.
Erwartungen 94 f.
Expartner 95 f.

Fasten 100 f., 103, 211 f.
Feng Shui 102 f.
Flohmarkt 106 f.
Fotos 107 f.
Fragen, drei magische 77 f.
Fußboden 112

Garage 114
Garderobe 115
Geräte 105 f., 222 f.
Geschenke 125 f.
Gewohnheiten 129 f.
Gewürze 130 f.

Handtaschen 137
Handys 138
Hängeregister 132 f.
Hobby 141

Register

Horter(in) 142 ff.

Ich-Botschaften 146 f.

Jugendzimmer 155 f.

Keller 156 f.
Kinder 154 f., 157 f., 170
Kofferraum 163 f.

Lebensmittel 168 f., 172 f., 294
Loslassen 177 f.

Medikamente 181
Min Tang 184 f.
Möbel 186
Müll 26 f., 29, 121 f., 149 f., 263

Ordnung 193 ff.

Papier 34 f., 197 ff.
Partnerschaft 199
PC 199 f.
Pflanzen 183
Platzmangel 203 f.
Porzellan 204 f.
Prospekte 213 f.
Putzen 215

Räuchern 217 ff.
Recycling 221

Salz 226 f.
Schatzkiste 229 f.
Schlafzimmer 232 f.

Schnäppchen 235 f.
Schränke 161 f., 167 f., 168 f.,
239 ff.
Schreibtisch 165f., 233, 241 ff.
Schubladen 243
Schuhe 244
Schuldgefühle 245 f.
Schweinehund, innerer 151 f.
Selbstdarstellung 249 f.
Sicherheit 253 f.
Sonderangebote 257 f.
Sorgen 259 f.
Spaß 261 f.
Sperrmüll 263
Statussymbole 265 f.
Stress 269 f.

Tiere 44

Umzug 277 f.

Verhaltensmuster 285 f.
Verpflichtungen 126 f., 286 f.
Verzeichnisse 22 f., 138
Vier-Stapel-Methode 289 f.
Visionen 291 f.
Vorräte 294 *siehe auch*
Lebensmittel

Weihrauch 301 f.
Wu wei 308
Wünsche 306 f.

Zeitschriften/Zeitungen 97,
272 f., 310 f.

Rita Pohle

Das Navigationssystem fürs Leben

Wie ich meine persönlichen Ziele finde und erreiche

192 Seiten, Broschur
ISBN 978-3-7205-4001-8

Wohin soll Ihr Leben gehen? Wie finden Sie heraus,
was Sie wirklich wollen? Egal, in welcher Lebenssituation Sie
sich gerade befinden oder wie alt Sie sind, es ist nie zu spät für
einen Neuanfang. Rita Pohle zeigt Ihnen einfühlsam, witzig und
zugleich pointiert, wie Sie aus Ihren verborgenen Potenzialen
und Sehnsüchten konkrete Ziele machen können und
gibt Ihnen zahlreiche Übungen und Tipps,
diese Ziele auch zu verwirklichen.

GOLDMANN

Einen Überblick über unser lieferbares Programm
sowie weitere Informationen zu unseren Titeln und
Autoren finden Sie im Internet unter:

www.goldmann-verlag.de

Monat für Monat interessante und fesselnde
Taschenbuch-Bestseller

Literatur deutschsprachiger und internationaler Autoren

∞

Unterhaltung, Kriminalromane, Thriller,
Historische Romane und Fantasy-Literatur

∞

Klassiker mit Anmerkungen, Anthologien
und Lesebücher

∞

Aktuelle Sachbücher und Ratgeber

∞

Bücher zu Politik, Gesellschaft, Naturwissenschaft
und Umwelt

∞

Alles aus den Bereichen Esoterik, ganzheitliches Heilen
und Psychologie

Die ganze Welt des Taschenbuchs

Goldmann Verlag • Neumarkter Straße 28 • 81673 München

GOLDMANN